小组工作

Social Work with Groups

高等院校社会工作专业
精编通用教材

小组工作

主　编　张洪英
副主编　乔世东
　　　　赵记辉

Social Work
with Groups

山东人民出版社

总　序

社会工作作为专门化职业和专业学科,致力于实现社会福利、社会进步和社会正义。社会工作实务和研究有助于改善生活质量,发展个人、团体和社区的潜能。社会工作者把直接服务、社区发展、政策倡导、教育和研究作为介入方法,促进人们与社会环境的互动。随着中国经济的快速发展和社会转型的逐步深入,社会问题和社会需求日趋复杂化和多样化,建立一支专业化的社会工作人才队伍成为必然选择。在这一时代背景下,社会工作专业方法的优势凸显,社会工作专业教育快速发展起来。特别是从 2000 年到 2010 年,社会工作专业教育在数量和质量上都有很大突破,由教育部批准和予以备案的开设社会工作专业的院校从 27 所增加到 252 所,另有几十院高校开办专科、高职层次的专业教育。① 自 2009 年社会工作专业硕士(MSW)教育被正式纳入高校研究生专业教育体系以来,共有 58 所大学和研究机构开设了社会工作专业硕士研究生课程计划,在校生过万人。同时,社会工作专业博士点的设置也被纳入国家学科规划和建设的议事日程。在这一阶段,社会工作专业学科和教育体系开始在中国逐渐建立起来。

中国专业社会工作事业在很大程度上是从专业教育起步的。由于整体上专业化社会服务事业的弱小甚至缺失,专业教育长期缺少坚实的社会基础。然而,中国学者和教学工作者立足于中国社会的现实基础,努力学习和借鉴国际上社会工作的发展成果,初步建构了具有科学性和系统性的社会工作专业知识。比如,在一个很长时间内,中国社会工作的视角曾经局限于社会问题和社会管理取向,随着社会工作专业理论知识的引用和普及,越来越多的教育和服务工作者开始自觉地掌握"能力"、"增权"、"权利"、"福利"、"公正"等更广阔的视角和方法。由于国情和文化的差异,借鉴国外现代知识体系和教育方法需要一个本土化的过程,不断编写和更新适合国情的专业教材,是逐步提高社会工作教育和专业化(职业化)水平的必由之路。

---

① 　中国社会工作教育协会:《中国社会工作教育通讯》,2004 年第 21 期;中国社会工作教育协会:《关于开展社会工作专业评估的通知》(协会文〔2011〕001),2010 年 2 月 28 日。

　　在过去十几年中,社会工作专业教材建设经历了一个不断提升的过程。在专业教育出现早期,国内同仁在文献资料极为有限的条件下编写出版了一些教材,初步介绍社会工作专业理论和知识,填补了专业教材的空白。随着高校社会工作专业教育规模的日益扩大,需要加快教材建设,以应对课程开设的急需。于是,中国社会工作教育协会组织国内最早开办社会工作专业的高校骨干老师,编写出版了普通高等学院社会工作专业主干和实务课程系列教材,代表着专业教材建设系列化、规范化的新开端,并全面展示了当时中国社会工作专业教学和研究的水平。此后,国内陆续出版了多套社会工作专业教材以及国外经典译丛,在社会工作教育和学科建设中发挥了积极作用。当前社会工作职业化进程加快的大环境对高校专业学生培养和教材建设提出了更高要求:即在已有教材建设基础上,不断更新、充实专业内容,编写出理论知识体系更全、更新和实务操作性更强的教材。在这种情况下,山东人民出版社策划并组织了这套"高等院校社会工作专业精编通用教材"的编写,以期出版一套更接近时代需要和专业教育要求的教材。

　　教材的编写力求遵循以下原则:

　　1. 通用性。其中基础课教材主要根据《社会工作专业主干课程教学基本要求》(教育部高教司,2004)、《全国社会工作师职业水平考试大纲》(教材编写组,2010)、《全国 MSW 考试指导范围》(2010)等指导性文件规定的大纲编写,教材内容在较大程度上与国内已经发布的指导性大纲相吻合,可满足全国社会工作师职业水平考试和社会工作专业硕士入学考试的需要。

　　2. 完整性。在编写过程中,要求参编老师充分掌握现有国内同类教材的出版信息,借鉴和吸收已有成果,注重学科知识体系涵盖全面,保证学科体系的相对完整性,避免以不同院校的教学时数限制和编写者的个人偏好对大纲内容进行取舍。各教材的章节内容相互衔接和协调,知识要点齐全。

　　3. 专业性。准确和全面体现社会工作专业视角,避免仅以"问题"、"案主"、"管理"取向,而忽视"需求"、"环境"、"结构"、"过程"以及"能力"、"增权"等多重视角。内容设计有所遵行,基于充分和可靠的文献依据。对理论、问题和工作模式等内容方面的编写,根据专业视角进行层次和类型划分或展开设计,避免简单罗列其他学科教材或出版物上的内容。

　　4. 实务性。比国内已有教材更加注重介绍相关实务模式和操作技巧,并加大实务技巧内容篇幅。在体例设计上,力求突出实务知识,特别是那些在本土化过程中积累的经验知识。在教材文本上,增加本土的适当案例介绍和扩展阅读,并且在练习题部分中提供本土的场景设计,引导对学生专业方法能力的训练。

　　5. 先进性。尽量吸收国内外最新教材的优点,反映最新的实务模式或方法。

在实务模式和方法介绍中,努力将理论、过程、社会工作者角色与技巧、以证据为基础的成效评估等内容有机衔接、整合。

　　社会工作是一个新兴专业,需要对很多理论和实务知识进行不断研究和探索。中国社会工作教育协会会长、北京大学王思斌教授曾指出,编写高水平的专业教材谈何容易。毕竟中国内地的社会工作专业教育恢复重建时间不久,要拿出相对成熟的教材,需要众多学者同仁的不懈努力。但是学无止境,社会工作专业的快速发展使得人们又不能再等下去①。本套教材的编者大都是社会工作专业的中青年教师,他们结合已有的教学和实践经验,对相关问题进行了有益探索。在各分册教材主编的悉心统稿和具体组织下,多易其稿,反复修订。教材编者们通过查阅大量专业文献和相互切磋,大都经历了一个新的专业提升和积累的过程,并将所收获的知识信息和技能再转化为新的教科书文本。当对社会工作知识和技能所知不多时,编者们往往对专业上的"学无止境"没有更深的体会和敬畏心理;在更多地了解和掌握社会工作知识的时候,编者们反而更加清楚地体会到自身的专业知识水平与先进的专业知识水平之间所存在的差距。由于能力积累和资料收集等方面的局限,本套教材难免存在许多不足之处,希望专业同仁、学生和其他读者能够给予批评指正,以期不断改进教材的内容和质量。

　　中国社会工作教育协会会长、北京大学王思斌教授认真审阅了本套教材的部分初稿,提出一系列体现社会工作专业本质要求的指导意见。加拿大多伦多大学社会工作学院曾家达教授、不列颠哥伦比亚大学社会工作学院殷妙仲教授对部分教材大纲的修订和充实提出诸多建设性建议,使编者们受益匪浅。山东人民出版社原社长金明善先生、现任社长郭海涛先生和副总编辑丁莉女士对于本套教材的编写始终给予大力支持。本套教材的出版策划和责任编辑王海玲和马洁女士怀着对社会工作的满腔热情,积极参与整套教材编写的组织协调工作,认真细致地对待每一个细节,每一章教材的完稿都浸透着她们辛勤的汗水。总之,本套教材的面世是大家共同协作和努力的结果,愿它成为中国社会工作教育和实务事业的一块新铺路石。

高鉴国
2011 年 8 月于山东大学

---

　　① 王思斌:《社会工作导论》,北京:高等教育出版社,2004 年,《总序》。

目 录

第一章　小组工作概述

小组工作是社会工作的主要方法之一，它对个人与社会的进步和发展都具有非常重要的作用和影响。因此，作为一个社会工作者，需要理解和内化小组工作的价值观，掌握和运用小组工作的理论知识、技巧和方法，以更好地为服务对象提供支持、帮助和服务。本章主要介绍小组工作的基本概念、目标、功能、类型以及小组工作的实施领域等。

第一节　小组工作的含义与特征

小组工作是由英文 Social Group Work 或 Social Work with Group 直译过来的，一般习惯上以小组工作或团体工作来简称。受历史发展经验以及不同文化脉络和学者各自理解角度不同的影响，小组工作的含义或者说小组工作的概念呈现出多样化的状态。

我们从历史发展脉络的角度来了解在社会工作的发展过程中小组工作的各种主要的定义，从中找寻现代小组工作的一般认识。

一、小组的含义和特征

要了解小组工作，首先应了解小组的含义。关于小组的含义和特征，不同的学者有不同的理解。

（一）小组的含义

《国际社会科学百科全书》（1968）对小组的定义是：小组由两个或两个以上的人组成，成员间互相影响，且成员间感到有整体意识，而这个整体将会维持一段时间，有控制成员间相互影响的明确规范，成员间有一套角色。

勒温（Lewin）对小组的理解是：区分小组与一群人不同之处的重点在于他们有共同的命运和经历。

综合上述观点,小组是指由两个或两个以上的人组成,为了达到共同的目标,以一定的方式联系在一起而进行活动的人群。

(二) 小组的特征

马温(Marvin E. Shaws)在 1977 年出版的《小组动力》一书中认为,小组有以下六个特征:

小组成员间相互认同;满足小组成员的需求;小组目标;小组组织(组织架构,形成他们之间的角色);小组成员间相互依存,分享经验、感受,交换意见,相互探讨;互相影响。

在此基础上,香港理工大学的何洁云等 2002 年提出,小组具有的特征是:

两个人以上,形成关系,有共同的目标和利益,成员间相互影响,地位与角色的演变,成员有归属感,小组有发展阶段,小组有一定的规范,小组的文化与气氛。

基于上述观点,小组是有两个人以上组成;成员间形成关系;成员间相互尊重,相互支持,相互联系,相互依赖,相互影响;成员具有共同的目标和利益;成员具有地位和角色的演变;成员对小组具有认同感和归属感;小组具有一定的规范和文化;小组具有发展阶段,且每个阶段具有不同的小组动力和目标;小组具有一定的结构;小组具有效果和效益;小组能够达成成员的成长和社会的发展等。

二、 小组工作的含义

关于小组工作的含义,不同的学者有不同的理解,本书将从三个方面对学者们的理解进行详细论述和分析。

(一) 小组工作是一种小组活动或经验

小组工作起源于各种社会性质的社会服务活动。较早的小组工作服务始于欧美的教会活动,如:基督教青年会、童子军组织等。早期的小组工作者把具有小组活动性质、能够提供小组活动经验且能满足个人以及社会所需要的活动,称为小组工作。

为此,柯义尔(Grace Coyle)于 1935 年将小组工作定义为:小组工作的主要目的是以经验为媒介,去满足个人的社会兴趣和需要;这种小组经验具有个人自我发展与社会价值的双重目的。

同年,纽斯泰特(W. I. Newstetter)也认为:小组工作运用个人志愿结合小组的方法,以促进个人发展与个人社会关系的调适以及其他有益于社会目标的达成。

美国小组工作者协会委员会于 1949 年在《小组工作者的功能界定》报告中认为：小组工作者在各种小组中，通过小组互动与方案活动达到个人的成长与社会目标的完成。目的在于根据个人能量与需求促进个人成长，使个人与他人、小组与社会达到调适；使个人有社会改良的动机，同时让每个人认识自己的权利、能力与独特性。小组工作者参与小组的目的是为了使小组中的决策不受小组内、外占统治地位势力的影响，是来自经验、知识和理念的分享与整合。经过小组工作者的运作，协助小组与外小组和社区建立关系，以培养公民的责任感，加强社区内不同文化、宗教、经济和特殊小组间的互谅，促进整个社会的发展与进步。

台湾学者言心哲在 1946 年将小组工作定义为：小组工作富有社会和教育的意义，通常是利用闲暇时间，在小组领袖指导下，协助个人获得知识与技能，发展个人人格与社会化态度之经验。

(二) 小组工作是一种过程

柯义尔于 1939 年提出，小组工作是一种教育的过程，在闲暇时间，在小组领导者的协助下，实施于志愿小组。其目的在于使个人利用小组经验得以发展与成长，并使其为了本身所需求的社会目的而利用小组。

(三) 小组工作是一种方法和手段

1959 年美国社会工作教育委员会发表的由墨非(Marjorie Murphy)所主持的《课程研究》中指出：小组工作是社会工作方法之一，它通过有目的的小组经验来增进人们的社会性功能。

海伦·诺森(Helen Northen)1969 年给出的小组工作的定义是：社会工作实践是将小组既当做过程也当做手段，它通过小组成员的支持，改善他们的态度、人际关系和他们应付实际生存环境的能力。这种方法强调通过小组的过程和动力去影响服务对象的态度和行为。小组成员解决问题的能力和潜力是通过成员间的分享、相互分担和相互支持而发挥出来，当然，这是需要小组工作者按照既定的目标进行和指导的。

克那普卡(Konopka)于 1972 年提出：小组工作是社会工作的方法之一，它通过有目的的小组经验，提高个人的社会生活功能，并协助每个人能更有效地处理个人、小组和社会问题。

崔克尔(Trecker)于 1972 年在整理众多意见后认为：小组工作是一种工作方法，在机构中或小组中的组成分子，接受工作人员的协助，根据他们的能力与兴趣，在小组活动中与他人发生交互作用，以获得小组生活经验，并促成小组和社区的发展。在小组工作中,工作者协助个人是以小组为人格成长变迁与发展的主要手段,工作者在整个小组及社区中,领导小组的互助,以协助个人成长与社区发展。

综上所述,我们可以将小组工作定义为:

小组工作是社会工作的方法之一,它以一定的专业价值为基石和灵魂,以一定的专业理论为指导,经由小组工作者的协助,通过有目的的小组互动过程和小组经验分享,改善个人、小组和社区(社会)间的相互关系,并使他们达到功能增强的目的,进而促进个人成长和社会的进步与发展。

三、小组工作的特征

由上述定义可知,小组工作的特征有:

小组工作是一种方法。其以一套系统的知识为基础,经由特定的工作程序、步骤并配合各种技巧之运用,以协助工作有效。

小组工作是目标和服务取向的。其目标可帮助个人调适情绪,促成人格成长或态度的改变,以使其能适应环境的变化和扮演好个人的角色;或是解决小组与社区的问题,以达成小组的任务。简言之,小组工作的目标是帮助培养个人的社会适应力与发展社会意识。

小组工作是通过成员面对面之方式,在社会工作者的协助下,促使小组形成相互协助的体系,以帮助个人成长与小组发展。

小组工作过程是个人与环境的交流与互动。小组不仅涉及小组成员个人内在行为的改变,而且关照到个人社会功能的表现,环境对个人需求的满足,以及小组成员共同面对的社会不公平现象的改变等。

小组是一个结构的互动的有机体。它由两个人以上组成,能够形成一定的关系、地位和角色的演变,成员间相互影响和支持,有共同的目标、利益和归属感,有小组的发展阶段以及小组的动力等。

小组工作要考虑成本效益。小组工作要以服务需求者的最迫切需要为前提,要有所为而为。

小组工作适用范围广。它适用于不同的文化处境、不同的人群和不同的问题。

第二节　小组工作的目标、功能和类型

小组工作是一个有机体,在这个有机体中包含着相互关联和相互影响的各种元素,其中主要有小组目标和小组功能等,这些元素对小组、小组成员以及外部环

境的改变和发展都有着至关重要的影响。

一、小组工作的目标[①]

任何一种工作都有一定的目的性，都要达到一定的目标，小组工作也不例外。小组的目标是小组在一定的时期内必须达到和期望达到的目的和指标。小组工作的最终目标是达致个人社会功能的增强以及整个社会的进步与发展。小组工作的目标是一个目标体系，即是一个包括个人目标、小组自身目标、机构目标和社会目标的目标体系。其目标体系用图示表示为（见图 1-1）：

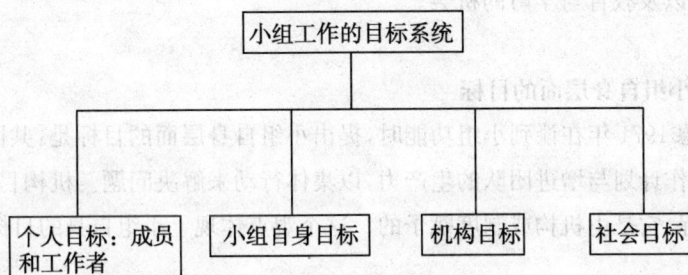

图 1-1　小组工作的目标系统

(一) 个人层面的目标

个人目标是指每个成员个别的目标。小组工作要实现小组成员个人层面的目标。

克莱恩(Klein)在 1972 年提出，小组工作的目标可归纳为八点：

康复：包括对原有能力的复原，对情绪、心理和行为困扰以及态度或价值取向的复建。

发展：发展面对问题与解决同题的能力，也就是学习适应危机情境的能力。

矫治：协助犯罪者矫正行为与解决问题。

社会化：协助人们满足社会的期待，以及学习与他人相处，其中包括对部分特殊个案的再社会化。

预防：预测问题的发生，提供有利的环境以满足个人的需求，并协助个人培养处理突发事件与危机的能力。

社会行动：帮助人们学习如何改变环境，以及增加适应能力。

解决问题：协助人们运用小组的力量形成决策，达成任务，解决问题。

---

① 关于小组目标的详细内容请参见第六章第二节小组内部结构中对小组目标的论述。

社会价值:协助成员发展适应环境的社会价值体系。①

工作者的个人目标是社会工作者针对小组整体所赋予的期待,根据专业判断与专业经验而决定。

这八项目标从个人层面解释了小组工作的目标,从行为改变到社会行动,涵盖相当广泛。

哈佛德(Harford)1971年关于小组工作个人层面的目标解释是:

参与的功能:即个人通过小组参与,而获致社会化与再社会化;自我概念的转变或确立;身份、动机、态度的形成与改变;价值与行为的建构与修正;归属感与支持的获取;以及教育与学习的机会。

(二) 小组自身层面的目标

哈佛德1971年在谈到小组功能时,提出小组自身层面的目标是:共同思考、一起作业,合作计划与增进团队的生产力,以集体行动来解决问题。机构目标又被称为服务目标,它是由机构或制度赋予的。这个观点体现了小组自身的目标。

(三) 机构层面的目标

隶属于某一社会服务机构的小组,在达致小组个人、小组自身以及社会目标的同时,还应达致小组所属的机构的目标。不同的机构有不同的机构目标。

(四) 社会层面的目标

哈佛德认为:小组工作社会层面的目标是社会变迁,即修正制度或小组的外在体系;经由压力、资讯传播、小组的组织力和影响力,推动社会制度变迁。

小组工作的目标体系是相互联系和相互影响的,有时也是相融合的。

二、 小组工作的功能

整体而言,小组工作中的动力可以产生许多的作用和功能,一般来讲,功能有正向功能和负向功能,这里主要介绍小组工作的正向功能。

(一) 相对于个人

通过小组过程,帮助个人实现社会化;改变人的思想、观念和行为;发挥潜能、

---

① 转引自林万亿:《小组工作——理论与技巧》,台北:五南图书出版公司,2000年。

肯定自己、发展自我,并提供小组成员互助合作的机会和资源,建立可持续发展的支持网络。进一步来说,就是发挥预防、治疗和发展的功能。

(二) 相对于小组

通过小组的过程和动力,在内,建立合作的团队精神以及和谐的人际关系,达致成员的改变、发展和成长以及小组的成长与发展;在外,增进体系间的沟通与互惠交流。

(三) 相对于社会

通过小组工作的过程,改变社会政策、社会制度和社会结构,使整个社会更加和谐、进步与发展。

三、 小组工作的类型

小组工作发展至今,其种类相当复杂。本书主要依据香港理工大学何洁云2002 年的标准进行分类的。

(一) 按照小组的形成分类

按照小组的形成,可将小组分为组成小组和自然小组。

1. 组成小组

组成小组是通过外部的影响和干预而组建起来的,这种小组一般有较强的目的性和结构性,比如任务小组、工作委员会、兴趣小组等。

2. 自然小组

自然小组是人们自然而然聚在一起的小组。由于一些自然事件,成员间的互相吸引或感觉需要等组成小组,他们通常具有较低的结构,如家庭、朋辈小组、街头玩伴群体等。

(二) 按照成员的参与意愿分类

按照成员的参与意愿,可将小组分为自愿小组和非自愿小组。

1. 自愿小组

自愿小组是基于成员自身动机和主动性而形成的。自愿小组中所有成员都是自愿参加。比如志愿者小组、家长技巧训练小组等。

2. 非自愿小组

非自愿小组成员不是因为自身动机和主动性组成的,是具有强制参与性的小组。例如,在矫治机构中用于成员转变行为的治疗小组(戒毒小组等)。

(三) 按照成员间的联系分类

按照成员间的联系,可将小组分成基本小组和次层小组。

1. 基本小组

基本小组的成员具有较高的互动频率和紧密联系。基本小组都是很小型的,小到成员可以用面对面的方式与任何一个人互相交流。它也是成员间有约定承诺的小组,小组成员相互表达感情,不论是积极的或是消极的,都可以清楚地表达出来。最典型的基本小组就是家庭,有些互动性小组(如成长小组等),也会有这样的效果。

2. 次层小组

次层小组成员之间相互联系较少,而且关系不甚密切,例如同事等。

(四) 按照小组的结构分类

按照小组的结构,可将小组分为正式小组和非正式小组。

1. 正式小组

正式小组具有正式的小组结构,确定的角色和地位。通常,正式小组有特定的目标去指导成员的行为。任务小组、行动小组、教育小组等都属于这种。

2. 非正式小组

非正式小组不具有正式的结构。通常,小组没有明确的目标,成员自然地聚拢在一起,通过互动达到交往和满足个人需求的目的。如同学小组、街头玩伴小组等。

(五) 按照成员的界限分类

按照成员的界限,可将小组分为封闭小组和开放小组。

1. 封闭小组

封闭小组从小组聚会开始到结束都是相同的成员组合,不会随时间的变化而增加或减少成员。一般具有深入的互动关系和一些特殊的治疗关系的小组都是在封闭的小组中完成的。

2. 开放小组

开放小组在小组过程的任何时间都允许成员加入和离开。一般社会目标模式下的小组都具有很高的开放度。

(六) 按照小组的性质和目的分类

按照小组的性质和目的可将小组分为以下类型：

1. 委员会和任务小组

这类小组有明确的任务(工作)取向和结构。如社区中心管理委员会、环保小组、艾滋病公共宣传小组等。

2. 教育性小组

这类小组的目的在于帮助人们获取更多的知识及学习更复杂的技术,并通过小组的互动和讨论来增强成员的态度和能力。这类小组的领导者通常由专家学者担任。内容主要包括:知识传授和技能训练等。

3. 社交小组

小组目标是成员的关系改善和互动。小组活动围绕着提升成员的社会交往能力开展。这种小组在我国的学校和社区青少年活动中心等有开展。

4. 拓展小组

小组有明确的角色指引和行为规范指导。通过小组工作的教化,训练小组成员的意志品德、行为、纪律规范等,提升他们的自觉意识和各种能力。如青少年野外拓展训练等。

5. 服务或志愿者小组

通过小组开展义务服务工作,培养公民的服务意识和责任意识,并在过程中实现自我价值和提升各种能力。如大学生青年志愿者协会等。

6. 兴趣小组

通过小组发展和培养成员的各种兴趣和能力,陶冶情操。如阳光乐手工制作小组、桑榆文化艺术摄影小组等。

7. 娱乐性小组

通过小组过程,使成员能够获得快乐和放松。例如运动场上的活动、非正式的比赛及开放式的游戏。机构提供这样的活动空间是为了提供给服务对象娱乐和互动的机会,借着这样的机会帮助服务对象培养健全的人格,避免偏差行为的发生。

8. 意识提升小组

这类小组致力于对成员的增能,提高他们对自己和社会整体的意识。比如,山东济南的"生命·阳光·手拉手"单亲特困母亲支持小组等。

9. 成长小组

成长小组通过成员之间的互动,促使成员思想观念、情绪、态度和行为等多方面的觉醒、反思、改变与发展,从而不断获得成长的过程。其主题包括:人际关系、价值观、智能训练等。例如大学生成长小组、老年人成长小组等。

10. 治疗小组

治疗小组是通过小组互动,帮助有"问题"的成员,改变行为、态度、人格、情绪上的障碍,恢复社会功能。例如偏差青少年行为矫治小组、戒毒小组等。治疗性的小组要求工作者必须有相当程度的专业知识和技巧。

11. 社会化小组

社会化小组帮助成员发展或改变小组成员之态度或行为,学习社会适应技巧和行为方式,提高他们应对社会压力的能力,使他们变得更为社会接受,如少女讨论小组等。在带领此种小组的过程中,必须要运用小组的技巧和知识。此种小组着重在发展与改变态度,并学习适应能力,而前述的教育性小组较着重在增强能力,并较少涉及改变或增强意愿问题。

12. 自助与互助小组

这类小组利用成员中存在的资源作为支持,通过相互协助的过程达到态度的转变,知识的增加以及技能与信念的提升,从而解决自己的问题。小组通常由同辈组成。例如,下岗女工创业自助互助小组,单亲母亲或受虐妻子支持小组等。自助与互助小组重在社会支持网络的建立和社会资本的重建。

13. 社会行动小组

这类小组工作的目的是利用小组资源,集结社会力量,达致社会改变,维护小组成员或社区的整体利益。这类小组已经趋向于社区工作的方法。各种类型的发展性小组工作就是通过群体组织的方式,进行社区倡导或社区教育等。例如环境保护小组。

表 1-1　　　　　　　　　　　小组工作类型表

分类标准	社会工作小组
形成	组成小组 自然小组
参与	自愿小组 非自愿小组
联系	基本小组 次层小组
结构	正式小组 非正式小组

续表

分类标准	社会工作小组
成员界限	封闭小组 开放小组
性质/目的	任务小组 教育小组 社交小组 拓展小组 服务或志愿者小组 兴趣小组 娱乐小组 意识提升小组 成长小组 治疗小组 社会化小组 自助与互助小组 社会行动小组

第三节 小组工作的实施领域

小组工作的实施领域和适用人群十分广泛,具体可以从年龄阶段和实施机构两个方面来划分。

一、按年龄阶段划分小组工作的实施范围

按照年龄阶段划分小组工作的实施范围,可分为儿童小组工作、青少年小组工作、成人小组工作和老年人小组工作等。

(一) 儿童小组工作

儿童小组工作是指运用小组工作的价值、理论、方法和技巧,通过小组工作的过程以及小组工作者的协助,使小组中的儿童能够获得小组经验、产生行为改变和恢复正常功能,以及与他人和周围环境达成有效的调适,最终促进个人成长及小组发展的专业服务的过程或者活动。

整个儿童期分为早、中、晚三个时期,不同的时期会面临不同的人生任务和不同的问题,总体来说,其问题主要包括分离焦虑、害怕黑暗、害怕睡觉、恐惧症、焦虑反映、强迫性行为、羞耻感、自我怀疑感以及亲子关系等等。这些问题的解决需要将小组工作应用其中,以促进儿童的健康成长。

另外,在儿童的成长期,由于学校、家庭和社会等原因会使得一些儿童成为流浪儿童、孤儿、弃儿、辍学失学儿童、受到暴力侵害的儿童等等,这些儿童的救助、成长和发展同样需要将小组工作应用其中。

儿童小组工作的主要内容包括:维护儿童权益;道德发展和康乐教育;情绪管理、时间管理、行为习得和管理、自我认知、人际沟通,以及学习等能力的培育和提升;良好行为习惯的培养;学习并遵守社会公德;培养儿童的责任感等等。

儿童小组工作在实务工作中应用很广泛,如儿童福利机构中的特殊儿童小组,教育机构中的儿童小组以及社区中的儿童小组等。

阳光家庭儿童小组户外活动

儿童小组游戏活动

(二) 青少年小组工作

青少年小组工作是指运用小组工作的价值、理论、方法和技巧,通过小组工作的过程以及小组工作者的协助,使小组中的青少年能够获得小组经验、产生行为改变和恢复正常功能,以及与他人和周围环境达成有效的调适,最终促进青少年的个人成长及小组发展的专业服务的过程或者活动。

青少年正处于人生发展的重要阶段,面临着重要的发展任务,如价值观、世界观、人生观的建立,知识与技能的学习训练,成熟社会关系的形成,性别角色的明确,择偶、择业与自主能力的获得,道德发展的成熟,婚姻家庭的建立以及健康发展等等。作为发展中的个体,青少年也会面临众多的问题,如价值冲突问题,人生目标的迷思问题,学习、人际沟通、就业、吸毒、犯罪等问题,这些问题不仅直接影响青少年的成长,而且还会发展成为严重的社会危机,进而影响社会的安定。

青少年小组工作正是针对青少年的发展需要与面对的问题,根据青少年的生理和心理状态、兴趣倾向、特长爱好以及成长环境等实际情况,予以小组辅导,目的是促进青少年的成长以及社会的和谐发展。

开展青少年小组工作的机构较多,如青年俱乐部、各级各类学校中的学生社区和组织等。

青少年专业技巧训练活动

青少年拓展训练

（三）成年人小组工作

成年人小组工作是指运用小组工作的价值、理论、方法和技巧，通过小组工作的过程以及小组工作者的协助，使小组中的成年人能够获得小组经验、产生行为改变和恢复正常功能，以及与他人和周围环境达成有效的调适，最终促进成年人个体的成长及小组发展专业服务的过程或者活动。

成年人的发展任务主要有经济上的独立、自主决策、婚姻家庭的建立、事业的创立和发展、父母的赡养和子女的养育，等等。成年人成长中的问题主要包括事业发展问题、亲子关系问题、家庭婚姻问题等等。面对发展中的任务和成长中的问题，需要将小组工作运用其中。

成年人小组工作的主要内容包括婚姻辅导、亲子关系辅导、能力提升、网络建构等等。

为成年人举办的小组工作主要有：家长学校、单亲家庭支持小组、夫妻婚姻调适小组、病人治疗小组等。

单亲特困母亲能力提升活动现场

（四）老年人小组工作

老年人小组工作是指运用小组工作的价值、理念、理论、方法和技巧，通过小组工作的过程，在小组工作者的帮助和指导下，利用小组动力，帮助老年成员恢复社会功能，促其成长的专业服务过程或者活动。

小组工作的方法为老年人开展服务，简单地说，就是要帮助老年人解决老有所为、老有所乐、老有所需等需求和问题。老年人在生活中常遇到的需要和问题可以分为生存、心理和社会互动等，老年人小组工作就是要尽力协助老年人解决这些需要和问题。为老年人举办的小组可以在各类社区机构、社会福利机构中开展，如老年学校学习和活动小组、康乐小组等。

二、 从实施机构来划分小组工作的领域

从实施机构来划分小组工作的领域,可分为医疗卫生机构、教育机构、司法机构、工业机构和一般社会福利的机构等。

(一) 医疗卫生机构

医疗卫生机构中小组工作的领域有综合医院、慢性病院和康复中心,公共卫生机构,心理卫生及精神病防治机构。

1. 综合医院、慢性病院和康复中心

其对象多为慢性病或因急性病而产生家庭危机的病人及家属。对病人的小组要协助他们适应医院环境;进行社会诊断及小组治疗;改善医疗环境,以及康复期再适应等。对于家属的小组,可以协助他们了解病人疾病的状况,解除恐惧焦虑或羞耻感,进而对病人提供积极的生活和心理等方面的照顾,并了解医疗设施、药品等的有效使用。对病人和家属的平行小组,则可以促进相互的扶持与了解,解决家庭危机,增强生活适应力。

2. 公共卫生机构

社会工作者可以与公共卫生机构合作,在社区居民中利用小组工作的方式进行有关疾病预防和保健知识的宣传等行动。

3. 心理卫生及精神病防治机构

在精神科或医院、社区心理卫生中心、戒酒戒烟戒赌戒毒中心等,社会工作者多以组织病人的家属为主要工作,协助他们了解精神病患的特质,解除因病人引起的家庭危机,调整家庭关系,或者与其他精神医疗人员共同组成病人的治疗小组。

(二) 教育机构

在各级学校的指导活动室或学生辅导中心,对学习上、学校生活适应上、人际关系处理上、恋爱问题等有困难的学生进行小组工作辅导,目的是协助他们解决学习困难,解除心理困扰,适应学校生活环境,增进人际关系,以及行为修正等。同时可以邀请家长参加,组成亲子小组等,通过小组工作,使他们进一步达到彼此沟通与支持,尤其是家长对子女在学校的学习与适应状况的了解与支持等。

(三) 司法机构

通常实施于监狱、工读学校等,主要针对犯罪者或家属进行小组工作的辅导,

其目的在于与机构合作共同对服务对象进行心理和行为等修正。

（四）工业机构

工业机构或企业单位社会小组工作对象可包括直接从事生产工作的员工、管理部门和销售部门的主管。对员工的小组工作主要是协助他们适应工作环境；增加生活情趣；解决心理困扰；学习社会技巧；适应劳资关系；促进劳工福利，以及改善工作环境等。对主管的小组工作，则以增进管理及领导能力；了解员工心理动力；协调劳资关系，以及寻求合理生产方式等为主要目标。

（五）一般社会福利的机构

如公共福利机构的家庭服务部门、老人福利机构和儿童福利机构等，社会工作者都可以与机构工作者合作，利用小组工作的方式为服务对象提供支持和帮助，发展他们的潜能，使他们生活得更好。

总之，小组工作的实施领域和使用人群相当广泛，发展空间很大。

A 本章小结

1. 小组工作是一个协助有共同困难和需求的组员解决问题的过程，它是社会工作的一种方法。

2. 小组工作有非常明显的不同于其他专业方法的特征。

3. 小组工作无论对个人、小组的成长和社会的发展都有很重要的功能。

4. 小组工作的过程中要实现各个层面的目标，如个人目标、机构目标、小组目标以及社会目标。

5. 小组按照不同的划分标准可以分成不同类型，而不同类型的小组具有不同的性质、特征和目标。

6. 小组工作的实施领域非常广泛。

B 主要术语

小组（Group）：是指两个或两个以上的人组成，为了达到共同的目标，以一定的方式联系在一起进行活动的人群。

小组工作（Group Work）：小组工作是社会工作的方法之一，它以一定的专业价值为基石和灵魂，以一定的专业理论为指导，经由小组工作者的协助，通过有目的的小组互动过程和小组经验分享,改善个人、小组和社区间的相互关系,并使他们达到功能增强的目的,进而促进个人成长和社会的进步与发展。

$\mathcal{C}$　练习题

1. 小组课堂讨论

目的:描述和理解小组工作的含义以及特征

内容:

(1) 一群人坐轮船旅游,途中遭遇风浪袭击,大家在一起彼此支持、合作,共同渡过难关。分析这是否是一个专业意义上的小组。

(2) 现场参加课堂讨论的小组是否是一个小组。为什么? 初步感受、体验和分享小组讨论的过程!

(3) 分享个人以往的小组经验。

2. 调查与观察活动。利用课余时间,对自己所在的大学校园里(或社区)的学生组织(小组)的情况进行调查和观察。然后对其进行分类,并进行目标以及功能分析。

3. 以往小组经验回顾。通过经验回顾了解小组,以小组为单位回顾与分享你所参加过的小组,例如:班级、学会、兴趣小组等。这些小组属于哪种小组类型? 分享这些小组运作的情况。

4. 参观活动。根据实际情况,参观本章第三节中提到的小组工作实施领域中的相关机构,寻找小组工作的介入空间,反思曾经的小组工作,为未来的小组工作介入作准备。

$\mathcal{D}$　思考题

1. 简述小组工作的目标和功能。

2. 了解各种类型小组的特征。

3. 为什么说在现代社会小组工作的适用范围会越来越广泛?

$\mathcal{E}$　阅读文献

1. 何洁云等:《社会工作实践——小组工作》,香港:香港理工大学应用社会科学系,2002年,第一章。

2. 黄丽华:《团体社会工作》,上海:华东理工大学出版社,2003年,第一章。

3. 胡云:《团体社会工作》,北京:中国广播电视大学出版社,2009年,第一章。

4. 林万亿:《小组工作·理论与技巧》,台北:五南图书出版公司,2000年,第一章。

5. 刘梦主编:《小组工作》,北京:高等教育出版社,2003年,第一章。

6. 吕新萍等编:《小组工作》,北京:中国人民大学出版社,2005年,第一章。

7. 马良:《团体社会工作》,天津:天津大学出版社,2010年,第一章。

8. 张洪英:《小组工作》,济南:山东人民出版社,2005年,第一章。

9.〔美〕Charles D. ,Garvin著,曾华源等译:《社会团体工作》,台北:洪叶文化事业有限公司,2000年,第一章。

10.〔美〕凯瑟琳·麦金尼斯·迪特里克著,隋玉杰译,《老年社会工作》,北京:中国人民大学出版社,第一至十一章。

11. Paula Allen-Meares著,李建英,范志海译:《儿童青少年社会工作》,上海:华东理工大学出版社,2006年,第一至十章。

12.〔美〕乔斯·B. 阿什福德(Jose B. Ashford),克雷格·温斯顿·雷克劳尔(Craig Winston LeCroy)等著,王宏亮等译:《人类行为与社会环境:生物学、心理学与社会学视角》,北京:中国人民大学出版社,2005年,第四至十二章。

第二章　小组工作的发展脉络

　　小组工作是社会变迁和社会发展的产物,它起源于欧洲,发展于美国,而后在世界各地逐渐传播开来。在社会工作专业发展的历史中,尽管小组工作专业发展的历史不长,但是也经历了从出现到发展再到成为专业方法之一的历史演变过程。

第一节　小组工作在西方的发展脉络

　　人类早期的小组工作可追溯于古希腊时代的体育运动、竞技和舞蹈。专业的小组工作起源于19世纪欧美国家的社团及文娱组织,是对工业革命带来的一系列社会问题的一种回应。19世纪的欧美国家正处于工业革命时期,工业的迅速发展,在带动经济飞速发展的同时,也带来了许多社会问题,诸如居住、公共卫生、交通、犯罪、贫苦和文化的融合等。这些问题的产生增加了社会的不稳定因素,这为小组工作的发展奠定了历史基础。

一、小组工作的起源和初步发展 (1850~1920年)

(一) 历史背景

　　工业革命早期,欧美等西方国家的经济主要依赖于工人数量的增加,于是导致大量的农村人口远离家乡涌入城市,成为在城市中仅靠出卖劳动力为生的工人。他们在经济上完全依靠资本家发给的微薄薪水维持生存,整天在艰苦和危险的环境下辛苦劳作,同时造成了城市住房紧张、卫生条件恶化、犯罪问题频发、童工现象严重以及社会信任危机等问题,随后也爆发了多次的劳工运动。

　　当时一些毕业于贵族学校,充满宗教热忱的爱心人士成立了许多慈善组织,开始为穷人提供尽可能的帮助。他们认为:自己作为社会中的一员,有道义上的责任从事某些福利行动,使社会变得更适合居民居住;每个人对社会做一些力所能及的善事,尤其为教会和公共福利行善,这是拯救世界的一种手段,也是上帝对自己未来作评价的关键所在;上帝对他们的奖赏就取决于他们的社会福利行动,所以他们有强烈的责任感为新增的贫困人口提供更好的居住环境,保证他们的生活质量。此外,教会本身也成立了一些慈善组织,从事社会慈善事业。例如,西欧和美国的"犹太人社区中心",组织常采用小组工作方法帮助犹太人强化他们的公民责任,也促进了小组工作的发展。

(二) 基督教青年会的创立与服务

小组工作作为一种社会服务的方法是从 1844 年英国创立的具有教会背景的青年组织——基督教青年会开始的。其创始人是威廉斯(George Williams)。他本是一个商店学徒,亲眼目睹了许多学徒和青年店员在工作之余无所事事,结果沾染了许多都市恶习。于是他召集志同道合的青年人组织了一个以读经和祷告为聚会目的的诵经小组,随后小组规模逐渐扩大,在 1844 年 14 个类似的诵经小组结合起来组成了基督教男青年协会(Young Men's Christian Association,简称 YMCA)。青年会的活动也由原来的读经、祷告逐步发展成为有益于身心健康的活动,并为社区提供服务。

1877 年英国妇女界也效仿男青年会的形式,组成了英国第一个基督教女青年会(Young Women's Christian Association,简称 YWCA),开始为女青年和各种妇女组织提供服务。最初成员大部分是从农村迁移到城市后没有固定工作和没有安全住所的女性,她们既没有基本的生活保障,也没有休闲娱乐活动。所以女青年会既为她们提供住所和读经的机会,又为她们提供烹饪、缝纫和打字等方面的技能培训。

后来美国也效仿英国的方式,在 1851 年成立了美国基督教男青年协会,1854年成立了美国基督教青年会全国协会,1859 年成立美国基督教女青年会。它们都是通过小组活动、小组经验等方式为青年提供知识教育、休闲娱乐等健康服务。

(三) 儿童服务机构的创立与服务

随着工业化的发展,都市中的儿童逐渐缺乏户外活动的场地,甚至有些儿童成为被资本家剥削的童工,长时间的劳作再加上缺乏必要的福利,都非常不利于儿童的健康成长。于是 1868 年波士顿第一教会利用公立学校的校园成立了第一个儿童假期乐园。1876 年,芝加哥也开始利用公园领导各种有组织的游戏与体育活动。1877 年,美国女孩亲善会社成立。到 1885 年,各种儿童乐园纷纷成立,由最初的假期开设逐渐发展为常年有计划的设置,极力为儿童提供各种休闲娱乐活动。

1906 年美国成立了男孩俱乐部,也就是童子军的开始。1907 年英国成立了只招男孩的童子军,专门为男孩提供登山、行军、大地追踪和露营等活动。最初由英国一些退役的将领领导,童子军穿着由军人的旧制服改造的制服,佩戴着徽章,从事各种户外训练。目的是通过这些活动,使青年人在身体和道德上受到良好而艰苦的训练,培养他们敢于冒险和基本的求生技能以及独立自主、健康的人格。

1910 年美国也成立了童子军。1912 年成立了女童军,取名"女童指导(Girl Guides)"。后来成立了女童军营火会(The Camp Fire Girls),也不局限于郊游或远足,后来扩大到游戏、歌唱以及研讨会等小组活动。目的是通过小组活动让男女学童学习一些社交技巧以及道德价值观的知识。

(四)睦邻组织的发展

随着都市移民问题越来越严重,1884 年在英国伦敦教区的贫民窟成立了世界上第一个睦邻组织——汤恩比馆(Toynbee Hall)。这也是第一个社区睦邻服务中心,成为睦邻组织运动的开始。建立者们召集当地的大学生与贫民同吃同住,协助当地居民自发行动起来,互助合作。创办了图片展和成人教育班,希望通过这些方式能了解穷人的生活环境和社会问题,为他们提供适当的教育和康乐服务,努力改善他们生活状况。同时通过与大学生一起的小组互动和小组过程,为他们提供文化交流的机会,发展他们健康的人格。通过这些活动,激发贫民树立较高的生活水准,又能为学生提供了解贫民实际生活状况的机会,有助于加深对贫民感受和需要的了解。

1889 年,简·亚当斯(Jane Addams)效仿汤恩比馆,在芝加哥成立了著名的赫尔馆(Hull House)。此后这种形式的服务推广到全美国。

(五)犹太人社区中心

在众多的移民中间,犹太人的移民中心发展最为显著。有的属于助人类犹太中心,由年长的、富裕的教友组织起来帮助贫穷的犹太新移民;有的属于互助类犹太中心,由新移民自己组织起来的互助组织。成立的目的就是帮助新移民的犹太人尽快适应环境。这些移民中心的工作方法也是发动当地人民自动自发、互助合作,正好与社会工作的助人理念相吻合。所以它们适应了社会环境,获得了快速发展。

上述这些社会组织基本上都是为了适应工业化发展而设立的,服务对象主要针对青少年和外来移民,服务方式以提供休闲娱乐为主。虽然缺乏专业的认同和专业理论的支撑,但是他们传递了小组工作的重要价值理念,认为成员的互助是个人改变的核心,而且非常重视小组对个体改变的力量,重视通过康乐和社会活动提供给每个成员小组经验,帮助他们培养个体的互助意识、公民意识和社会责任,因此,上述这些社会组织也推动了小组工作的发展。

这个时期的小组工作与社会工作之间的关系非常脆弱,工作人员也没有专业归属,常用术语中也没有小组工作的称谓,小组工作被纳入社会工作专业界是 20 世纪 20 年代以后的事了。

二、 小组工作的诞生和成长期 (1920～1950 年)

小组工作的实践产生于 19 世纪 50 年代,但是小组工作作为一种专业及专业方法,正式诞生和成长于 20 世纪 20 年代,其主要标志是名称的诞生、协会的成立以及理论的发展。

(一) 小组工作的诞生

1918 年,美国医学社会工作者联合起来成立了第一届社会工作协会。1921 年更名为美国社会工作协会。1923 年柯义尔在克利夫兰的西储大学开设有史以来的第一门小组工作课程时,就把小组工作当做一种专业方法和新的实施领域来进行教学。随后,柯义尔和威尔森(Gertrude Wilson)向大会提交的论文也勾勒了小组工作的原理和实务知识的框架,表明小组工作作为一种方法正趋于成熟。

1935 年美国全国社会工作会议增设小组工作分会,被公认为小组工作加入社会工作行列的重要里程碑。

1936 年全美小组工作研究协会成立(National Association for the Study of Group Work)。

1946 年,在纽约水牛城举行的全美社会工作会议上,柯义尔代表美国小组工作研究协会发表了题为《迈向专业化》的演说,探讨了小组工作在专业化发展道路上遇到的种种问题,强调小组工作是一种社会工作方法。她的意见被大会所接受,这样,小组工作才正式纳入专业社会工作之中,成为社会工作的专业方法之一。

(二) 小组工作的成长

第一次世界大战之后,小组工作急剧发展,服务数量增加,人们对其重要性的认识也有了相应提高。

1. 失业工人的培训与救助

1929 年美国经历了世界经济危机,大批失业者流浪街头,他们除了需要政府的救济外,还需要进行职业培训,学习新的技能以适应社会。位于芝加哥的科芒斯(Commons)救济院就开始致力于帮助陷入失业困境的工人。1932 年,泰勒(Taylor)提出,失业工人可以通过参与社区委员会以及相关的小组活动,通过自助、互助、合作,鼓励他们开始重新掌握自己的生活。

2. 战争后遗症的治疗

在第二次世界大战结束后,一些退伍军人患上"战争后遗症"。军队中的一些社会工作者发现,以小组的方式让这些病人尽情地倾诉自己内心的感受以及目前的适应状况,并能获得小组成员的相互支持和安慰,有助于他们的病情好转。所以小组工作在战后的社会变迁中获得了成长发展的机会。

3. 相关学科的支持与发展

社会学的发展体现了个人、小组与社会的关系,强调了首属小组在个体社会化中的重要性。需要特别指出的是,家庭或朋辈群体对个体社会化早期的影响会延续一生。

小组动力学家勒温(Kurt Lewin)在 1947 年建立的美国国家训练实验室(National Training Laboratories),强调了小组动力在小组目标达成、小组成员行为等方面的重要作用,丰富了小组工作的理论。

教育学强调了自主学习和自助助人的精神在社会变迁中的重要作用。1933年,教育家杜威(J. Dewey)提出,学校教育固然重要,但是学校以外的社会力量对人格的发展影响巨大,所以教育需要从多方面着手。小组工作不仅仅只是休闲娱乐与社会运动,而且开始注重满足个人发展的需要。

心理分析学、精神病学、心理卫生学的发展为小组工作的发展又开拓了新的领域。小组工作除了提供休闲娱乐的功能外,还为各种遭遇不幸的人进行小组治疗。通过小组工作,帮助他们解决不幸遭遇带来的各种问题,改善他们的社会生活。

随着精神病学的发展,小组工作开始接受研究、诊断和治疗的医学模式。这时的小组开始倾向于治疗小组。小组成员往往是那些有心理或行为问题的人,他们在小组工作者的指导下,通过小组互动与小组经验分享后可达到康复与矫治的目的。至此,小组工作的实施领域逐步扩大到了医务领域。

4. 相关研究与著作的出版

这一时期出现了许多有关小组工作的研究与著作。有美国社会工作协会1939年出版的《在教育、娱乐和社会工作中的小组》(*The Group in Education, Recreation and Social Work*),柯义尔的《组织群体内的社会过程》(*Social Process in Organized Group*),纽斯泰特的《小组调适》(*Group Adjustment*)。还有关于勒温提出的小组动力学对小组过程的动力研究等。这些研究有力地推动了小组工作向专业化方向发展。

这个时期小组工作的主要特征:一是关注正常的个体成长;二是关注特殊问

题,并对行为偏差进行矫治、干预;三是有关小组工作的研究以及著作相继出版。主要有:对某些社会问题进行干预;在休闲娱乐或偏差行为矫治机构中提供服务,服务对象有失业者、残疾人、儿童、老人、偏差行为者、外来移民等。可以说,小组工作开始服务于社会的各个阶层,期望消除弱势群体,使其纳入主流社会中。

三、 小组工作的专业化发展 (1950～1960 年)

(一) 历史背景

二战之前,几乎所有的小组工作机构提供的小组工作都与个体休闲、娱乐、教育有关,非常重视小组经验的获得和对社会行动模式的支持。二战以后,由于东西方冷战的影响,美国又处于麦卡锡时代,社会行动受到限制,小组工作的社会行动模式也不能得以发展。但是当时社会学、心理学备受重视,小组工作受到互动理论、系统理论、行为分析理论和小组动力理论的影响,特别是弗洛伊德精神分析理论和小组经验很快被美国大众所接受,对小组工作产生了很大冲击。整个社会工作界充斥着对精神医学的认同,社会工作机构也强调精神分析理论的应用,至此,小组工作逐渐转向了治疗的方向。

(二) 专业化发展

小组工作专业化发展的标志是小组工作著作的大量出版以及治疗模式的出现和应用。

1. 治疗取向介入小组工作

由于受精神分析理论和二战的影响,小组工作开始介入到医院、心理卫生机构、矫治机构、学校工作中。小组工作者开始接受研究、诊断和治疗的概念,并把小组成员个人的社会功能失调当成工作者考虑的重点,忽略了环境因素的影响。但是传统的睦邻会社、青年小组等小组工作的方法并未消失,仍在继续,具有社区发展与社区行动的目的。

2. 实务方法的争论

在小组工作成为社会工作学院的课程之前,并没有把它当做一种实务工作的方法来看待,往往是按照所隶属的机构来看待小组工作。例如在救济院的人就被称为救济院工作人员,休闲娱乐场所工作的人被称为休闲领导者。

在小组工作被接纳为社会工作的专业方法之初,也遇到了许多有争议性的问题。其中之一就是小组工作受到了个案工作的质疑。由于个案工作受到精神分析学的强烈影响,把服务对象看成是有心理问题的患者,更倾向于心理治疗;而小组工作更倾向于把服务对象看成是社会功能失调的患者,不局限于心理问题。小组领导者与小组成员一起工作,并非只关注治疗,还强调成员的适应能力和社会功能的恢复。这个时期,小组工作与个案工作到底哪一个实务效果更好,一直处于争论之中。

随着社会学、社会心理学、人类学等学科的发展,战后军人的安置问题、黑人暴动、妇女争权、儿童教养、老年安置等新生的社会问题,加速了小组工作与个案工作在精神病学、医学、家庭服务等方面的合作。通过合作,彼此增加了了解,精神病学中也接纳了小组可以作为一种治疗策略,个案工作中加深了小组助人的思想。随后,在实务应用领域中小组工作的方法也逐步获得了认可。

直到 1955 年,美国社会工作专业协会将小组工作视为是社会工作中的一个正式分类,才解决了小组工作专业认同的危机。

3. 相关著作非常丰富

正由于上述争论,这个时期关于小组工作的研究著述非常丰富,发展了小组工作的理论和技巧。例如,有威尔森的《小组社会工作实务》(*Social Group Work Practice*)、崔克尔的《小组社会工作》(*Social Group Work*)、柯义尔的《小组工作对美国青年的服务》(*Group Work with American Youth*)、克那普卡的《以儿童为对象的治疗性小组工作》(*Therapeutic Group Work with Children*)等。

这个时期小组工作的特点是理论上获得了系统性发展,实务模式上倾向于治疗特征,社区发展与社会行动特征并存。同时,这一时期关于小组工作功能的争论很多。

四、小组工作的多元化发展 (1960~1970 年)

(一) 历史背景

对于小组工作来说,20 世纪 60 年代是一个转折点。20 世纪六七十年代开始的反贫困运动、民权运动和女权运动,对小组工作产生了重要影响。它们要求社会工作者以新的观点来看待问题,用新的方法来解决社会问题。政府承诺解决青少年犯罪、贫穷以及精神疾病等问题,赞助并推行了许多实验计划。社会工作者也尝试用多种方法去介入,小组工作呈现多元化发展的趋势。

(二) 多元化发展

1. 应用领域不断扩大

由于受到经济、政治、社会规范、社会体系以及专业社会工作和社会福利机构的影响,小组工作的方法逐渐应用到了心理卫生机构、医疗机构、矫治机构、家庭、学校以及社区发展等方面。

例如,对二战后的老兵用小组工作的方法为他们提供心理辅导与治疗;在劳资关系紧张的工厂,用小组工作的方法体验小组生活,可以缓解人际紧张,增进人际沟通,提高生产效率;在学校教育方面,有关学校的教学、管理以及学生的学习和课外辅导等,都与小组工作有着密切的联系,好多高校开始尝试成立社会工作学生小组,整合利用学校资源,并为社会工作专业的学生提供更好的服务平台;社会工作的方法已经推广到社区的发展过程,社区成立各种委员会、理事会与董事会等,都运用了小组工作的原理和方法。

2. 理论与实务模式的发展

小组工作开始受到许多理论的影响。勒温(Kurt Lewin)的场域理论、鲍尔斯(Bowles)和霍曼斯(Homans)及怀特(White)的互动理论、米勒(Miller)的系统理论以及后来的斯特克(Stekel)和塞林(Sellin)的行为分析理论等,都丰富了小组工作的内容,发展了小组工作的理论和技巧。同时,小组工作的方法逐渐扩展运用到试图接触倾向越轨的一些青年人身上。

一些理论家更注重对小组工作模式的研究,并促成了帕贝尔(Papell)及罗斯曼(Rothman)在1966年发表了关于小组工作三大模式的论文,为推动小组工作实务作出了巨大贡献。小组工作的三大实务模式即社会目标模式、互惠模式和治疗模式。

1967年罗伯特·文特尔(Robert Vinter)等人在美国密西根大学建立了小组工作治疗模式,提倡运用小组工作的方法来改善个人的行为偏差以及重获个人丧失的功能。

同期另一个有影响力的方法是施沃茨(Schwartz)创立的协调模式,利用开放体系、人本心理学以及存在心理学等理论,模拟人与小组的关系,通过组员之间的接触以及小组工作者的专业技巧和知识,使小组内产生互动关系,从而使个人在小组中获得需要的满足。

后来1965年伯恩斯坦(Bernstein)在波士顿大学研究了发展模式。特罗普(Tropp)在1968年把发展模式推向了整合方向。

这个时期小组工作的理论更加丰富,小组介入的领域逐步扩大,介入的模式倾向于多元化。

五、 小组工作的最新发展 (20 世纪 70 年代以后至今)

20 世纪 70 年代以后,小组工作出现微观化、多元化和整合化的发展趋势,整体的社会工作观取代了分裂的社会工作观,单独的社会工作方法被整合的社会工作方法所取代,这代表了社会工作的最新发展趋势。

1. 强调社会工作专业方法的整合

70 年代以后,生态系统理论引导学者们探讨人类的问题,不再局限于单个的社会工作方法,而是采取生态系统理论取向的实务观点,提出应当以案主问题为中心,涉及个人、夫妻、家庭、小组、社区以及其他社会体系,灵活运用各种方法。进而有学者提出,社会工作实务方法可分为微观和宏观两部分,其中把个案、家庭、小组和个案管理归为微观实践方法,社区、组织和政策归为宏观实践方法。为此,一些学者开始整合早期的小组工作模式,将整合后的小组工作模式称为主流模式。主流模式强调小组成员积极参与小组过程,领导者和成员共同决定目标,让成员通过小组情境不断尝试新的行为、角色和沟通,扩展自己的社会功能。

2. 介入聚焦的转移

80 年代以后,学者们发现原有的社会工作模式是基于问题视角,社工关注更多的是案主的不足和缺陷,重复次数过多容易打击案主的自信心,不利于小组成员问题的解决,于是提出转变社会工作的视角,开始关注每个人具有的优势、兴趣、能力、知识和才华,而非仅仅诊断缺陷和症状,强调个体、小组、家庭和社区都有优势,所有的环境都充满资源。社工要立足于发现和寻求、探索和利用小组成员的优势和资源,协助他们达到自己的目标,实现他们的梦想,并面对他们生命中的挫折和不幸,抗拒社会主流的控制。虽然改变过去习以为常的基于缺陷和弱点的社工实践模式并非易事,但是优势视角理论不提倡固定的介入模式,在小组工作实务中获得了很大的支持和认同。

3. 小组工作理论的发展

1978 年由帕佩尔(Papell)、贝伦斯(Beulash)和罗斯曼在 Adelphi 大学创办了《小组社会工作》(*Social Work with Group*)期刊,内容不仅包括直接服务方法,也涵盖了机构与社区的问题。同年,在美国的社会工作教育协会的年度会议上,创立了小组社会工作促进委员会,现在更名为国际小组社会工作促进协会(International Association for the Advancement of Social Work with Group)。此后,有许多关于小组工作的文章发表,促进了小组工作理论与实务的发展。

第二节　小组工作在中国的发展脉络

小组工作在中国的发展也是对中国社会进程中出现的社会问题的一种回应。由于中国特殊的社会结构和文化模式,与社会工作的其他专业方法相比,小组工作在中国内地的发展是起步最晚、发展最缓慢的一部分。

中国的封建社会中曾经出现过一些救济性、互助性的小组,但它们并不具备专业性质。20世纪20年代初,外国的传教士来到中国,成立了一些社会救济福利小组,而这些小组很多带有宗教性,不属于专业意义上的小组。直到二战结束后,香港为了处理难民涌入引起的社会问题,而成立了社会福利联合会,开始培养专业社会工作者,并尝试在儿童实务领域发展。台湾的小组工作发展比香港稍晚一些,起初认为小组辅导与娱乐等同于小组工作,到20世纪70年代后才开始培养专业小组工作者,并逐步运用到实务领域中。由于中国内地的社会工作学科在1952年随着社会学的撤销而消失,到1979年社会学开始恢复重建时,社会工作仍然没有受到应有的重视。所以内地的小组工作是在20世纪90年代初期,随着社会工作专业在高校的设立,作为一种专业方法在内地逐渐发展起来的。

一、小组工作在香港的发展

香港地区小组工作的发展也是在20世纪50年代开始,但是在50年代之前,也有类似的小组活动。香港的中上层中热心公益事业的人士帮助一些青年劳工补习文化知识,也为背井离乡的青年提供廉价的住所,所以建立了香港基督教男、女青年会。起初,青年会除了帮助一些中下层人群外,还积极参与社会运动,为青年争取合理的劳工制度,在各个阶层成立了许多小型的组织。抗日战争期间,青年会提供战时服务,使不同背景的人有机会参与小组活动。在战后,青年会开始关注青少年工作,除了为劳工提供文化知识外,在中小学成立华光团组织,为学生提供生活照顾和课外活动。但由于当时没有专业社会工作者的指导,所以还不具备社会工作的专业性质。

到1948年,中国的解放战争接近尾声,大批内地难民涌入香港,其中有部分难民身无住所,衣食无着,他们急需社会的各种帮助。为此,香港立即成立了很多志愿的福利机构,帮助这些有困难的人,主要以救济工作为主。到1950年,香港社会福利联合会成立,当时的社会福利署下设三个组:物质救济组、保护妇孺组和感化组。由于工作重点是救济工作,所以此时社会工作的专业方法并没有受到重视。同时,外国派驻香港的服务机构比较多,他们受到本国社会工作观念的影响,并且有部分受过社会工作专业训练的人来香港提供服务,社会工作的专业方法才逐渐引起重视。

由于内地难民涌入香港,香港人口猛增,这也带来了许多社会问题,社会福利署发现社会工作专业方法对解决这些问题有积极的作用,于是在1950年要求香港大学开设训练专业社会工作者的课程。随后到港的难民增多,难民子女没有受教育的机会,除了做童工或家务外,没有别的活动内容。于是小组工作主要在儿童的服务领域中获得发展,服务内容主要以为儿童提供文化知识教育和游戏娱乐为主。

1954 年,香港社会福利署与葛洪亮师范学院合作开设小组领袖训练课程。随着各种活动的逐步展开,小组工作才逐渐被认为是培养青少年健康成长的有效方法。

1962 年,香港大学与香港中文大学开始开设正式的小组工作课程。

1966 年香港发生了动乱,部分原因是青少年没有参与社会活动的机会,他们借社会事件发泄不满情绪。这一事件引起了香港政府对青少年人口的关注。在帮助青少年的过程中,小组工作被认为是一种可以疏导青少年不满情绪的有效方法,逐渐受到重视。小组工作主要以提供娱乐服务、兴趣小组和友谊小组为主,青年茶座和营舍活动是当时流行的小组活动方式。

1967 年,香港大学把附属于医学院的社会工作训练学部转为正式的社会工作系,香港中文大学把社会学和社会工作学部分别成为两个独立的系部,同时小组工作才正式成为社会工作的主要课程之一。学生可根据个人兴趣自愿选择个案工作或小组工作。

20 世纪 70 年代中期,香港青少年犯罪成为社会关注的问题,小组工作再次受到重视。为了防止青少年犯罪,香港政府和志愿机构提供了各种方式的服务。小组工作正式推行家庭生活教育、学校社会工作以及外展社会工作,服务内容从娱乐转为教育、辅导和治疗,服务方法开始走向专业化。各种各样的成长小组、教育小组、辅导小组迅速发展起来。

在 70 年代和 80 年代,香港社区工作也经常用小组工作方法组织居民一起讨论社区事务和解决方法。其中在社区中心,小组工作是常规性服务。[①]

当时,美国小组工作理论界的经典著作,例如柯义尔的论著等,被香港的社会工作者用来作为社会工作训练学系的教科书。再加上留学美国、加拿大的社工专业的学生回到香港后,就把西方的小组工作模式作为蓝本在香港大力推广。其中美国学者提出了小组工作的三大模式,而且他们倡导治疗模式,所以此时香港的小组工作也以治疗心理问题以及促进人际关系和谐为主。

从 20 世纪 80 年代至今,香港社会发生了很大变化,离婚、家庭暴力、老人照顾等社会问题日益突出。首先,香港步入了老龄社会,由于家庭结构的变化,核心家

① Yan, M. C. , Reclaiming the Social of Social Group work: An Experience of a Community Center in Hong Kong. *Social Work with Groups*, 24(3/4),2001,53-66.

庭的兴起,老年人需要入住老年宿舍和养老院,老人照顾问题随之而来;社会关系日益复杂,离婚、虐儿、虐妻等问题日趋严重。其次,在政治上,1997年香港回归祖国,一国两制、港人治港也成为香港人面临的新问题。所以,香港的社会服务机构打破传统,个案工作和小组工作互相渗入对方的服务领域,例如小组工作机构也开设了问题少女热线,外展工作中开展个人辅导等。

这一时期小组工作的服务对象包括了从老到少的多种人群,服务的内容日益多样化,功能也趋于整合性、治疗性和发展性以及互助性。主要的目标是:促进个人成长,培养公民意识、民族情感以及参与社会,提高个人适应社会环境以及解决问题的能力,改善人际关系以满足个人的社交需要等。

二、　小组工作在台湾的发展

我国台湾地区的小组工作在社会工作方法中也是发展较为缓慢的一种方法或技术,是专业社会工作中的薄弱环节。

台湾早期的小组工作主要是由各种宗教机构提供的慈善性服务,并且是在基督教男、女青年会的推动下开展的。台湾的小组工作很长一段时间内被看成是小组活动、小组娱乐,所以他们认为小组工作与小组辅导基本雷同,常把小组娱乐与成长小组看成专业小组工作。主要原因有以下几点:(1) 小组工作的历史发展与专业社会工作的发展历史一样,小组工作要晚于个案工作,在西方个案工作很长一段时间内都占主流地位;(2) 小组工作的专业师资一直比较缺乏;(3) 小组工作的专业著作较少;(4) 专业社会工作者或者小组工作者本身对小组工作专业一知半解;(5) 一直将青年辅导视为小组工作。这些因素导致了台湾地区的小组工作发展缓慢。

1961年台湾东海大学开设小组工作课程,1970年台湾成立了社区发展研究训练中心,开始培养和训练社区小组领导者,这被认为是台湾小组工作专业化的开始。1974年台湾东海大学把小组工作课程列为必修课。

20世纪80年代以来,台湾的小组工作在实务机构中的运用越来越多,广泛应用于医院、福利机构和基层社会工作中。

1. 医疗机构

台湾的医疗卫生机构中,小组工作专业方法的应用效果比较显著,也获得了大家的认可。例如,医院成立康乃馨乳癌病患自助小组、开心手术病人自助小组等,都显示出小组工作的功能受到了重视和肯定。①

---

① 张洪英:《小组工作:理论与实践》,济南:山东人民出版社,2005年,第26页。

2. 学校教育机构

在台湾学校教育机构中,小组工作主要以教育工作者开展的小组辅导为主。例如在中小学开展的启智班学生家长讨论小组,高智能低成就学生小组;大学生开展的人际技巧研习小组,人际关系调适小组等。

3. 司法机构

台湾地区的各少年法庭定期开展假日辅导活动和亲子教育小组活动,保护和管束青少年、帮助青少年犯罪者,并同时为青少年家长提供服务。

4. 工业机构

台湾各部门非常重视满足青少年的需求,要求工业机构设置工厂辅导员,基层政府机构成立社会青年服务队。

5. 一般的社会福利机构

台湾的社会福利机构成立了各种小组工作服务组织,例如台北社区儿童育乐营,台中青少年小组,彰化暑期儿童育乐营,嘉义社区欢聚生活营,嘉义社区童子军等。

台湾的小组工作者大都是曾留学国外回到台湾来推动小组工作发展的,他们总结和实践出适合于台湾本土的小组工作的方法。同时许多社会工作者积极总结实践经验,有许多高水平的论著和译著出版。

近年来,台湾的一些大学和社会工作机构与内地的大学及机构建立了联系,台湾的社会工作者和社会工作教育者经常到内地访问和交流,并介绍台湾社会工作的方法和经验。内地一些院校和工作者前往台湾考察、访问,加深了台湾与内地的了解和认识,对内地小组工作的发展起到了积极的促进作用。

三、 小组工作在内地的发展

专业意义上的小组工作在内地的发展历史不长,但是小组工作的活动形式却历史悠久。辛亥革命后内地就出现了不同性质的小组,其中一些救济型、互助性的小组,基本上分为五种类型:第一,私人办的社会救济福利小组;第二,官方办的社会救济福利小组;第三,宗法性的社会救济福利小组;第四,宗教性的社会救济福利小组;第五,外国人办的社会救济福利小组。这些小组在帮助有困难的人渡过难关方面曾起到一定作用。[①]

新中国成立后,人民政府、企事业单位与群众组织都鼓励人们参加一定的组织

---

① 张洪英:《小组工作:理论与实践》,济南:山东人民出版社,2005 年,第 27 页。

活动,利用小组成员间的相互影响、相互帮助,促进个人的社会化。我国出现了许多群众性的小组组织。例如全国总工会、中国青年联合会、中国共产主义青年团、中华全国妇女联合会、中国残疾人联合会、中国老龄问题全国委员会和中国红十字会等,都各自担负了向特殊人群提供社会服务的职责,在帮助困难人群解决生活困难、家庭关系和社会问题等方面发挥了重要作用。政府部门和民间成立了许多适合不同年龄、职业、文化程度与兴趣的社团或小组,开展了各种小组活动与社会活动。例如,在少先队、少年宫中成立了许多适合少年儿童兴趣的小组;在高等学校中,大学生与研究生建立了诸如兴趣小组、摄影社、集邮社、书画社、诗社、合唱团、学生科学团体等多种学生组织。此外,还有许多行业组织,例如行业性小组、群众性小组、文化艺术小组、体育工作小组、社会福利小组、基金会、新闻工作小组、联谊性小组、宗教小组以及在中国注册登记的国外工作小组等。这些小组基本上是以任务为本的小组,缺乏专业人员的介入,基本上通过行政手段来提供服务。

随着 20 世纪 80 年代末高校社会工作专业重建,专业小组工作被列入社会工作的主要工作方法。90 年代初期,随着高校社会工作专业的建立,小组工作作为一门专业方法在内地得到传播。目前内地小组工作的领域主要包括:学校、妇女、青少年、老人和残疾人社会工作等。基本目标是:发挥个人潜能,学习解决问题的能力,适应社会变革,促进人的全面发展。小组的类型主要有:成长小组、支持小组、互助小组和治疗小组等。从事专业小组工作的人员主要为社工专业毕业生和在校专业教师和学生。

进入 21 世纪,空前的社会变革也带来了许多社会问题,而小组工作作为一种科学化、专业化的社会工作方法,体现以人为本的宗旨,讲求人与人之间的平等,在坚持互助互惠、民主参与,尊重人的权利和能力,整合社会资源,增强社会功能等方面,凸显了小组工作的重要性。目前关于小组工作的探索和运用发展很快,特别是小组工作的实际应用效果越来越突出,可以说,小组工作进入了崭新的历史发展阶段。

1. 小组工作的服务领域趋向普及化

进入 21 世纪,人们更加注重实现文化的融合、心理的归依,寻求人与自然、人与社会、人与人、人与自我之间新的和谐。小组工作在疏导压力,挖掘潜能,协调人际关系,缓和矛盾,摆脱困境的过程中扮演着重要角色。小组工作的服务领域扩展到了儿童福利、精神健康(成瘾治疗)、婚恋指导、家庭治疗等方面。可以说小组工作的服务对象基本覆盖所有的社会群体,服务领域趋于普及化。

例如,深圳市 2006 年开始了社会工作创新模式的试点工作,提出了政府购买、民间运作的社会工作新模式。2007 年成立了鹏星社会工作服务社,这是国内首家民间专业服务机构。其中深圳市的"阳光妈妈"服务项目就是由鹏星社工服务社提供，以单亲特困母亲、下岗失业妇女以及家庭遭遇特殊困难的妇女为对象，通过成立自助互助小组，以"社工"引领"志愿者"的运作模式，举办免费就业培训，开展心理咨询、家庭教育、素质教育服务等形式，实现帮扶与救助困难女性的长效服务。该项目先后被评为"市民最满意服务项目"和"首届鹏城最佳慈善项目"。2010 年 3 月，深圳社工介入"富士康员工关爱行动"，运用小组工作的方法及技巧，及时缓解了跳楼危机，成为富士康员工心灵成长的陪伴师。这次行动，也是全国社会工作者首次大规模、全方位参与公共危机的救援行动，为社会工作实务提供了宝贵的经验。

又如，山东济南的基爱社会工作服务中心，作为济南首家社会工作专业服务机构，成立于 2007 年 10 月，先后与济南市妇联、济南市民政局、济南市市中区妇联以及多家街道办事处合作，开展了反家暴社工维权服务、单亲特困家庭帮扶服务、社区居家养老服务和儿童成长服务等，通过成立自助互助帮扶小组，服务效果很好，受到了服务对象的肯定。

2. 探索本土的小组工作实务模式

小组工作方法日益专业化和职业化，需要加强不同社会工作方法之间的融合和交流，将个案工作、小组工作、社区工作和社会行政等方法整合起来，合理引进西方的先进理论和实务经验，同时探索本土化的小组工作服务模式。其中医务社工模式在内地取得了很好的效果。

例如，2003 年上海成立了内地首家戒毒社会工作机构，尝试用艺术疗法参与社区戒毒工作，成为国内社区戒毒社会工作中独特的本土创新。其中的篆刻艺术小组在社区戒毒工作中的效果更加突出。这种方法不仅创新了传统文化艺术在戒毒人员人格成长、操守保持和心瘾控制上的治疗功能，而且发挥了提升生活技能、创造就业机会以及缓解生计压力的发展功能，深受社区的欢迎。

上海嘉定的"亲子平行小组"、闸北的"女子戒毒沙龙"、静安的"同伴自助小组"、闵行的"自强家庭联谊会"等，就是将家庭治疗、同伴关怀作为治疗的一个切入点，运用了亲情关怀、同伴影响的小组工作方法给予戒毒康复人员有效的帮助和支持。

3. 吸收更多的志愿者参与

在 2008 年北京奥运会和汶川大地震两件大事中，全民参与的志愿服务有力地推动了中国的志愿事业。甚至可以说，2008 年是中国志愿服务元年。目前，社会工作者和志愿者是内地开展社会服务的生力军，社工是职业从事社会服务，志愿者主要是业余兼职。志愿者自愿参加选择、训练和督导的培训，并与社会工作专业人员建立了真诚的合作关系。

例如,四川成都心家园社会工作服务中心(简称"心家园·社工"),是汶川"5·12"地震后长期坚持为灾区服务的志愿者自发结合组成的民间公益团队,积极为灾区民众提供心理援助、情绪辅导、社区服务、助学帮困等工作。

2008年9月中国社会工作协会与中国青少年发展基金会合作,在四川的德阳和广元推动了"抗震希望学校社会工作志愿服务项目",为了促进志愿者的专业成长,在项目启动之前对志愿者都作了专业救灾的集中培训。他们采用小组出击、团队联合作战的策略,既不让志愿者感受到孤独,又能在相互支持中使专业能力得到提高。

要注重发挥社工的职业化、专业化优势,既积极倡导志愿者的爱心奉献精神和社会责任意识,又努力克服志愿服务随意性大、缺乏专业训练、资源不足等缺陷,更广泛、更深入地推进社会服务,营造人人参与、和谐相处的良好社会氛围。

随着社会工作专业的发展,特别是十六届六中全会以来,党和政府已经明确了在今后相当长的时间内,将要建立一支宏大的社会工作者队伍,从一定层面上预示着社会管理思路的调整,专业社会工作被提升到重要地位。小组工作的目标基本定位于促进互助、发掘潜能、提升能力、促进人与社会的和谐发展,所以小组工作方法的运用与发展又获得了新的契机。

本章小结

1. 小组工作在西方的发展经历了起源和初步发展、诞生和成长、专业化发展、多元化发展、最新发展五个阶段。

2. 小组工作在起源阶段有青年会、儿童服务(童子军)、睦邻组织和犹太人社区中心等组织。

3. 在诞生和成长阶段,小组工作成为社会工作的专业方法并介入医学领域。

4. 在专业化阶段,小组工作理论获得了系统发展,实务倾向于治疗。

5. 小组工作在多元化发展阶段提出了社会目标模式、互惠模式和治疗模式等三大实务模式。

6. 小组工作在最新发展阶段出现了社会工作专业方法的整合。

7. 小组工作在中国的发展过程中,其中香港发展最早,较为成熟,其次是台湾,最晚是内地。

主要术语

基督教青年会(Young Men's Christian Association,简称 YMCA):是基督教性质的国际性社会服务团体。以"为世人服务"的精神,根据社会人群(尤其是弱势群体)的需要从事社会服务工作。

睦邻组织运动(The Social Settlement Movement):也称为"社区改良运动"。是指各种民间组织自愿组织起来,主张以人道主义来回应和改变社会问题的运动。

汤恩比馆(Toynbee Hall):是英国第一个社区睦邻中心,主要帮助贫困人群和劣势社区。馆址在伦敦商业街与温屋街的交界处,虽历经战乱,仍屹立如昔。

赫尔馆(Hull House):由亚当斯女士创立,推行一种理想的邻里精神,是当时美国最著名的社区服务中心。

童子军(Boy Scout):以野外活动训练方式培养青少年成为勇敢、自信、快乐、健康、有用的公民。是目前世界上影响最广泛的非赢利性、非政府青少年组织之一。

C 练习题

1. 结合小组工作的发展历史,试述小组工作定义的不同层面。
2. 试述小组工作各个发展阶段的基本特征。
3. 小组工作与小组辅导有什么区别?
4. 实现小组工作本土化的重要意义是什么?

D 思考题

1. 思考小组工作的发展和社会发展之间的关系。
2. 小组工作起源于英国的教会组织时的历史背景是什么?
3. 小组工作被纳入专业社会工作时为什么受到了质疑和挑战?
4. 小组工作的历史发展对我国小组工作本土化有哪些启示?

E 阅读文献

1. 胡云:《团体社会工作》,北京:中国广播电视大学出版社,2009年,第一章。
2. 马良:《团体社会工作》,天津:天津大学出版社,2010年,第二章。
3. 民政部社会工作司:《国外及港台地区社会工作发展报告》,北京:中国社会出版社,2010年,第一、二部分。
4. 王瑞鸿:《社会工作项目精选》,上海:华东理工大学出版社,2010年,第一编。
5. 肖萍:《团体工作过程》,北京:光明日报出版社,2010年,第二章。

第三章　小组工作的价值、伦理和实践原则

　　小组工作的价值观以社会工作价值为基础,它是社会工作价值观的具体体现。小组工作的价值观是小组工作的基础和灵魂。小组工作的伦理是从小组工作价值观中推导出来的,是社会工作价值观的具体体现,是小组成员个人的行为控制和调节以及对他人的行为期望标准。小组工作的实践原则,是在小组工作价值观的基础上发展而来的,它是小组工作实务的行动指南。

第一节　小组工作的价值观

　　小组工作价值观是社会工作价值观的具体体现,同社会工作价值观一样,小组工作价值观的基础也是建立在人人平等,尊重人的尊严和人的价值基础之上的,维护人权和社会公正是小组工作实践的主要奋斗目标和推动力。但在小组工作实践中也会遇到价值冲突与选择。

一、社会工作基本价值观

　　社会工作价值观是社会工作实践的灵魂,是社会工作者的精神动力。作为一种专业价值观,社会工作价值观的基础是社会主流价值和社会工作专业的独特追求。一般而言,社会工作价值观,是指一整套用以支撑社会工作者进行专业实践的哲学信念,以人道主义为基础,充分体现了热爱人类、服务人类、促进公平、维护正义和改善人与社会环境关系的理想追求,激励和指导着社会工作者的具体工作。

　　就其内容而言,社会工作者的价值观又可通过以下五个方面来体现:

(一) 社会工作者对服务对象的看法

　　在实践中,社会工作者应将服务对象看做一个与自己有平等价值的人,是有潜力改变且有能动性的个体,社会工作者要充分相信服务对象自身所具有的优势,并在工作过程中注意倾听服务对象的声音,将他们视为合作伙伴,确立与服务对象的

民主工作关系。

(二) 社会工作者对专业实践的看法

社会工作者应坚持专业的立场,在实践中努力提高专业服务的质量,不断学习和充实专业理论、技巧和知识,提高专业实践的效率,改善服务的效果,强化专业服务的标准,以达到为他人服务的目的。

(三) 社会工作者对服务机构的看法

社会工作者应维护服务机构的政策、立场和管理规则,在社会服务过程中尽力做到公正合理地处理个人与机构的关系,尽量避免在外部对服务机构进行批评。当然,如果服务机构的确存在问题,也可以通过正常的途径协商解决或向相关部门反应以求解决。

(四) 社会工作者对公共福利发展的看法

在实践中,社会工作者应不断改进专业实践,提高专业服务水平,增进总的社会福利的水平。在社会福利资源分配过程中,社会工作者要注重公平正义原则,对最弱势人群的需要给予优先满足。

(五) 社会工作者对社会发展与社会进步的看法

在实践中,社会工作者对社会前途和远景始终持积极乐观的态度,他们相信社会发展的美好未来,并愿意付出持续不断的努力,通过专业实践和服务推动社会进步的进程。

社会工作价值观具有重要作用,主要表现在理论与实践两个方面。在理论上,社会工作价值观是构成专业社会工作的必要条件之一,是确定社会工作专业使命或目标的根据,同时,也是专业教育的核心内容。在实践上,社会工作价值观是社会工作者的实践动力,通过社会工作专业伦理标准这种形式,社会工作价值观可以指导社会工作者的实践。社会工作价值观是促进社会工作者个人成长的有效力量,是维系社会期望和社会工作专业服务关系的关键。

社会工作价值观影响着社会主体——人的个体价值观和世界观,一个良好的社会工作价值观能让社会个体充分发挥自己的作用,提升自身的素质,进而影响到他的世界观。他会认为他是社会不可分的部分,有着相应的职责和义务,对人类的进步和社会的发展有重要的作用。

我国的社会工作是依据我国国情,并在借鉴西方社会工作价值、理论和方法的基础上逐步发展起来的。我国社会工作职业化是在党和政府的直接领导和推动下开始起步的,加上传统文化对当代社会的影响,使得我国社会工作价值观的内容必然有自己的特色。经过近30年的改革开放,我国政治、经济和社会生活各个领域都发生了巨大变化,社会主流价值也由计划经济时期单纯强调国家和集体利益而忽视个人利益转变为三者并重,社会生活中多元文化并存。在吸收国际社会工作发展成果的基础上,根据我国构建和谐社会的需要和当前社会工作的发展特点,社会工作价值体系建设方面还应当注重以下内容:

第一,强调社会和谐。个人的价值和尊严应当建立在人们共同发展过程中的平等尊重、相互支持的基础上,应体现于密切的社会关系之中。基于文化传统和社会政治制度,相对于西方社会对个人尊严、自由的推崇,我们应该更加强调社会和谐。

第二,保持家庭的和谐、稳定依然是我们社会的主流家庭观念。西方文化注重个人自由,我国传统文化和现实的社会生活比较注重家庭的价值。因此,相比较西方强调人的个人尊严和权利,我国应更加强调家庭成员之间的彼此宽容、相互支持和相互依赖。

第三,注重服务的“人情味”。“人情味”是我国传统文化中很有特色的内容。它以仁爱为基础,体现了我国人民自古以来在社会交往中对情感支持和情感依赖的重视。当前,在以理性和社会责任为基础的民主建设中,我们的“人情味”将会是当代人类关系特征的重要补充。社会工作关注人的感受,关注人类关系,就不能不重视“人情味”在我国社会工作价值观中的作用。

第四,重视道德建设。我国是礼仪之邦,是道德社会,特别注重道德的力量。中共中央提出的“八荣八耻”不仅是对社会公德的高度概括,也在一定程度上反映了我国当前的社会意识形态,其价值核心也成为社会工作价值观的基础之一。

第五,体现社会发展的要求。经济社会协调发展是我国社会当前最重要的目标,社会工作价值观也应该对此有所反映。社会工作价值观随着经济与社会发展、社会意识形态的发展变化而变化。要立足本土、着眼发展,才能满足不断出现的新的社会需求和问题。

二、 小组工作价值观

社会工作价值观如何在小组工作中得到体现?针对这个问题,西方的学者提出了不同的观点和看法。

Glassman 和 Kates 在 1990 年指出了小组工作的价值观:

(1) 社会工作者相信,不论种族、阶级与地位,也不论物质条件、心理条件、年龄和性别,人们都有内在的价值和能力。

(2) 在小组实践中,人是相互有责任的,因为社会生活是一种自然和必需的人类特征。

(3) 归属感和被接纳是小组实践中人的基本权利。

(4) 在小组实践中,人有参与和倾听的权利。

(5) 在小组实践中,人有言论自由和表达自由的权利。

(6) 在小组中,小组成员的适当差别可以丰富小组活动。

(7) 在小组中,人有权利选择和决定他们自己的命运。

(8) 在小组中,人有权利去质询和挑战那些被认可的专业人员。[1]

加尔文(C. Garvin)1997 年在其《社会团体工作》一书中概括总结小组工作基本的价值观:

(1) 尊重所有人的价值,强调自决的重要性,个人有权从社会中获得支持,从而发挥自己的最大潜能。

(2) 尊重个人的生命,不仅重视个人生物性生命的保护,更要达到培养和发挥成员最大能力的目标。[2]

结合不同学者的观点,我们在开展小组工作的过程中,应该特别重视以下几个方面:

第一,注重组员间的互助与互惠。小组工作在互动过程中,通过彼此的分享、分担、支持、教育等活动,带来组员态度和行为的改变。所以在小组工作中,促进组员间的互助与互惠,有利于组员间的互动,处理个人、个人与他人、个人与环境之间的问题;有助于开发个人潜能,学习解决问题的方法,从而获得个人成长。

第二,尊重组员的权利和能力。在小组过程中,特别强调重视组员的能力,相信组员有改变的潜能。这一原则是基于以下三点考量:一是对人的权利和价值的尊重是社会工作专业价值观的核心。二是在小组工作中,要强调、重视和相信组员有解决自己的问题及影响环境变化的能力,这也是小组工作的核心和基本信念体系。三是对小组组员权利和能力的尊重,就是要给组员选择权和自由。

第三,民主参与和决策。小组不仅可以发掘组员的潜能,促进组员的成长,还可以通过民主决策培养组员的民主参与精神。因此社会工作者要坚持民主原则,

① 何洁云等:《社会工作实践——小组工作》,香港:香港理工大学应用社会科学系,2002 年。

② Charles,D. ,Garvin 著,孙碧霞等译:《社会团体工作》,2000 年,台北:洪叶文化事业有限公司,第 7 页。

创造有利于组员参与和投入的小组氛围,鼓励和引导他们自由参与小组活动和决策,并通过这个过程培养起组员的民主参与精神。

第四,增能的原则。增能是一个动态的改变,是一个能力提升的过程,同时也是从事发展工作需要实现的目标,是过程、手段,也是结果。小组工作的价值观要求小组的目标之一是让小组成员实现自我增能。小组工作者通过促进个人和小组的自治,来实现增能的原则,促进组员的成长。

三、 小组工作的价值冲突与选择

小组工作过程中,其中的相关价值会发生冲突,尤其是小组工作者个人的价值与专业价值的冲突,服务对象之间的价值冲突,小组成员与生活中相关系统的价值冲突以及小组工作者和服务对象的价值冲突等等,这是一种普遍的现象。如果冲突来自小组成员本身,小组工作者应该帮助他们去解决冲突以达到介入的目的;如果冲突来自于小组工作者自身,小组工作者则要通过理性分析,运用专业能力去解决冲突和作出选择。但是,当冲突发生在小组工作者与小组成员之间时,小组工作者必须小心,不要把自己的价值观强加给小组成员,并且在清楚自己价值取向的基础上,解决彼此之间的价值冲突。

一般来讲,处理价值冲突的步骤如下:

第一,思考分析问题所涉及的各层面的价值观;

第二,澄清小组工作者自己的价值趋向;

第三,自我省察对服务对象问题的看法,有何期望;

第四,服务对象之问题有否牵涉社会道德规范与伦理的违背;

第五,服务对象与相关第三者的价值观和期望是什么?期望用什么方式解决问题?是否违反机构政策与规定和专业伦理?

总之,小组工作过程中,要以社会工作的价值观以及小组工作实践价值观为灵魂,来指导小组工作的实践。要清楚和掌握社会工作的价值体系,在面对价值冲突时能够作出理性的价值判断和选择。同时,作为一个小组工作者,要不断地内化社会工作专业的价值观,并做到知、觉、行合一。

第二节　小组工作的伦理守则与处遇原则

从历史发展进程看,社会工作职业的形成,受制于三个基本因素,即职业知识、职业技能和职业伦理。由于社会工作职业的特殊性,在三者中,职业伦理价值具有十分重要的地位,被称为该职业发展的"生命线"。可以说,职业伦理价值一直是推动社会工作发展的巨大力量,随着人们伦理价值的变化,社会工作职业也不断发展变化,并在社会发展中发挥着特殊的作用。

小组工作伦理是社会工作依照其哲学信念和价值取向发展而形成的一套伦理实践原则,是社会工作者用来表明专业特征并指导其行为的一组道德标准和准则,是引导与规范助人活动的依据。

一、 小组工作的伦理守则

社会工作是一门十分重视价值的学科,同时,社会工作又是一门道德色彩非常浓厚的职业。这一点我们可以从中西方有关学者具有代表性的关于社会工作的定义中了解到。美国学者 Pumphrey 1959 年指出:社会工作是一个"Heavily Value-laden Profession(满载价值的专业)"。美国 1972 年出版的《世界社会百科全书》中的表述是:"社会工作的职能是在帮助人们适应社会和改善社会制度。"现行美国社会工作协会(NASW)《伦理守则》(1996)修订委员会主席 Reamer 先生 2001 年声称:价值观和伦理是社会工作专业的"lifeblood(生命线)"。

小组工作的伦理守则是以社会工作的一般伦理守则为基础发展出来的,特斯兰德和利瓦斯(Toseland&Rivas,1995)提出下列伦理标准:

(1)组员拥有知情权。在小组开始阶段,社会工作者(简称"社工")有责任告诉每个小组成员小组的目的和目标是什么,参与小组可能的危险是什么,时间安排,每节的长度,参与是否自愿,整个活动的安排等。

(2)明确保密的原则和措施。

(3)从事小组工作的社工,必须经过一定的培训和专业教育,具备一定的经验,才可以带领一个小组。

(4)在特定情况下,社工在带领小组的过程中,遇到问题可以接受督导和咨询。

(5)经过筛选决定成员,形成小组后,要确保成员的需求能够在小组中得到满足。

(6)社工有责任协助组员达成治疗目标。

(7)组员在小组中必须得到保护,不受到身体伤害、威胁、被迫接受别人的价值观、胁迫及其他形式的压力。

(8)平等公正地对待每个组员。

(9)社工不能利用组员达到个人目的。

（10）社工有责任对组员进行及时评估和跟进，以保证他们的需要得到满足。

二、小组工作伦理守则的本土化

产生和发展于西方的社会工作要在中国立足与发展，就必须适应中国的国情，必须与中国文化相结合，实现伦理等方面的本土化。改革开放以来，我国社会工作的恢复与发展过程，也是社会工作本土化的过程。在这一过程中，职业知识、职业技能，作为一般的知识和技术体系，东西方有共同性的东西或者说有普适性的一面，可以在不同国家和民族应用和传播，很少受社会制度、文化传统的影响，因此，职业知识、职业技能取得了长足的发展。但是，在本土化过程中，有一个方面是不能简单搬来运用的，也不是能迅速扎下根得到广泛认同的，这就是社会工作伦理价值体系。

专业社会工作的产生和出现，也同基督教伦理有着重要关联。20世纪初，社会工作在中国沿海一些大城市出现，很大程度上依赖了具有宗教背景尤其是基督教背景的民间社会救助机构和福利机构的支持。然而，我国新时期发展社会工作，尽管可以动员包括宗教在内的一切力量的支持和参与，但是，在没有基督教伦理作为民族文化底蕴的中国发展社会工作，开展社会工作伦理价值重建，必须另辟蹊径。这就是在马克思主义指导下，在批判地继承本土价值观的基础上，吸取借鉴西方社会工作价值观，结合当代中国社会文化思潮，建立起有中国特色、有时代特点、有国际视野的社会工作伦理价值，最终发展出既能满足专业需要又能服务于本土社会的专业伦理价值体系。

中国的文化伦理价值原则具有独特性，中国文化总体强调家族集体本位，注重静思与个人的道德修养，关注人际关系的和睦，与自然的和谐；突出世俗社会的积善成德；强调至爱亲情、仁爱、无私奉献、集体至上等。

近些年来，国内学者对社会工作伦理守则的本土化作了很多有益的探索，在吸收借鉴西方伦理守则的基础上，结合了本土化的元素。总结不同学者的观点，我们认为，小组工作伦理守则应包括：

1. 小组工作者行为的适当性

通常，小组工作者是小组的领导者，他负责制订、调整小组内的各项活动，带领并督促小组完成各项活动，代表小组与社会各界联系，协调小组内部的工作关系等。所以，在小组工作中，对小组工作者的行为举止有较高的要求。具体包括：小组工作者要尊重、平等地对待每一位组员，使自己被小组成员所接纳，并成为小组成员的榜样。

2. 能力和专业发展

小组工作中组员的困惑与问题、组员的各项需求不是一成不变的。随着社会的发展，总有新的问题与需求涌现出来，这就需要小组工作者在专业能力上与时俱进，努力争取和保持在专业实践和专业表现上的较高水准。

3. 服务

在开展小组工作、为组员解决问题的过程中，可能会碰到来自政策层面、资源方面、权力层面的各种阻力。小组工作者应把为组员开展服务看做是自己的首要义务，愿意为组员的利益和福祉而克服各种困难。

4. 诚实

诚实不仅是中华民族的传统美德，也是小组工作者应恪守的小组伦理守则。在小组工作中，工作预案要保持诚实的伦理守则。具体包括：在小组工作中，工作者要心口一致，言行一致；自由与自然表达真正的自己；当时可以表露自己的失败与过错。小组工作者的诚实对组员可以起到行为表率作用，有利于组员的学习与模仿。

三、 小组工作实践中的伦理难题与处遇原则

(一) 伦理难题

由于小组工作中专业伦理与社会伦理、个人伦理并不完全一致，因此，在小组工作过程中会出现伦理难题，具体如下：

1. 隐私权与保密的冲突

小组工作实践中，小组工作者有责任和义务有效保护组员的隐私使其不受伤害，这是社会工作伦理的基本原则。小组工作者应当保护组员的隐私，未经组员同意或允许，小组工作者不得向第三方透露涉及组员个人身份资料和其他可能危害服务对象权益的隐私信息。但在一些小组实务工作中，社会工作者经常会遇到一些特殊情况而不能做到为组员绝对保守秘密。这时小组工作者就面临着为组员保守秘密、维护其隐私权，还是违反对组员的承诺、揭露案主的某些资料或是信息的两难选择。

2. 个人利益和社会责任的冲突

在小组实践中，经常困扰小组工作者的是个人利益和社会利益之间"谁先谁后"的问题。虽然社会舆论宣传部门一直是倡导社会利益优先的原则。但是，人们的个人利益总会与其社会责任存在差距，不过多数情况下不至于产生严重冲突，但是有时也很难决断。

3. 价值中立与价值介入的冲突

价值中立是指社会工作者保持价值中立的立场，以客观的态度对待服务对象

的问题和行为,并对服务对象的价值观不加以评价。即社会工作者在提供服务的过程中,不强迫服务对象接受专业价值观和个人价值观,也不受服务对象个人价值观的影响。

价值介入则是指社会工作者应当在维护服务对象权益的前提下劝说或主动影响服务对象接受专业或个人价值观,换言之,工作者在处理个案的过程里,会根据服务对象的情况提出自己的价值判断介入服务过程,以便提高服务效率或改善服务效果。

虽然社会工作本质上是一种道德实践,要求社会工作者把维护社会公平和正义放在首位,但在具体工作过程中,常常很难作出伦理抉择。所以,在小组工作实务中,究竟是价值介入还是价值中立,常常会困扰着小组工作者。

4. 自决原则及其限制

自决原则是指服务对象在不伤害别人并充分知情的情况下,有权利决定服务方式、内容等,并在事关其权益的问题上起主导作用。"案主自决"原则就是社会工作者在尊重案主的价值和尊严以及确信案主具有能够改变的能力的前提下,提供给案主认识自身潜能的机会,帮助案主对当下情境作出分析,鼓励案主自我做主和自我决定的工作伦理原则。

在小组工作实践中,"案主自决"原则本身也存在一些问题。首先,组员有限知识与案主自决权利之间的矛盾。其次,过分强调"案主自觉"原则,强调个人权利,主张个人先于社会,个人福利的权利优先于法律、法规等,导致个人对法律的淡漠和个人与社会的不和谐。再次,当个人权利与他人权利发生冲突时,优先考虑个人权利还是他人权利也是一个很具争议性的问题。

5. 人情与法制及规定的冲突问题

中国是一个人情社会,也是一个熟人社会,人与人之间的关系在日常生活中非常重要。小组工作者在处理组员内部矛盾、处理组员与外部环境冲突时,往往会遇到情、理、法之间的纠葛,如何正确和有效地区分人情、法制与规定的影响及后果,常常使小组工作者陷入困境。

面对价值或伦理上的困境,尽管在实践中并不存在标准的公式可套用来解决问题,但是,作为一名小组工作者,他应该系统和谨慎地思考并作出价值上的抉择,在行动上遵循一些基本的步骤以确保自身了解伦理上的问题,尽可能地保护组员的权益。

(二) 处遇原则

在遇到伦理难题时,小组工作者在尊重当时当地政治、法律制度和社会文化背

景的前提下,可遵循以下原则:

1. 保护生命原则

既适合于保护小组成员的生命,也适合于保护其他人的生命。

2. 完全平等与差别平等原则

在资源充足的情况下,如果小组内各成员的实际需要都相同,则小组工作者可以给予其平等的服务;如果资源不足,则可区别对待。

3. 自主和自由的原则

尽管专业伦理强调要尊重小组成员的自我选择和自我决定权利,但当小组成员的自我决定涉及对自身和他人的伤害时,小组成员就要对其自决和自我选择权进行干预,并设法将干预风险降到最低。但无论如何保护生命原则永远是第一位的。

4. 最小伤害原则

小组工作过程中,当面临的困境有可能对人造成伤害时,小组工作者应尽可能避免、防止或将伤害降到最小,如果已经造成了伤害,小组工作者应尽可能弥补。

5. 保密原则

小组工作者有责任在尽可能与法律要求和小组成员意愿保持一致的情况下,保护服务对象的隐私。但是,如果资料的披露能够防止对他人造成严重伤害的话,保密原则也可以适度打破。

(三) 伦理决定处遇的程序

20 世纪 90 年代,国际社会工作界的伦理专家曾提出了伦理决定的一般步骤,仅供小组工作者在实践中参考。

第一,认识事件的伦理问题,包括分析社会工作者自身的价值观、责任和义务;第二,清楚识别任何人、团体或组织影响伦理决定的情况;第三,正确认识伦理行动的各个过程以及参与其中的人,分析可能存在的利益和风险;第四,深入了解支持或反对作出有关伦理决定的理由;第五,与同事和适当的专家进行咨询;第六,作出伦理决定并记录决定过程;第七,监督和评估伦理决定。

第三节 小组工作的实践原则

一、小组工作的实践原则

小组工作的实践原则是在社会工作价值观以及小组工作价值观的基础上发展

而来的。小组工作的实践原则是小组工作实务的行动指南。其主要内容有：

（一）程序性的原则

在小组工作中，虽然也强调个体的自我建构，强调小组动力中个体与团队的互惠关系等，但在活动过程中，却不能完全按照组员或工作者的主观意志开展活动内容。小组活动内容的设计应在一定小组实践模式的指导之下，制定详细的小组活动计划书，按照小组活动计划书的程序设计，有层次、有逻辑、有步骤地开展小组工作。

（二）知情的原则

在小组工作实践中，社会工作者要与服务对象保持良好的沟通。社会工作者有义务向服务对象提供必要的信息。小组工作中的知情原则是指小组成员有权了解小组的目的、内容、程序、方法以及对小组成员的评估等具体内容，小组工作者有责任和义务提供相关的资料；同样，小组工作者有权了解成员的相关情况，小组成员也有义务配合并提供相关的资料。服务对象有权利在充分知情的前提下选择服务的内容、方式，并在事关服务对象利益的决策中起到主导作用。如果服务对象没有能力进行选择和决策，社会工作者应根据法律或有关规定由他人代行选择，决策权、自决权是个人尊严的体现，除非万不得已，即便是社会工作者出于好意，一般也不主张由社会工作者代替服务对象作决定，因为这样做可能不利于服务对象发展自尊和挖掘潜能。

（三）保密的原则

保密原则要求小组工作者对成员的个人资料进行严格的保密，包括录音、录像、书面及电子文本等等。未经服务对象同意或允许，社会工作者不得向第三方透露涉及服务对象个人身份资料和其他可能危害服务对象权益的隐私信息，特殊情况下必须透露有关信息时，社会工作者应向机构或有关部门报告，并告知服务对象有限度公开隐私信息的必要性，并采取相关保护措施，在紧急情形下必须打破保密原则而来不及提出报告时，社会工作者事后应当提供相关的证据并补办手续，以记录必要的工作程序。

（四）尊重组员的原则

对每个社会工作者来讲，人的需求是社会工作的基本价值。这就必须尊重每个人的价值，理解人，尊重人，关心人。特别是对一些特殊组员，如老年人、残疾人、贫困者等,不能把他们当做社会包袱,而应当看做是社会财富。小组工作者在处理工作者与组员关系以及组员与组员间的关系时,应本着平等、互助、合作的观念,使小组工作成为沟通和调节人际关系以及协调个人与社会关系的桥梁。

(五) 民主参与和决策原则

社会工作者要坚持民主原则,创造有利于组员参与和投入的小组氛围,鼓励和引导他们自由充分地参与小组活动和决策,并通过这个过程培养其组员的民主参与精神。民主参与强调,小组过程中,小组工作者通过小组活动给成员更多的参与、沟通、交流、决策机会,在培养其组员民主参与精神的同时,使组员通过参与增强信心、责任,从而促进组员的成长。

二、 小组工作的基本假设

小组工作作为社会工作的一种服务方法,它在具体实践中是受一系列的基本假设支配的,这些基本假设指导着社会工作者的小组实践活动。它们具体包括以下六点:

(一) 小组经验是重要的

人类是社会性的动物,他们的小组经验来自于他们的成长历程,小组的成长经验对个人的发展起着至关重要的作用。小组经验对个体的重要性在于,个体可以通过小组经验来选择个人行为,从而达到社会化的目的。例如,儿童可以通过上幼儿园获得与其他同辈群体的交往经验,从而有助于儿童更好地适应环境。

(二) 使用小组可以达到改变

小组活动的目的是使组员达到期待中的改变。在小组中,促使组员改变的动力包括:小组的领导、规范、问题解决、冲突、决策以及小组的凝聚力等,这些小组动力的推动,促使小组成员转变行为、态度和价值观念。

(三) 经验是能够分享的

个人的很多行为选择取决于个体的小组经验,即个体在与群体其他成员沟通互动过程中获得的经验。然而,任何一个个体的小组经验都是有限的,在小组中,组员之间可以通过互相分享经验,来丰富和扩大成员的经验和见识,可减缓焦虑和压力,增强适应性,找到解决自身问题的办法。

（四）经验是能够选择的

虽然个人的很多行为选择取决于个体的小组经验，但并不意味着所有的小组经验对个人的成长都是有帮助的。只有那些有助于个人克服成长过程中遇到困难和问题的小组经验，对个人的成长才是有帮助的。所以在小组中，工作者要有目的地设计小组活动内容，为组员提供按工作者设计的"好"的小组经验，试图使组员产生期待中的改变。

（五）小组工作带来的转变更为持久

小组成员在小组中的改变是在与其他组员沟通与互动过程中，基于小组动力和小组经验带来的改变，这种改变环境更接近于生活环境，因此，其带来的转变也更为持久。

（六）在时间和人力资源等方面更为经济

小组工作是社会工作者与一群有相同或相似问题和需求的小组成员，共同面对问题，解决需求，所以，在时间和人力资源等方面显得更为经济。

本章小结

1. 小组工作的价值观是社会工作的价值观在小组工作实践中的具体体现，它是小组工作的基石和灵魂，它的主要作用是激励和指导社会工作者的具体工作，是维系社会期望和社会工作专业服务关系的关键。

2. 小组工作的实践原则是在社会工作价值观以及小组工作价值观的基础上发展而来的。小组工作的实践原则是小组工作实务的行动指南。

3. 小组工作作为社会工作的一种服务方法，它在具体实践中是受一系列的基本假设支配的，这些小组工作的基本假设指导着社会工作者的小组实践活动。

4. 小组工作伦理是社会工作依照其哲学信念和价值取向发展而形成的一套伦理实践原则，是社会工作者用来表明专业特征并指导其行为的一组道德标准和准则，是引导与规范助人活动的依据。

5. 小组工作实践中的价值冲突主要是由个人价值观与专业价值观、专业价值观与机构价值观、个人价值观与机构价值观之间产生的冲突所导致的，它也是价值观的绝对性与相对性、个体与群体、个别与一般、革新与传统之间冲突的具体体现。在实践中，小组工作者常面临着隐私权与保密、个人利益和社会责任、价值中立与价值介入、人情与法制及规定等几方面的价值冲突。

主要术语

自决(Self-determination)：指服务对象在不伤害别人并充分知情的情况下,有权利选择服务方式、内容等,并在事关其权益的问题上起主导作用。

价值中立(Value Neutrality)：指社会工作者保持客观的立场,以客观的态度对待服务对象的问题和行为,并对服务对象的价值观不加以评价。

价值介入(Value of Interventional)：指社会工作者应当在维护服务对象权益的前提下劝说或主动影响服务对象接受专业或个人价值观,换言之,工作者在处理个案的过程里,会根据服务对象的情况提出自己的价值判断介入服务过程,以便提高服务效率或改善服务效果。

练习题

1. "智慧妈妈"小组的服务对象是面向0～3岁智障幼儿的妈妈,这一群体的特殊性也给小组的开展提升了一定难度。第一次小组活动是十分重要而且极其关键的,能否抓住组员关心的问题,让组员对小组有归属感,都与第一次对小组的感觉有关系,所以要给她们留下一个好的印象。不过组员在谈及自己的孩子时显得十分谨慎,不敢向其他组员透露详情,在这种情况下,为组员保密显得十分重要,请问小组工作者怎样才能打破尴尬的场面?

2. 在一个老年公寓的"幸福老年"小组中,组员是本机构内的老年人,他们都有子女、但由于子女太忙没有时间照顾他们,所以才选择住进老年公寓。在小组中,这些组员向工作者诉说自己不适应在此处养老,普遍表达想回家的意愿。但工作者明白,一旦他们真的"回家",就会影响老年公寓的收入,也会使机构领导对自己不满。更重要的是,他们的子女忙于工作,没有时间照顾他们,他们"回家"的愿望也不现实,面对小组中老年人的"自决",工作者应如何处置?

3. 一个小组的工作者被机构安排去带领一个戒毒小组,这个工作者很不情愿,原因是他讨厌吸毒者,您如何看待这个工作者的表现? 背后的价值基础是什么?

思考题

1. Glassman 和 Kates 认为小组工作的基本价值观是什么?

2. 简述小组工作的实践原则。

3. 简述小组工作的基本假设。

4. 怎样看待小组工作伦理守则的本土化问题?

ℰ **阅读文献**

1. 吉赛拉·科诺普卡著,廖清碧,黄伦芬等译:《社会团体工作》,台北:桂冠图书公司,1995 年,第二章。

2. 林孟平:《小组辅导与心理治疗》,香港:商务印书馆,1994 年,第八章。

3. 刘梦主编:《小组工作》,北京:高等教育出版社,2003 年,第二章。

4. 张洪英:《小组工作:理论与实践》,济南:山东人民出版社,2005 年,第三章。

第四章　小组工作的理论基础

　　理论是由一系列逻辑上相互联系的概念和判断组成的知识体系,是从较高层次上描述和解释某种现象的存在和变化,对经验知识的抽象概括。或者说,理论是用以解释事物的相互关系或因果关系的一套概念,能给予人们行为的指引及规范是通过归纳和演绎的系统化过程建构起来的。

　　社会工作的理论是对社会工作者在社会工作过程中所运用的各种理论知识的总称。社会工作的发展是建立在一定的、系统的理论知识基础之上的,作为社会工作组成部分的小组工作的发展也不例外。小组工作的理论与社会工作的理论一样,分为"为小组工作的理论"与"小组工作的理论",又称为"外借理论"与"实施理论"。小组工作的外借理论主要包括社会学、心理学、教育学、人类学、政治学和生态学等多学科的理论,如场域理论、符号互动理论、系统理论、生态理论以及动力学理论等;实施理论主要包括小组工作的实施模式以及小组工作的一些原则与技巧。本章主要介绍小组工作的外借理论。

第一节　场域理论与小组动力理论

　　场域理论从社会心理学的角度解释了人类行为的来源,认为人类行为是个人与其环境的函数,是由个人的各种内在因素与其所处的社会环境相互影响、相互作用而决定的。小组动力理论则揭示了和小组相关的各种要素及其之间的相互作用、相互影响。

一、场域理论

(一) 理论脉络

　　场域理论是社会心理学的主要理论之一,是关于人类行为与环境之间关系的一种解释模式。场域理论起源于19世纪中叶的物理学,它的创始人是德国心理学家考夫卡(Kurt Koffka)和美国心理学家勒温。

（二）主要内容

　　场域理论的核心观点是人的每一个行动均受到行动所发生的场域所影响,而场域并非单指物理环境而言,也包括他人的行为以及与此相联的许多因素。

　　考夫卡认为,世界是心物的,经验世界与物理世界不一样。观察者知觉现实的观念称做心理场(psychological field),被知觉的现实称做物理场(physical field)。心理场与物理场之间并不存在一一对应的关系,但是人类的心理活动却是两者结合而成的心物场。心物场包括自我(ego)和环境(environment)两部分内容。环境又可以分为地理环境和行为环境(geographical and behavioral environments)两个方面。地理环境就是现实的环境,行为环境是意想中的环境。在考夫卡看来,行为产生于行为的环境,并同时受地理环境与心理场的调节。也就是说,有机体的心理与行为是自我、行为环境与地理环境等各种因素相互作用、相互影响的结果。

　　勒温对场域理论的主要贡献是提出了"生活空间论"。勒温认为,生活空间就是人的行为发生的心理场,人与环境被看做一个共同的动力整体。它包含三层意思:构成生活空间的要素是人和环境,而这个环境只有在同人的心理目标相结合时,才起环境作用,即生活空间才成立;生活空间具有动力的作用,表现为吸引力和排斥力,这种动力作用驱使一个人克服排斥力,沿着吸引力方向,朝着心理目标前进;生活空间的动力作用是逐级展开的,行为者越过一个个障碍,最后实现目标。

　　综合上述观点,场域理论认为,人类行为是个人与其环境的函数,是由个人内在的各种因素与其所处的社会情景相互影响、相互作用而决定的,可以用公式表示为:B=F=P·E。其中,B(behavior)指人的行为,F(life space)指生活空间,P(person)指个人的内在因素,E(environment)指个体所处的环境。个人的内在因素包括遗传、能力、人格、健康、信仰、价值等,社会场域包括物理环境、人文环境、任务环境、他人的行为以及个人目标等。

（三）在小组工作中的应用

　　勒温将小组看成是一个动态的场域空间,这个场域空间受到更大场域空间的影响,场域空间内成员的行为受到场域内因素、场域外因素以及自我因素的影响。因此,在小组这个动态的场域中,小组中的物理环境、人文环境、小组自身的动力环境等与个人自身的个体因素共同影响成员的行为和改变。在小组工作中,工作者要创造一个有利于小组成员成长的场域空间。在小组工作中要重视此时此地,重视当时环境对成员行为的影响,了解、分析成员的需要,及时解除成员的紧张情绪。

二、小组动力理论

(一) 理论脉络

小组动力的相关研究与理论发展经历了三个阶段：

第一阶段：萌芽阶段(1898年至二战前)。1898年,特里普莱特(Tripplett)对小组具有的催化作用与动力效果进行了实验研究,因此被称为小组动力实验研究第一人。此后,澳波特(Allport)也通过一系列的实验研究证明了人际影响的存在。到20世纪20年代,林德曼(Lindeman)等人开始倡导对小组的实证主义研究,林德曼等人曾研究使用小组讨论的方式,来解决社交上的问题；波恩(Berne)与勒维特(Levit)的研究也发展出通过小组历程解决问题的观念。弗勒特(Follet)对小组领导者的功能与作用进行了重要研究。20世纪20年代,弗洛伊德(Freud)提出了家庭小组中的亲密关系,以及家庭凝聚力对于控制人的意识所具有的作用,为诠释小组中的情感因素提供了新的视角。勒温在针对个体的场域理论研究的基础上,于1939年在《社会空间实验》一文中首次使用"小组动力学"的概念,并开始了对小组中各种潜在动力的交互作用、小组对个体行为的影响以及小组成员之间的关系等的研究。

第二阶段：迅速发展阶段(二战后十年)。小组动力的研究在第二次世界大战后的十年内得到了很大发展。1947年,由勒温、波恩、布莱德福特(Bradford)和李皮特(Lippitt)等人创立了美国国家训练实验室,后改名为应用行为科学院。该机构成为战后20年小组动力研究与训练的主要机构。此外,波士顿大学、芝加哥大学、哥伦比亚大学、伊利诺伊大学与纽约大学等也相继设置了各种研究机构,并有相关的理论研究成果问世。与此同时,各种专门的小组动力方面的期刊陆续出现,如《人际关系》、《社会问题期刊》、《社交测量》等。很多关于小组动力理论与研究的著作也陆续出版,如《互动过程分析》(1950)、《小组—社会互动研究》(1955)、《小组动力研究与理论》(1953)等。

第三阶段：百家争鸣阶段(20世纪60年代以后)。20世纪60年代以后,小组动力理论的发展呈现出百家争鸣的景象,理论、研究和著作非常丰富,有关小组的技术也广泛用于工业、教育、社会工作、心理健康等不同的实务工作领域。

(二) 主要内容

在漫长的研究与发展过程中,不同的学者对小组动力有不同的解释与界定。

潘正德在《小组动力学》中总结了小组动力四个方面的含义：

第一,小组动力是指在小组中发生的被察觉和未被察觉的各种现象。这些现象的存在及其相互作用,产生了各种动力,这些动力使得小组能够持续并实现各种小组目标。小组的这些现象包括静态和动态两方面的内容。静态方面的因素主要包括小组的名称、组织结构、最终目标等,动态方面的因素主要包括正在进行的运作、改变、互动沟通与反映回应等。小组的运作和发展方向,是由各种力量互相作用的结果,小组的动力就是由这些力量的互动作用及其在小组中产生的影响效果所组成的。它是自然产生的现象,并非人为制造的。

第二,小组动力是进行科学研究与管理服务的工具。它提供了社会科学研究的一些原则,包括社会心理学、临床心理学、精神病学、社会学、人类学和教育学等,它也具体应用和服务于各个领域,如工业小组、军队、教育机构、义工组织、社会福利机构与社区等。

第三,小组动力是用来说明小组行为的一套基本知识,用来解释小组内各类行为的转化、演变与相互影响。

第四,小组动力也是一套正在兴起的适用性专业技术。

台湾学者李郁文(李郁文,2001)则对自勒温以来各位学者有关小组动力的解释总结如下:小组动力是体现在小组或小组间的各种行为与现象,如小组的形成、发展、运作、互动、吸引、排斥、反应或改变等。它采用严谨实证的方法来研究小组的各种现象。小组动力的理论与原则不仅为解释小组的行为与现象提供了基本的知识与技巧,同时可以通过实际应用这些知识与技巧,为更好地设计与带领小组提供有用的方法论方面的指导。

一般来说,小组动力可以从两个层面去理解。它首先是指参与并影响小组过程的各种要素,包括:(1) 内部静态因素:小组的机构、性质、小组成员、小组带领者等,(2) 内部动态因素:小组互动、领导、沟通、氛围、凝聚力、冲突、分化和整合等,(3) 外部因素:小组的物理环境、社会文化环境等。与此同时,小组动力还意味着上述各种要素之间相互作用、相互影响而构成的动力机制。这些要素及其彼此之间的相互作用与影响是促成小组目标实现的力量来源与基础。

(三) 在小组工作中的应用

小组动力理论使我们认识到,小组是一个动力场域,在这个动态的动力场域中,小组工作者与小组成员要积极建立良好的动力机制,达成小组工作的目标,促进小组以及小组中成员的成长。

小组动力学理论为小组工作提供了一个分析、解释与评估的架构,帮助小组工作者分析小组的各种行为、结构、功能以及关系等,从而为小组工作提供解决问题与评估工作成效的架构。

第二节 镜中我理论与符号互动论

镜中我理论特别强调个体对他人评价的感知及其相互影响的意义,认为个体经常是在感知他人反映和评价的基础上不断调整,逐步形成稳定的自我意识、自我形象和自我评价。符号互动理论认为社会互动决定了个体对事物的赋意及对其采取的行动,持续不断的社会互动能够创造、维持与变革社会组织、结构和制度。

一、镜中我理论

(一)理论脉络

最早提出自我概念的社会科学家是哈佛的心理学家詹姆斯(William James)。他认识到人类有将自己看做客体,进而发展自我感觉和关于自身态度的能力。他发展了一套"自我"的类型学,将自我分成物质自我、社会自我和精神自我。其中,社会自我指由于与他人的交往而形成的关于自我的感觉。社会自我成为后来互动论者理论建构的一个组成部分。

美国社会学家和社会心理学家查尔斯·霍顿·库利(Charles Horton Cooley)修正了自我的概念,他将自我看成是个体在其社会环境中,将自身和他物一起视为客体的过程。最重要的是,库利认识到自我源于同他人的交往。基于这种认识及其后续的研究,他在1909年出版的《社会组织》一书中提出"镜中我"的概念,后来,这一概念逐步发展成为社会心理学的主要理论之一。

(二)主要内容

1. 关于人与社会的关系

库利认为,社会是一个有机体,是一个通过互动而存在和发展的各种过程的复合体。社会是一个统一体,在社会这个庞大的互动组织中,它的任何一部分的变化都不可避免地会影响到这个有机体所有的其他部分。因此,人与社会并不是对立或割裂开的。

2. 关于"镜中我"

镜中我是库利理论的一个核心概念,这个概念的主要观点包括:在与他人的互动过程中,个体通过感知他人对自己的反映和评价,从而建立起个体的自我意识、自我形象和自我评价。换句话说,镜中我指一个人的自我观念是与其产生互动的其他人对于他的态度的反应。

自我是一个过程,并且在同他人的交往中产生,是个体之间相互作用,理解对方的姿态,并根据他人的看法认识自己。别人对他的态度恰像一面镜子,他可以从镜子中看到自己的形象。在日常生活中,个体通过镜子看自己的脸、身材、衣服,个体根据镜子里的这些形象是否符合自己的愿望而产生满意或不满意的心情。同样,通过他人这面镜子,也就是通过他人的反映和评价,个体能够照出自己的行为和性格等是否合适,是否需要修正。个体对他人眼中自己形象的想象,对他人关于这一形象评价的想象以及某种自我感觉,构成了个体的自我认识。

镜中我的构成步骤可以概括为:

第一步,想象自己怎样显现于他人面前;第二步,想象别人对这种显现如何判断;第三步,形成某种自我的感觉,如或骄傲、或谦虚、或自信、或自卑等;第四步,形成或修正行为。

3. 关于首属小组

库利首先正式提出并使用了首属小组这个概念,它是指那些亲密的、面对面的交往以及有直接互动和合作的小组。这些小组主要包括家庭、邻里以及儿童游戏伙伴。首属小组是对个人的成长发展影响最深远的小组,很多积极的品质和消极的品质都是在首属小组获得并强化的。

(三) 在小组工作中的应用

小组是一个微型的社会缩影,是一个通过互动而存在和发展的有机体。小组中每个成员的表现和变化都会影响到小组以及小组中其他成员的表现和变化,小组整体的进程也会影响到小组中的每一个人。

小组是一个系统,小组中每一个成员都是其他成员的镜子,小组工作过程所提供的互动与真诚的回馈,可以帮助成员在小组中窥见和感知他人眼中的自我——"镜中我",从而建立更正确的自我意识、自我形象和自我评价。

重视首属小组的作用,特别是家庭对个人成长的影响以及给个人终生的发展打上的烙印,是很多理论都涉及的观点。在小组工作中,特别是治疗性的小组,通过探讨个人的首属小组对个人的具体影响,尤其是个人首属小组中的人际关系对个人目前的人际关系模式的影响和个人的非适应性行为的来龙去脉,可以帮助成员获得更深入的自我觉察。

二、 符号互动理论

(一) 理论脉络

符号互动理论创立于 20 世纪 30 年代的美国,它侧重从社会心理学的角度来研究社会,从个人之间的互动来解析社会现象,强调个人行为的态度和意义,故称为社会学家的社会心理学。

符号互动理论的思想源于美国实用主义哲学家詹姆斯和美国社会心理学家米德(G. H. Mead),但最早使用符号互动这一术语的是美国社会学家布鲁默(H. Blumer)。1937 年,他用这一术语指称美国许多学者诸如库利、米德、杜威、托马斯(W. L. Thomas)、詹姆斯、帕克(R. E. Park)等人的著作中所隐含的"社会心理状态"。西方学术界曾有人把符号互动分为两派:一是以布鲁默为代表的芝加哥学派,一是以库恩(M. Kuhn)为首的艾奥瓦学派。1930~1950 年间出版的一系列布鲁默及其同事、学生们的著作中确定了该理论的主要观点。

从哲学上看,符号互动理论与美国的实用主义、德国和法国的现象学联系最为密切,与逻辑实证主义、结构功能主义、文化决定论、生物决定论、刺激—反应行为主义、交换理论以及均衡理论的各种形式相对立,而与心理分析理论、现象学社会学、民俗学方法论、角色理论、戏剧理论,以及人本主义和存在主义的心理学、哲学,具有某些相容性。戈夫曼(E. Goffman)是符号互动论在当代的主要代表人物之一。

(二) 主要内容

一般来说,任何能够体现或代表其事物的东西均可称为符号。但就社会学的范畴来讲,符号主要指具有象征意义的词句以及与社会运动和社会意识相关联的想象。正是这些象征意义的符号能够引起人们强烈的立体想象,引起人们的情感反应。

布鲁默 1978 年指出,符号互动是发生于人群间互动的特殊且独异的性质。这种特殊性是由人们解释或界定他人的行动而非反应他人的行动所组成的。1986年,布鲁默总结了互动论的三个基本原理:

第一,我们依据我们对事物所赋予的意义而对其采取行动;第二,我们所赋予事物的意义源于社会互动;第三,在任何情况下,为了赋予某种情景以意义并决定怎样采取行动,我们都要经过一个内在的阐释过程——我们"与我们自己交流",即内心对话。

人是能动的,能够产生自发的行动。社会互动是一个不间断的、可变的过程。符号互动能够创造、维持与变革社会组织、结构和制度。

符号互动理论认为,我们对于他人的行动作出怎样的反应,取决于包含这种行动的关系,取决于我们如何去看待和感受这种行动,行动的意义是在社会互动的过程中产生的,社会在本质上是由行动中的观念所组成的,每一个社会互动都是一个有意义的遭遇(encounter),在遭遇中行动者相互规定对方行动的目标和意义,并且调整相互给予的意义。

总之,人们总是根据经验来评价事物,赋予事物以意义,规定自己的行动目标,作出决策进而通过对方的反应来了解自己的行为并随时加以修正。

符号互动理论重视人的主观因素,重视自我,强调人既是客体又是主体;重视对微观层次的研究,强调个人的特殊性,注重对个人之间的互动过程的研究;注重对实际生活和互动过程,即所谓经验世界的考察,主张从生活经验中归纳出理论。

(三) 在小组工作中的应用

人是在与他人的互动中实现人性化的,所以人类是互动过程的产物,只有与他人不断互动,人类才具有社会性和创造力。小组工作就是一个符号互动的场域,在这个场域中成员经过与他人之间的互动而实现社会化和人性化。

人类的行为与互动是由"符号"及其意义而引起的,人类不是对外部刺激作出简单的反应,而是对刺激作出能动的反应,对其赋予新的社会意义,并在此过程中积极地塑造着自我。因此,我们需要在小组中对组员进行正确引导,促使成员彼此之间进行健康互动,塑造积极自我。

符号互动论忽视了社会结构对于人类生活的影响。所以在小组工作过程中要注意这种理论的局限性,在分析社会现象和人的行为以及解决问题的过程中,可采用多元化的视角。

第三节   系统理论与生态理论

系统理论特别重视个人与环境之间的相互影响,强调对所有相关因素及其因果循环的综合考察。它的强大影响使上述理念成为 20 世纪 70 年代以来社会工作实践的基本要素。生态视角融合了不同的人类行为理论与社会工作实践理论,是社会工作综融模式的理论基础。

一、系统理论

(一) 理论脉络

一般系统理论是一种了解世界的方法,最早是被康德(Kant)及黑格尔(Hegel)运用在有关传统天文学中有关形成及演进的讨论中,而达尔文(Darwin)、弗洛伊德、韦伯(Weber)、爱因斯坦(Einstein)则在运用系统理论上有概念性的突破,特别是爱因斯坦。19 世纪末期,心理学界将系统理论的观点扩大运用在建构于单一因果关系基础的科学所产生的质疑。对系统理论作出最重要阐述的是贝塔朗菲(Ludwig Von Bertalanffy),他通常被视为系统理论的始祖。贝塔朗菲在20世纪20年代将生命有机体视为组成的系统(organized system),并试图寻找出所有生物系统的规则。20世纪三四十年代,他又发展出一般系统理论的概念,认为一组复杂的或互动性的元素,可以形成一个实体。这种假想认为所有的有机体都是系统,由超系统及次系统组成,而人可以被视为社会的一部分,是由循环系统、细胞等所组成,而人又组成生活系统。

其实,早在1930年,美国史密斯社会工作学院的Hanki就将系统理论这一术语引入了社会工作。但直到20世纪60年代,系统理论才开始对社会工作产生巨大影响并形成独特的实践视角。

Healy认为社会工作有三波系统理论。[1]第一波为贝塔朗菲的一般系统理论。一般系统理论带有较为明显的生物学色彩,其主要观点包括:系统具有边界,在边界之中而非边界之外物质和精神能量可以进行交换;封闭的系统没有跨边界的交换,如同一个密封的真空杯;当能源跨过可以穿越的边界时,开放的系统就出现了。Hearn 1958年提出了全人的概念,要求社会工作者给予环境变化以更多的关注。Goldstein 1973年提出了整合视角(unitary approach),Pincus和Minahan在1973年则较为详细地讨论了如何将系统观点纳入社会工作的实践模式,并且使这一模式迅速在美国流行起来。系统理论的第二波是20世纪70年代兴起的生态系统视角。它聚焦于系统之间及其内部的相互作用与相互影响,认为问题产生的原因是个人与环境之间的互动不良。系统理论的第三波是复杂系统理论,该理论主要源自数学、物理学和工程学,包括复杂论与混沌论。该理论的主要观点包括系统之和,非线性,变化的常态性,敏感于系统的原初状态,系统具有深层次的模式结构,系统具有阶段变化,这些观点都对社会工作具有启示意义,但由于它过分抽象,所以在社会工作领域的运用才刚刚开始。

(二) 主要内容

系统是指由若干相互作用、相互依存的部分组合而成的具有特定功能的有机整体,或者说系统是要素、结构和功能的统一体。一般来说,一个系统包含了许多子系统,同时又是一个更大系统的子系统,各个系统之间,同一系统内各要素之间是相互联系、相互影响、相互制约的,其中一个要素的变化,会引起其他要素的变化。

---

[1] Healy, K., *Social Work Theory in Context: Creating Frameworks for Practice*, Palgrave MacMillan, 2005.

系统的整体和各部分,以及各部分之间是不断变迁和演化的。系统的整体与各部分之间,不但有其脉络和特质,而且具有整体大于部分的总和之属性。

系统论是通过分析系统的构成、功能及其与外部环境的关系来揭示系统的特征及其运行规律的理论。社会系统理论强调社会系统影响其内部的个人和群体,而同时个人和群体又影响社会系统。因此个人问题的解决必须通过影响其相关系统的改变来实现。

从系统理论的角度,小组工作即是通过小组的过程将个人问题和社会问题与社会责任联结起来,影响和改变社会政策和社会结构等,从而达致问题的解决。

(三) 在小组工作中的应用

根据系统理论,人不是孤立的个体,而是动态的社会系统中的一分子,每个个体之间都是彼此互动,相互依赖、相互影响的。同样,小组亦是一个由不同的互动元素所组成的系统,其中既有内部系统也有外部系统,小组的内系统包括小组成员以及之间的互动、社会工作者及其与成员的互动、小组规范和结构等等;外系统包括与作为整体的小组或与作为子系统的个人成员发生互动的系统,如家庭、学校、政府、机构、社区和社会系统等等,这些系统之间是相互影响和相互作用的,其中一个系统的变化会引起其他系统的变化。

根据帕森斯的 AGIL 功能分析框架,作为一个独立的系统,小组具有四大功能:(1) 整合,将组员团结在一起;(2) 适应,保证小组能够应付环境的需要;(3) 模式维持,保证小组能够确保自己的目标、认同感和过程;(4) 目标实现,保证小组追求实现小组目标。

系统理论强调在小组工作实务中要重视整体的工作架构,包括微观与宏观层面、内系统与外系统的结构分析和介入行动。强调人和问题与情境彼此互动的关联性和复杂性,即在对成员问题的分析、回应和介入上,不仅从个人的认知和行为入手,同时更要兼顾家庭、学校、机构、同辈群体、社区和社会等相关系统,强调小组的变化和发展。

二、生态理论

(一) 理论脉络

生态视角又称为生态区位观或区位观,兴起于 20 世纪 70 年代。与起源于物理学的系统理论相比,起源于生物学的生态视角尤其关注人与环境的互动过程。生态视角融合了生态学、本我心理学、压力理论、文化心理学、角色理论、人类学、人本心理学、符号互动、一般系统理论及动态权力关系等各种不同的人类行为理论和社会工作实践理论(详见表 4-1),为社会工作提供了广泛的、折中的知识基础与实践框架,并成为社会工作综融模式的主要理论基础。

表 4-1　　　　　　　　生态观点的理论来源及脉络

年份	学者	理论	主要命题	实务运用概念
1859	达尔文	进化论	有机体及环境之演化改变	最佳适应状况
1917	里士满	社会诊断	个人调适以改善社会经济条件	社会治疗
1930	柯义尔	团体社会工作之社会目标模型	团体互动过程	任务角色 互惠关系
1932	Murphy& Jensen	完形学派	觉察整体结构关系	整体经验之分析
1957	Perlman	符号互动	建构意义	自我、概化人
1940	Gordon Hamilton	社会诊断	改善环境与社会状况之政治功能	改善社会经济条件为增进个人福祉之要件
1949	米德	人类学	文化环境间之互动	重视民族志数据及人格发展数据之重要
1959	马斯洛	人本心理学	提供成长能力之生活经验	照顾治疗关系
1931 1951	勒温	场域论	生命空间之了解	人与环境之关系
1953	Lorenz	动物行为学	动物于自然状态之研究	关键时期
1956	Seley	压力理论	压力因应	调适机制
1963	Bandler	自我心理学	提升自我、个体能力	整合自我功能、因应能力

年份	学者	理论	主要命题	实务运用概念
1959	DuBos	环境生物学 人类生态学	提升环境之适应	交流
1973	Bowlby	依附理论	密切互动产生之关系	依附及联结性
1968	贝塔朗菲	一般系统理论	检视系统变迁	协力、开放系统、交互因果
1979	Bronfen-brenner	生态发展	个人发展过程脉络	微视、居间、外部及巨视系统
1972	Chestang	充权	影响生活空间创造福祉	交互力量
1976	Solomon	生活模型	生命空间之干预	生活经验、时间、空间、生态图
1978	Pinderhughes			
1980	Germain&Gitterman			

（资料来源：Greene, R., ed., *Human Behavior Theory and Social Work Practice*, Aldine De Gruyter, 1999.）

（二）主要内容

Greene(1999)认为，生态视角的基本假设包括：

（1）一个人有与生俱来的能力与其环境互动，与其他人发生关联；

（2）基因及其他生物因素的多元多样是人与环境互动的结果；

（3）在人类与环境多元交互影响下可形成人—环境之互惠系统；

（4）个体与环境间的最佳调适状态(Goodness-of-fit)是个人与孕育其成长的环境之间通过互惠式的相互影响而达成的；

（5）个人的行为是目标导向的，人类为了更好的生存环境而奋斗，个人对环境的主观解释是重要的；

（6）人有在其环境中(natural environment and setting)被了解的需要，要理解个人，就必须将其置于其生长的自然与社会环境之中；

（7）人格的产生源自人类与环境相互交流、相互影响的过程；

（8）个人的生活经验可以产生积极改变；

(9) 生活中的问题需要在生活空间的整体之中进行理解；

(10) 为协助案主,工作员应随时准备干预服务对象所在生活空间的各个层面。

在社会工作实务过程中,生态视角强调全方位及人与环境之间的互动关系。生态视角试图通过评估个人与环境之间的复杂交流,提供多元面向的概念基础和较为广阔的工作架构。生态视角下的社会工作强调社工服务应立基于某一文化或次文化脉络,考虑个人权力、需求、能力与人生目标,及其与所处之社会与物质环境之间的互动,并经过该过程达成正向增强与改变。因此,生态视角的社会工作有别于强调个人病理模式的个案工作实施典范,而更加关注到人在情境中及当前之现实。

(三) 在小组工作中的应用

根据生态视角的观点,在对潜在的小组成员进行评估时,小组工作员应该特别重视小组成员所处的环境及二者之间的相互影响与相互作用;在具体的小组介入过程中,小组工作应该不仅仅是着眼于改变服务对象,而且要改变其所处的环境,特别是二者之间的互动。另外,在运用小组力量对服务对象进行干预时,一定要有全面、系统、循环互动等这些视角,明白问题的来源并非单一因素,解决问题的方式也应该是多元化的。最后,由于环境对于个体而言所具有的意义在某种程度上决定于个体的主观赋意,因此,对环境的理解不但要注重其客观现实,而且也要注重由个体解释而产生的各种主观意义。

根据生态视角的观点,小组本身对于每个小组成员而言也是一种环境。小组工作者应该引导小组成员与小组之间进行互惠式互动,以达致二者之间的最佳调适状态,并在此基础上帮助小组成员提升自己与其他生活环境之间进行互惠互动的能力。

根据生态视角的观点,小组工作者也是小组成员所处环境中非常重要的支持来源。所以,小组工作者与小组成员之间的关系很重要。小组工作者应该尽力与组员之间建立开放、相互尊重、相互信任的伙伴关系,并引导所有的小组成员之间、工作员与小组成员之间都能形成相互给予的互惠式的关系。

第四节　社会学习理论与社会支持网络理论

社会学习理论认为,人类的行为是在对他人行为观察和评价过程中习得的,决定人类行为的因素包括先行因素和结果因素两大类。社会支持网络理论强调社会支持网络及其中镶嵌资源的重要性,认为这是个人适应与发展的必备条件。

一、 社会学习理论

(一) 理论脉络

社会学习理论的观点主要源于传统的行为主义理论与认知心理学。

班杜拉(Albert Bandura)于 1949 年开始在美国的依阿华大学接受赫尔派思想方法的训练,并在此期间受到斯宾塞(Kenneth W. Spence)等行为主义心理学家的影响。这种经历使行为主义的客观性原则对其产生了深刻的影响,也奠定了班杜拉行为主义的研究立场。但到 20 世纪 50 年代,传统行为主义观点由于其极端化、简单化与机械化而备受心理学界的批评,使行为主义研究不可避免地陷入了危机状态。这种危机促使行为主义者班杜拉进行深刻的理论反省,试图建构新的理论体系,对行为主义长期以来所忽视和否认的意识和行为的关系问题作出理论阐释。

在此过程中,认知心理学的观点给了班杜拉很大启发。与传统的行为主义相区别,认知心理学强调研究人的认知过程,使研究中心位于有机体的内部;强调人的心理结构或心理组织;并将人看做积极的、建构的、有计划和有目的的,而不是强化刺激的消极接收者。同时,它在一系列的基本假定和科学理想上又与行为主义相一致,它是"用机械的术语来解释目的行为",强调用实证的方法研究获得知识、应用知识的心理过程。

在上述两种学派观点的支配下,班杜拉对社会学习和攻击行为,以及观察学习机制和决定因素进行了实验研究,证明示范模仿(modeling)在人类行为形成中起着关键的作用。1963 年,班杜拉与沃特斯(Waters)合作出版了《社会学习与人格发展》一书,首次提出了观察学习(observing learning)和替代强化(vicariousre inforcement)的概念,正式开始了社会学习理论的创建。1977 年,班杜拉出版了《社会学习理论》一书,对其研究成果进行了总结,阐述了以人、环境和行为三者之间的三元交互作用为基础的社会学习理论的一般学习论观点,强调了观察学习的重要性,指出人的符号表征能力是进行观察学习的前提保证,同时提出,人的认知调节对思想和行动的产生具有重大的作用。此书的出版标志着班杜拉社会学习理论的正式诞生。

(二) 主要内容

班杜拉的社会学习理论是在传统的行为主义学习理论的基础上发展起来的,传统的学习理论包括"传统条件反射理论"和"强化条件反射理论",前者认为人类的行为是与刺激相关联的,小组工作者可以根据小组期望的目标行为,对小组成员提供某种能引起其行为变化的外部刺激条件,从而引导其行为发生改变。强化条件反射理论认为,人类的行为受到行动结果的影响,如果某种行为导致的行为结果被加以肯定,那么,这种行为就会被坚持和强化;反之,如果某种行为导致的行为结果被否定,那么这种行为就会被削弱。因此,利用赞赏、表扬和奖励等方式,可以强化和鼓励积极的行为,以引导个体行为的变化。

社会学习理论认为人类的行为是在对他人行为观察和评价过程中习得的,而这个习得过程是一个积极的、能动的、对环境的刺激进行有选择的反映并且把所选择的刺激进行组织并转化的过程。例如,当某个成员的行为受到表扬时,那么这个成员和其他人就会为了在将来得到同样的表扬而追随这种行为。反之,如果一个小组成员的行为被忽视或者一个成员的行为受到惩罚,那么这个成员和其他人为了避免否定的结果,在一定程度上就不会效仿这种行为。

班杜拉的社会学习理论还详细论述了决定人类行为的诸种因素。班杜拉将这些决定人类行为的因素概括为两大类:决定行为的先行因素和决定行为的结果因素。决定行为的先行因素包括学习的遗传机制、以环境刺激信息为基础的对行为的预期和社会的预兆性线索等。决定行为的结果因素包括替代性强化(观察者看到榜样或他人受到强化,从而使自己也倾向于做出榜样的行为)和自我强化(当人们达到了自己制定的标准时,他们以自己能够控制的奖赏来加强和维持自己行动的过程)。关于个人行为与环境之间的关系,班杜拉对其中的环境决定论和个人决定论提出了批判,并提出了自己的"交互决定论",强调在社会学习过程中行为、认知和环境三者的交互作用。班杜拉认为,行为、个体(主要指认知和其他个人的因素)和环境是相互影响、相互作用,"你中有我,我中有你",不能把某一个因素放在比其他因素重要的位置。

(三) 在小组工作中的应用

根据社会学习理论,小组是一个学习的场域,在这个场域中小组成员通过观察和模仿会学习和习得一些行为,其中有正面的行为和负面的行为,小组工作员要正确地利用奖励和惩罚,使得小组成员能观察和模仿到正确的行为,从而学习和习得良好的行为。

与此同时,社会学习理论也使我们明白,小组成员的行为与其个体因素、环境因素相互影响,相互决定,成为一个系统。小组工作者要善于调动各种因素,创造良好的小组氛围,促使这三者之间形成良性互动。

二、社会支持网络理论

（一）理论脉络

社会支持网络最初是由一些健康医学家、精神病学家、心理学家以及社会工作者发展起来的，20世纪70年代初，精神病学文献中首次引入社会支持的概念。

（二）主要内容

Biegel，Tracy and Corvo（1994）认为：社会网络指的是"一组个人接触，通过这些接触个人维持其社会身份并且获得情绪支持、物质援助和服务、讯息与新的社会接触"。或者说，社会支持是由社区、社会网络和亲密伴侣所提供的感知上的实际的工具性或表达性支持。工具性支持是指引导、协助、有形的支持与问题解决的行动，表达性的支持包括心理支持、情绪支持、自尊支持、情感支持和认可等。

个人面对环境能否适应，最重要的是看个人拥有资源的多少，而资源又分为个人资源与社会资源，个人资源包括自我功能和因应能力等，社会资源指个人关系网络的广度与网络中的人能够发挥支持功能的程度。小组工作的目的之一即在强化个人的社会资源，增强个人的社会整合度，并协助个人解决生活中的问题。

（三）在小组工作中的应用

根据社会支持网络的理论，小组自身就是一个非常强大的资源和支持体系，在小组中，小组工作者要充分发掘小组成员自身的个人资源，同时建立强有力的关系，动员和发展小组中的社会资源，发挥成员彼此之间的工具支持和表达支持。另外，小组工作者还要利用小组的过程动员和发展相关系统中的社会资源，从而建立成员以及小组的社会支持网络。另外，通过这个小组过程提高小组成员发掘社会资源、建构社会支持网络的能力。

在阳光家庭（单亲特困母亲家庭）服务项目（详情可见该项目博客）的运作过程中，社会工作者就充分运用社会支持网络的理论，通过单亲特困母亲小组、单亲特困母亲家庭儿童小组、单亲特困母亲家庭亲子小组的小组活动形式，加强了小组成员之间的相互了解与感情联系，并在此基础上发展出了强有力的物质、精神以及具体的生活问题解决、信息共享等各方面的相互支持。例如，在一段时间的小组工作之后，不同的家庭能够共享儿童学习用品、衣物、生活用品等物质资源；母亲们能够在接送孩子、廉租房申请、照顾生意等各种具体的生活问题上相互帮助，在个人情感、生活态度等方面彼此分享、相互鼓励；不同家庭的孩子们能够共同游戏和学习，相互鼓励和陪伴;同一家庭的母亲和孩子之间的了解也加深了很多,彼此之间在各方面的支持都有所增强。另外,通过小组活动自身的影响与社会工作者的动员与倡导,该项目也强化了小组成员、社区、社会之间的支持网络,为服务对象动员了各种资源。

第五节　增能视角与优势视角

一、增能视角

(一) 理论脉络

增能视角起源于 19 世纪末 20 世纪初的睦邻组织运动,睦邻组织的社会工作者使用增强权能的策略,与居民形成伙伴关系来改善其所处的社会环境。增理论主要用于小组工作的实施模式中,对社会目标模式起指导作用。

(二) 主要内容

增强权能是一个合作的过程,是与参与者一同工作,形成伙伴关系;增强权能的过程是动态的、合成累积的、经常改变的、不断发展的;增强权能是一个尝试去增加政治权利的过程,是一个促使个人有足够能量去参与、控制以及影响其生命的过程。增强权能在本质上主张平等主义。

增强权能既是一个过程也是一个结果,它实际上涵盖了三个层面:个人层面的增能,发展一个更加积极的、更有影响力的自我意识;社区层面的增能,获得知识,提高能力,以便对个人周围的社会政治环境有一个更加具有批判性的理解;社会层面的增能,获得更多的能力和资源,以实现个人和集体的目标。这里对增强权能的理解显然有很强的社会政治民主色彩,强调社会行动。

增强权能的介入策略:首先是意识的"醒觉化"(过程),即改变当事人的态度、价值观及信念,令当事人感觉自己是一个有自控的主体,而非被操控的客体,进而有能力寻找出问题的成因,去影响自己的问题及解决问题,有能力取得资源与机会。能力是通过生活经验来获得和增强的。其次是训练,即知识、技巧与权利的分析。再次是共同的支持,即自助网络支持系统及小组。最后是集体活动的参与,通过这个活动,寻找产生权利阻碍的人际关系、政策、制度和设施等,使得这些变得更平等,使得社会更尊重人权、民主、公益和公平,从而改变不平等的社会关系和减少不公平的对待,令当事人找回主体的角色。增强权能的目标是提升个人的权能感、发展人际技巧和朝向社会改革。具体的介入的过程是：态度的改变——集体经验分享——评判性的思考——行动。[①]

（三）在小组工作中的应用

社会工作者在小组工作中致力于与小组成员一同合作，形成伙伴关系并将焦点放在倡导及尊重成员的目标及渴望上，成员是改变过程中最主要的参与者。

小组工作中增强权能既是过程，亦是目标，即以提高服务对象的自我评价、觉知及与他人的联盟、增强对压迫的意识，取得有价值的资源并通过知识技巧的提升，增强适应环境的能力，增强权利意识、权利机会与权利能力。

小组工作者与成员一起工作（do with），去影响自我与环境的改变。

增强权能不仅是指小组成员，而且涉及的小组也要增强权能。

在阳光家庭（单亲特困母亲家庭）服务项目的小组工作过程中，社会工作者就以增能理论为指导，特别重视小组成员的参与、合作，重视通过各种方式发现与发掘小组成员的潜在优势，增强其自我效能感与实际能力。在服务进行到两年时的评估访谈中，大多数单亲特困母亲家庭子女都表示，经过小组活动的锻炼，他（她）们不再像过去那样"老觉得自己很差，什么条件都没有"，而是能够从更为积极的角度看待自己和家庭，增加了对未来的希望，能够有更强的动力去学习，去克服生活里的困难与问题，参与各种社会活动。

二、 优势视角

（一）理论脉络

1989 年，美国堪萨斯大学的 Weick, Rapp, Sullivan, Kusthard 发表了《社会工作实践的优势视角》一文，宣告优势视角的诞生。1992 年，美国堪萨斯大学社会福利学院的教授 Dennis Saleebey 编写出版了《优势视角：社会工作实践的新模式》一书，成为优势视角的主要文本。此后，社会工作教育者、服务提供者和管理人员不断完善与发展优势视角，澄清了它的复杂应用过程及如何评估其有效性的质疑，使其越来越富有实用性。优势视角是对传统社会工作实践的激烈转向，其思想主要来源于：

第一，对病态模式的反思与批评。病态模式认为个人有已被命名的病态或问题，而所有这些都是由疾病导致的；要解决这些问题，就要利用外部力量去除其疾

---

① 宋丽玉、曾华源等：《社会工作理论》，台北：洪叶事业文化有限公司，2002 年，第 418～428 页。

病因素。优势视角认为病态模式限制了服务对象内在动力与潜能的发挥,妨碍服务对象的自决、责任承担与自我成长。

第二,抗逆力研究。20世纪90年代的干预研究发现,个人、家庭、学校、社区、邻居等各种层面都含有抗逆力因素,对脆弱性、风险、障碍的过分强调应该以对环境中的保护性因素的研究进行平衡。这种发现为社会工作介入提供了新的切入点。

第三,寻解治疗。寻解治疗突破了"聚焦于问题"的实践惯性,而是聚焦于服务对象的优势与能力,并以此为基础寻求解决问题的方法。

(二) 主要内容

优势视角关注人的内在力量和优势资源,强调把人们及其环境中的优势和资源作为社会工作助人过程中所关注的焦点,而非关注其问题和病理。优势视角基于这样一种信念,即个人所具备的能力及其内部资源允许他们能够有效地应对生活中的挑战。因此,在实务过程中,社会工作者所应该做的一切,就是发现、寻求、探索及利用案主的优势和资源,协助他们达到自己的目标,实现他们的梦想,并面对他们生命中的挫折和不幸,抗拒社会主流的控制。这一视角强调人类精神的内在智慧,认为即便是最可怜的、被社会所遗弃的人都具有内在的转变能力。优势视角超越了社会工作的传统理论模式,其关注点在于个案的优势、潜能和成绩,这一突破在社工领域具有"范式革命"的意义。优势视角的基本信念包括:

第一,优势视角。优势视角认为人有巨大的潜能与力量,它们使人们可以去直面不幸,超越自我与环境的限制。Saleebey认为几乎所有的事情在某种特定条件下都可以视为一种优势,这些优势主要包括体验、个人品德、天赋、感悟、故事、灵性、意义与社区资源等。

第二,增能。西门(Barbara Levy Simon)1994年将增能的概念建立于五个理念之上:与案主和委托人之间的合作伙伴关系,对扩大案主能力和优势的强调,关注个人或家庭与环境,将案主视为积极的能动主体,将个人的精神指向一直受到剥夺和压制的人群。[1]

第三,成员资格。成员资格是指人归属于某一团队或团体及由此而来的身份、权利与参与。优势视角认为,没有成员资格便有被边缘化、被异化和被压迫的风险。因此,成为成员和市民,享有参与权和责任,保证和安全等特征是增能的第一

---

[1] 转引自 Saleebey, D., ed., *The Strengths Perspective in Social Work Practice*, Boston, MA: Allyn and Bacon, 2004.

步。成员资格的另外一个意义在于人们必须走到一起,让他们的声音被听到,他们的需要得到满足,不公平受到重视,从而实现他们的梦想。

第四,悬置怀疑。社会工作者应该悬置对服务对象的怀疑,以充分信任的态度去建构新的专业关系,激发服务对象的内在潜能,并以此为基础去协助服务对象创造新的生活。

第五,抗逆力。抗逆力是个人自我纠正的取向,是弯曲不折或弯曲之时可以反弹的能力。抗逆力使那些被视为处于危机状态或者弱势的个人、家庭或社区等各种服务对象直面身心内外的挑战,超越和克服严重麻烦的负面事件。

(三) 在小组工作中的应用

小组工作者在小组评估与介入过程中都必须特别重视从积极的视角看问题,着重关注小组成员及其环境所具有的各种潜能与资源,并以此为出发点逐步去努力,最终实现助人目标。

小组工作者要充分信任小组成员,建构平等、去霸权的专业关系,与小组成员合作,尊重和赞赏小组成员,聆听他们的故事与表述,探索他们的优势与梦想。

虽然一线社工面对的小组成员经常是社会结构中的弱势群体,但他们在很多方面也有自己独特的潜能与优势,小组工作经常需要以此为工作基点。例如,笔者在小组工作过程中曾经很惊讶地发现,作为精神分裂症康复者的小组成员竟然在美术、音乐、语言等方面有很强的表现力。当时的小组工作就从此出发,通过各种方式彰显小组成员在这些方面的能力,帮助他们增强自信,慢慢学习协调自我需要与社会环境之间的关系,学习用恰当的方式去争取和拥有自己想要的生活。

第六节   女性主义视角

传统的社会工作理论通常是将女性置于依附于家庭的地位,忽视了她们的知识、能力、优势、潜能,以及其独特的经验与感受。女性主义视角则特别强调女性经验对社会工作而言所具有的重要意义,并试图在此基础上重构社会工作的知识基础、专业关怀与服务模式。

一、 理论脉络

女性主义发源于 19 世纪末期,其主要目标是争取女性的政治权力。20 世纪60 年代开始,女性主义发展出三个最具代表性的理论流派。自由女性主义强调在现有政治体制之下为妇女寻求平等机会与权利,尤其关注机会的不平等;社会主义女性主义关注性别主义、种族主义与社会阶层分化三者之间的交互影响,将性别不平等视为更大的社会不平等的一部分;激进女性主义试图颠覆维持和再生产了男性特权与主宰地位的父权制。最近几十年,女性主义又发展出很多新传统,如马克思主义的、心理分析的、存在主义的、后现代主义的等等。尽管女性主义的发展历史很长,但作为一种新的理论建构被引入社会工作则是 20 世纪 70 年代末期和 80 年代早期开始的。通过带入女性体验,女性主义试图重构社会工作的知识基础、专业关怀与干预模式。20 世纪 80 年代,女性主义社会工作这一名词开始出现。如今,女性主义社会工作已经成为一种重要的社会工作实践理论模式。

二、　主要内容

Dominelli(2002)将女性主义的特点概括为内部立场的多样性、并不固定性的本质以及缺乏领导者的等级性。同时,她认为,所有的女性主义派别也共享一些基本的原则,如:整合生活中个人和政治的纬度,尊重女性的多样性,寻求更加平等的社会关系,变革现存的社会秩序等。

女性主义社会工作发端于通过社区中女性和女性共同工作而实现的女性主义的社会行动。其目的是通过将女性主义的个人苦难和无法对人诉说的私人哀痛与她们的社会位置和地位联结起来,以此改进女性的福祉。这意味着私人困难被重新定义为公共问题。虽然其他社会工作者坚称是社会造成了个人的问题,但女性主义社会工作者首次将女性困扰的根源定义为女性的社会位置和角色。Dominelli将女性主义社会工作定义为这样一种社会工作的实务形式:从女性的经验出发来进行分析,专注于女性社会位置与其个人困苦之间的联结,回应她的独特需要,创设工作者和"案主"之间的平等关系,并探讨结构上的不平等。

根据何雪松(2007)的总结,女性主义社会工作的核心概念主要包括:

第一,个体的即政治的。女性主义认为,个体问题的实质就是身份政治,个人问题的社会政治根源在于性别化的权力关系,在于社会结构赋予男性更多的优势,而将女性压制为一个受压迫的群体。因此,要改变个人,必须从改变社会开始。

第二,个体的即关系的。女性主义认为,女性更为重视关系与伦理关怀,其自我感觉亦在建立与发展关系的基础之上。因此,社会工作的聚焦应为女性身处其间的不同关系,包括社工与服务对象之间的关系,并且要特别注重关系的权力动态机制和女性对关系的特殊理解。

第三,男性与女性的体验不同。女性特别强调女性个体独特的成长经验,认为男女可能讲出他们自认为是相同的不同语言,使用相似的词去编辑对我和社会关系的不同体验。

第四,解放和赋权(增能)是行动的目标。女性主义认为,行动的目标就是改变身处这个结构之中的女性的无权力感,唤醒他们的权利意识,促使他们采取行动去改变自己的境遇从而控制自己的生活。为了实现赋权目标,女性主义社会工作倾向于采取意识觉醒、社会行动和脉络化等更具解放性的行动策略。

三、在小组工作中的应用

根据女性主义视角强调的主要内容,社会工作者在小组工作过程中应该充分尊重女性的权利与独特经验;建构开放、平等、非压制化、合作的工作关系;注重通过社会行动模式的小组改变社会结构,注重社会脉络,改变权力动态与权力关系。

在阳光家庭(单亲特困母亲家庭)服务项目的母亲小组工作中,社会工作者就根据小组成员全是女性的独特情况,特别注意运用女性主义理论。在实际的小组工作中,社工和单亲特困母亲们一起分享作为女性特有的情感体验,共同分析她们作为女性所面临问题的社会原因与自己所处的特殊的性别权力关系,并在此基础上探索保障权利、改善生活的途径。另外,社工还根据女性对关系的重视,在小组工作中通过各种方式改善她们周围的社会关系,使其在此过程中感受到人与人之间的温暖,增强生活的动力。

本章小结

1. 小组工作的理论主要有场域理论与小组动力理论、镜中我理论与符号互动理论、系统理论与生态理论、社会学习理论与社会支持网络理论、增能视角与优势视角、女性主义视角等。

2. 场域理论认为,人类行为是个人与其环境的函数,是由个人内在的各种因素与其所处的社会情景相互影响、相互作用而决定的。社会场域包括物理环境、人文环境、任务环境、他人的行为以及个人目标等。个人的内在因素包括遗传、能力、人格、健康、信仰、价值等。

3. 小组动力可以从两个层面去理解,它首先是指参与并影响小组过程的各种要素,包括:内部静态因素、内部动态因素、外部因素。与此同时,小组动力还意味着上述各种要素之间相互作用、相互影响而构成的动力机制。

4. 镜中我理论认为,人与社会是相互影响、相互决定的,在与他人的互动过程中,个体通过感知他人对自己的反映和评价,从而建立起个体的自我意识、自我形象和自我评价。

5. 符号互动理论认为,社会互动是一个不间断的、可变的过程。符号互动能够创造、维持与变革社会组织、结构和制度。

6. 系统理论强调社会系统影响其内部的个人和群体,而同时个人和群体又影响社会系统。因此个人问题的解决必须通过影响其相关系统的改变来实现。

7. 生态视角强调全方位及人与环境之间的互动关系,试图通过评估个人与环境之间的复杂交流,提供多元面向的概念基础和较为广阔的工作架构。

8. 社会学习理论认为,人类的行为是在对他人行为观察和评价过程中习得的,决定人类行为的因素包括两大类:决定行为的先行因素和决定行为的结果因素。

9. 社会支持网络理论强调社会支持网络及其中镶嵌资源的重要性,认为小组工作的目的之一即在强化个人的社会资源,增强个人的社会整合度,并协助个人解决生活中的问题。

10. 增能视角的目标是提升个人的权能感、发展人际技巧和朝向社会改革,认为增强权能既是一个过程也是一个结果,它涵盖了个人、社区与社会三个层面,拥有独特的操作策略。

11. 优势视角关注人的内在力量和优势资源,强调把人们及其环境中的优势和资源作为社会工作助人过程中所关注的焦点,而非关注其问题和病理。包括优势视角、增能、成员资格、悬置怀疑、抗逆力等一系列基本理念。

12. 女性主义社会工作从女性的经验出发来进行分析,专注于女性社会位置与其个人困苦之间的联结,回应她的独特需要,创设工作者和"案主"之间的平等关系,并探讨结构上的不平等。核心概念主要包括四个方面:个体的即政治的,个体的即关系的,男性与女性的体验不同,解放和赋权是行动的目标。

𝓑 主要术语

场域理论(Field Theory): 由美国心理学家勒温创立的社会心理学的主要理论之一。该理论认为个人的行为由个人的内在(P)与个人所存在的社会情景(E)所决定。

小组动力(Group Dynamic): 是体现在小组或小组间的各种行为与现象,如小组的形成、发展、运作、互动、吸引、排斥、反应或改变等。

镜中我(Looking-glass Self): 是库利理论的一个核心概念,认为在与他人的互动过程中,个体通过感知他人对自己的反映和评价,从而建立起个体的自我意识、自我形象和自我评价。

系统理论(Systemic Theory):是通过分析系统的构成、功能及其与外部环境的关系来揭示系统的特征及其运行规律的理论。

社会学习理论(Social Learning Theory):认为人类的行为是在对他人行为观察和评价过程中习得的,而这个习得过程是一个积极的、能动的、对环境的刺激进行有选择的反映并且把所选择的刺激进行组织并转化的过程。

生态视角(Ecological Perspective):试图通过评估个人与环境之间的复杂交流,提供多元面向的概念基础和较为广阔的工作架构。强调全方位及人与环境之间的互动关系。

社会网络(Social Network):一组个人接触,通过这些接触个人维持其社会身份并且获得情绪支持、物质援助和服务、讯息与新的社会接触。

增能(Empowerment):一个尝试去增加政治权力(具体不只是政治权力,但核心可能是政治权力)的过程,是一个促使个人有足够能量去参与、控制以及影响其生命的过程。

优势视角(Strengths Perspective):关注人的内在力量和优势资源,强调把人们及其环境中的优势和资源作为社会工作助人过程中所关注的焦点,而非关注其问题和病理。

C 练习题

1. 将学生所在的班级(或所在的工作单位)作为一个小组,分组讨论分析其互动、领导、冲突、规范等因素对小组成员行为与成长的动力影响。同时,从小组动力的角度感受和分享此时此刻小组动力对成员讨论行为的影响。

2. "我是谁?"探寻活动

目的:让小组成员能够多侧面、多角度地认识自己,建立更健康、更正确的自我概念,作为在小组中与人真诚相处的基础。

通过活动使小组成员能够真实而真诚的、有信心地认识自己、肯定自己和接纳自己。

通过活动,使小组成员能够相互了解和认识,并理解小组互动中人际感知的益处。

具体操作:

第一步:自我探寻"自己眼中的我"

目的：

以小组成员的自我参照架构来了解自己眼中主观的自己，通过自省更深入地了解自我。

了解小组成员的自我概念如何，了解小组成员对自己的接纳及信任程度。

为小组成员的自我突破提供参考依据。

材料：卡纸若干、笔数支

方法：借助于测量工具和自我主观的分析与判断，了解自我的兴趣、爱好、智能、性格特征、价值观、世界观、人生观、思维模式、优点、缺点，等等。然后进行描述并记录下来。最后给自己一个评分。测量工具可自我寻找，下面是提供的两个测量工具和方法：

表 4-2　　　　　　　　　　　　**自我评估表格**

类别	内容	评分	总评分
我的价值观			
我的世界观			
我的人生观			
我的人生目标			
我的兴趣、爱好			
我的性格特征			
我的思维模式			
我最大的成就			
我最大的遗憾			
我的资产(智能、能力、专长等……)			
……			

（资料来源：张洪英：《小组工作：理论与实践》，济南：山东人民出版社，2008 年，第 57 页）

"SWOT"　自我当前状态分析

"SWOT"分析方法，即 Strengths 优势、Weaknesses 劣势、Opportunities 机会和 Threats 威胁分析。

活动目的：

借助于 SWOT 分析工具，能够让学生更深入地了解此时此刻的自我状态，增强对当前自我的认识，从而找出自我成长的方向。

掌握自我分析的一些工具、方法和技巧，也能够更好地服务于未来的小组工作。

方法：每个人通过填写下列表格，进行自我状态分析。

表 4-3   自我 SWOT 分析

当前处境分析因素	先期目标	发展行动计划	预期目标
Strengths 优势 1 2 3 ……	1 2 3 ……		
Weaknesses 劣势 1 2 3 ……			
Opportunities 机会 1 2 3 ……			
Threats 威胁、障碍 1 2 3 ……			

（资料来源：张洪英：《小组工作：理论与实践》，济南：山东人民出版社，2005 年，第 57 页）

第二步:寻找"镜中我"活动

目的:通过寻找"镜中我"活动,再塑自我概念,再寻自我成长的方向,完善自我。

具体操作:每个人一张轮子图纸,如图 4-1,在中间的圆圈里写上自己的名字。

第一:"小组成员中的镜中我"。以小组为单位,通过小组互动,每一个成员分别给小组中的他人一个"我眼中的你"。这样每个成员就能得到小组其他成员中的多个评价,然后每个成员通过对这些评价的分析,总结得出小组成员的"镜中我",然后填在轮子中的一个表格里。

第二:"生命中重要他人眼中的镜中我"。具体做法是:在格子中的任何一格中,写上生命中对自己意义重大的人物,如父母、老师、朋友、同学等等,对自己的看法与评价,分正面的和负面的看法。

第三:"自己眼中的我"与"镜中我""对话",即分享活动。

目的:多角度、多面向、更透彻、更真实地了解自己。

第四,请小组成员比较"自己眼中的我"与"他人眼中的我"的最大异同,通过自我对话,寻找当前处境中"真实的我"。

然后,通过与"理想中的我"的对话,寻找其间之距离,发现和确定成长之目标。

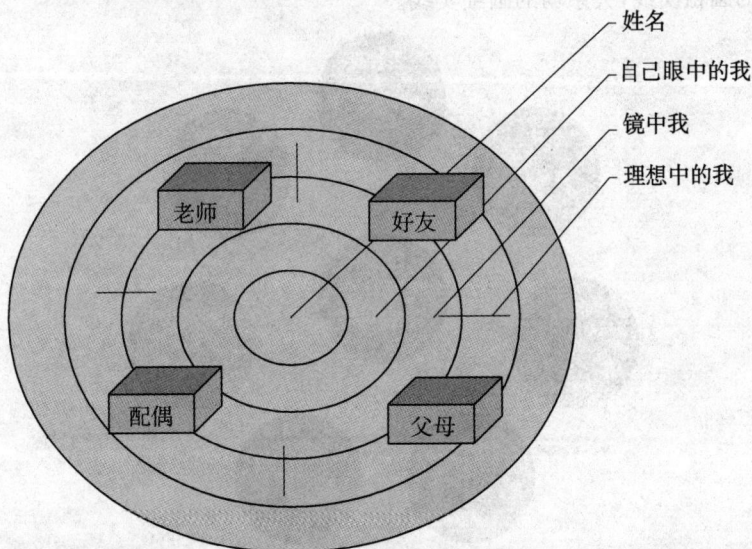

图 4-1　真实的我再现图

(资料来源:张洪英:《小组工作:理论与实践》,济南:山东人民出版社,2005 年,第 57 页)

3. 分析和画出自己目前所拥有的社会资源(关系)和支持网络图。

目的：

了解自我所处的系统状况；

清楚和明白自己所拥有的资源和社会关系；

寻找建立自我社会支持网络的方向。

操作：

步骤一：在表4-4的每个栏目里填写你所拥有的资源和关系。

表 4-4　　　　　　　　　　　　　资源表

个人资源和关系		社会资源和关系						
自身资源	家庭资源	国家、政府	机构	社区邻里	亲戚	朋友	同学	同事

步骤二：

根据表4-4所填写的内容,在图4-2中表示出关系的建立状况,有某种资源而又建立关系的画一条相互联结的实线,如有这个资源而没有建立关系的画虚线。关系强的画粗实线,关系弱的画细实线。

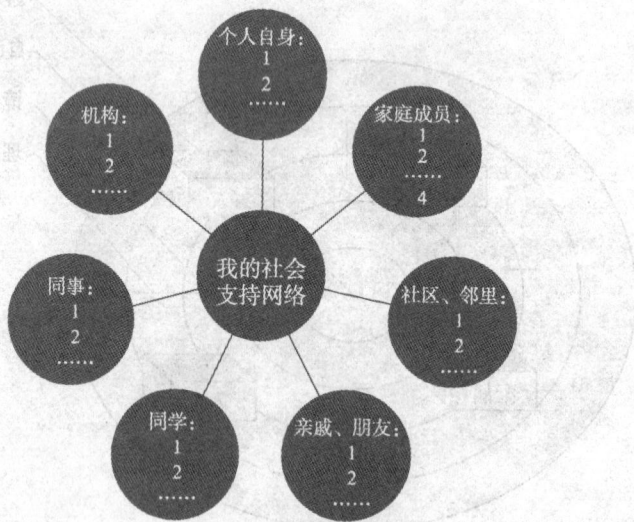

图 4-2

步骤三：

分析其中的社会支持网络,包括网络的广度和强弱。

寻找自我的社会支持网络(和系统)以及未来的发展趋向。

思考题

1. 简述小组工作理论的内涵与种类。

2. 应如何正确理解小组动力理论？

3. 简述镜中我理论的主要观点及其在小组工作中的应用。

4. 应如何在小组工作中运用符号互动理论？

5. 生态视角的基本假设包括哪些内容？

6. 社会学习理论对小组工作有哪些启发？

7. 女性主义视角的核心概念及其基本内容分别是什么？

8. 优势视角思想的主要来源有哪些？

阅读文献

1. 范明林：《社会工作理论与实务》，上海：上海大学出版社，2007年。

2. 何雪松：《社会工作理论》，上海：上海人民出版社，2007年，第五、六、七、十二、十三章。

3. 〔英〕佩恩著，何雪松译：《现代社会工作理论》，上海：华东理工大学出版社，2005年，第六、十二章。

4. 张洪英：《小组工作：理论与实践》，济南：山东人民出版社，2005年，第四章。

第五章　小组工作的实施模式

小组工作有许多实施模式，包括社会目标模式、互惠模式、社会治疗模式、发展模式、组织与环境模式、叙事治疗模式等，在社会工作和小组工作的发展历史中，这些小组工作的模式均有深远的历史根源，并对小组工作的开展发挥着指导和推动作用。这些小组工作模式有的着眼于个体、团体，有的着眼于社会；有的关注预防，而有的关注治疗，甚至兼而有之。本章具体介绍六种小组工作的实施模式。

第一节　社会目标模式

社会目标模式是最早的小组工作模式，其主要假设——如果一个小组及其成员能够在一位社会工作者的影响下，找出共同目标，并培养出一种自我寻找的行为去推动小组的历程，那么小组成员便能自我发展，并有能力参与一些有意义的社会行动。社会目标模式的中心概念包括社会责任、社会意识、社会行动、社会参与、社会变迁等，所以小组工作者需要通过一系列的原则与方法培养组员的社会责任感、社会意识与社会良知，强调社区层面的组员参与、共识与任务的达成，实现社会变迁。社会目标模式的代表人物有柯义尔、凯瑟、克那普卡等。

一、社会目标模式的理论基础

社会目标模式的理论基础涉及政治学、经济学、社会学、教育学等多个学科的理论。其中最为重要的是政治民主理论、增能理论、系统理论和社会变迁理论。

政治民主理论强调主权在民，特别关注参与和对话，认为参与是人们的权利，参与可以学习民主的技能、激发个人的潜能、提升个人的意识，同时参与的过程也是一个民主化教育的过程；对话则可以增加个体与个体、个体与群体、群体与群体之间的理解，促进彼此平等关系的建立。将政治民主理论应用于小组工作中，小组工作者需要关注以下的内容：

第一,组员的参与。通过参与,每个组员能够感知社会责任,提升个人意识,激发个人潜能,从而增进自我行动与自我实现。

第二,组员的沟通与交流。参与和交流,既能增进组员之间的相互了解与信任,也有助于小组整体目标的实现。

增能理论事实上涵盖三个重要的层面:个人层面、社区层面和社会层面。小组工作者在开展工作的过程中,将增能理论应用于小组工作中,需要重视以下三个方面的内容:

第一,个人层面的增能。发展组员的自我意识,促进其自我意识与社会责任、社会意识、社会良知之间的连接。

第二,社区层面的增能。提升组员的能力,对于个人所处的社区环境有更深入的、批判性的理解。

第三,社会层面的增能。增进组员的能力与资源,促进组员个人目标、小组目标和社会目标的实现。

系统理论强调整体性、目的性、层次性和动态性,其认为系统本身是一个由各子系统组成的整体,这个整体围绕一定的目标开展活动;各次系统之间有一定的层次性;系统本身是随着外在环境的变化而不断变化的。此种理论应用于小组工作中,小组工作者需要注意以下内容:

第一,小组本身也是一个系统,其是由相互依赖的组员所形成的整体,当各个组员能够发挥各自功能的时候,小组的功能就能实现最大化,促使小组内组员的改变。

第二,小组应该制定小组目标,并围绕小组目标开展特定的小组活动。

第三,小组需要重视与外在的系统,比如家庭、学校、机构、社区等系统之间的互动,保持适当的开放度,并进行适度地自我调整,以恰当地利用资源,促使组员发生改变。

社会变迁理论认为,人与社会的发展是一个社会过程。社会过程包含前后相继的两个层面:一个层面是社会互动的过程;另一个层面是制度化的过程,即人与人之间的互动过程推动着社会结构和社会过程的变迁。由此出发,小组工作者在开展小组工作活动时,应通过促进组员之间的良性互动,推动社会制度的完善,推动社会的发展。

二、　社会目标模式的目标、原则和特征

(一) 社会目标模式的目标

社会目标模式的总目标是培养组员的社区归属感,实现社会整合。具体包括:

第一,发展和提高小组成员的社会意识和潜能,同时提高其实现社会变迁的责任心;

第二,发展小组成员的社会能力,提高他们应对社会环境方面的个人能力,增强他们的自尊心和社会能力;

第三,培养当地的社区领袖,使其有意识和能力带领社区成员推动社会变迁。

(二) 社会目标模式的实践原则

小组工作者在遵守专业价值观的基础之上,要更加重视以下原则:

1. 社会责任、社会意识和社会行动

在小组工作者的引导下,培养组员的社会责任感,提升其社会意识,通过特定的社会行动,实现社会变迁。

2. 民主参与、组员共识与小组任务的达成

促进每一位组员的积极参与,使组员形成共识,共同努力,完成小组任务。

3. 关注机构与社区

向每位组员阐明机构的政策和信念,增进组员对于机构宗旨的认识;使组员识别机构的目标,克服机构和社区的限制,充分利用机构和社区的资源。

4. 能力提升

提升组员的个人能力,增进其对于问题的感知力、判断力和采取实际行动的能力。

(三) 社会目标模式的特征

社会目标模式的特征主要体现在宏观性方面,也就是说,社会目标模式本身属于宏观的小组工作模式,此种宏观性体现在社会目标模式的理论依据、关注焦点、着眼点与实践活动四个方面。

1. 理论依据

社会目标模式主要依据大卫·豪(David Howe)提出的宏观层面的"为社会工作理论"开展工作,此种理论为社会工作行动开展提供了行动指南,小组的目的也是宏观的社会制度与社会政策的改变。

2. 关注焦点

社会目标模式关注宏观的社会结构,强调社会意识、社会价值观、社会变迁等问题。

3. 着眼点

社会目标模式着眼于社区,从社区层面开展工作,并通过小组成员的参与,显

示他们影响社会政策、社会结构以及社会制度与社会变迁的力量。

4. 实践活动

小组工作的实践本身是为了社会的整体利益，而不单是为他们自己作出贡献。

三、社会目标模式中的小组、小组工作者、组员

(一) 小组

小组是一个行动整体，拥有共同的价值观和共同期待的社会目标；小组通过实施特定的社会行动，培养组员的社会责任感和社会意识，实现社会变迁；在社会行动中，组员也实现自我发展。

(二) 小组工作者

社会目标模式之下的小组工作者的角色是多样的：倡导者、引导者、使能者、资源提供者、榜样、协调者、影响人、教育者、研究者等。不过，在整个小组工作过程中，小组工作者的角色是不断变化的。在小组的开始和结束阶段，小组工作者扮演倡导者或者引导者的角色，工作者倡导小组目标的达成，倡导提升小组成员的社会责任感和社会承担意识，引导小组目标达成和任务结束等；在小组的中间阶段，小组工作者扮演使能者(enabler)、资源提供者或者榜样的角色。

(三) 组员

社会工作相信每一个人均有民主参与的能力与机会，因此，所有公民都可以参加到社会目标模式中。在社会目标模式之下，共处相同境遇或拥有共同目标的人员更容易成为同一小组成员，比如属于同一阶层、共住同一社区、遭遇相同问题(下岗、失业、离婚等)、拥有共同目标(关注环境问题等)的居民更容易参与同一社会目标模式。一般说来，社会目标模式下的小组是开放式的，组员可以来去自如。

四、社会目标模式的优势、限制及其应用

(一) 优势与限制

社会目标模式的最大优势在于追求社会公正与社会关怀，把个人的问题与其所处的社会环境或社会结构有效地联系在一起，并把个人问题的解决与社会结构问题联系在一起，为小组工作的开展提供一个参考的模式。

社会目标模式的另一优势是强调组员的共识、对话与参与，小组工作者从专家领导人转变为民主参与者，不仅体现了社会工作的价值观，而且提升了小组的凝聚

力和目标层次,凸显了社会工作助人自助的理念。

此外,社会目标模式的优势体现在通过小组工作发展社区组织,通过社区组织进行社区教育,以此提升民众的意识,达到社区赋权的目的。

社会目标模式的局限在于:过于注重组织的力量,忽视个人的独特需要并缺乏对于个人动力的重视;过分依赖意识形态,使其理论基础薄弱,缺乏系统性。

(二) 应用

社会目标模式强调参与、增能、沟通、社会责任感、社会意识和社会变迁等概念,其适应性较广,可用于公民教育、社会责任培养、道德培育、卫生服务、社区自治等方面,所以对于中国社会建设具有很强的适用性,中国很多专业小组工作的尝试,都是在此模式下开展的。

第二节　互惠模式

互惠模式又称互动模式、交互模式或调解模式(mediating model),其基本假设是:个人与社会之间存在一个有机的、有系统的互相依赖关系,小组是个人和社会发挥功能的场所,也是一个互助系统,在小组中成员依靠其他成员作为自己解决问题、发挥潜能和建立信心的资源,个人和社会的功能能够得到发展和发挥。如果一个小组工作者能够帮助组员在一个有机的组织内通过相互帮助完成其特定的任务,那么该组员便可以增加在社会上与人相处的技巧,进而凭借这种经验更好地适应社会。互惠模式的中心概念是互动,其强调通过组员之间、组员与小组工作者之间、组员与机构之间等的有效互动,实现小组的健康发展与个人问题的有效解决。互惠模式的代表人物是施瓦茨(William Schwartz)。

一、 互惠模式的理论基础

互惠模式的理论基础主要包括系统理论、场域理论、沟通理论、社会心理学中的人格理论以及社会关系的结构功能理论等。其中最为重要的是系统理论、场域理论和人格理论。

系统理论关于人与环境之间关系的论述对于互惠模式的贡献最大,在系统理论看来,个人处于一定的环境之中,人在一生中都与环境进行互动,既受环境的影响,又对环境有能动作用。此理论之下,小组工作者需要注意:

首先,小组是一个独立的系统,其常常与外在的系统——学校、家庭、社区等发

生联系,与这些外在的系统相互作用,相互影响;

其次,小组本身是一个系统,对于组内成员的行为等产生影响。

场域理论认为,每一个人的行动均受到行动所发生的场域的影响,而场域并非单指物理环境,也包括他人的行为以及与此相联的许多因素,比如心理环境、社会环境。对个体产生影响的场域中,过去的生活经验是值得关注的,但是过去的生活经验对于现在的事件产生间接影响而非直接导致现在的行为,场域理论更关注此时此地的场域,此时此地的期待、自我评价与记忆等因素对人的行为等产生深远影响。此理论之下,社会工作者需要注意:

第一,组员与环境均需要关注,通过个人、小组、社会之间的开放和相互影响,提升个人的能力,增进社会的功能;

第二,小组是一个互动系统,应关注组员之间的相互影响与相互作用,通过组员的互帮互助实现小组的目标;

第三,努力探求组员在当前小组活动过程中的心理和行为,而非仅仅在组员的过去经验中寻找问题的原因。

人格理论主要是关于人与人之间的互动,其认为个人的自我概念、自我意识和社会行为均受到"他人"的深远影响,无论是库利的镜中我理论、米德的自我观念,还是符号互动理论,都强调人是在与他人的互动中实现社会化并不断形成、建立并修正"自我概念"的。此种理论之下,小组工作者需要注意:

其一,关注组员与他人的互动,正是在与他人的互动中,组员形成自我概念。

其二,关注组员与其他组员的互动。与其他组员的互动状况直接影响组员的价值观念、行为与小组归属感,为了促进组员之间的良性互动,小组工作者应适时地调整小组结构。

二、 互惠模式的目标、原则和特征

(一) 互惠模式的目标

互惠模式的目标是使小组成员在社会归属和相互依存中得到满足,在小组成员之间、小组之间和有关的社会系统之间,达到互助和开放。具体来说,目标体现在以下三个方面:

(1)帮助和支持成员掌握沟通的知识和技能,提高沟通能力,学会适应,达致成长;(2)协助成员与其关系上产生问题的系统接触和真诚地沟通谈判;(3)学会相互的承担与责任。

(二) 互惠模式的实践原则

互惠模式非常重视团体的建设与组员之间的互动,因此,"面对面"的小组动力是互惠模式的实施基础。其具体的实践原则包括:

(1) 小组工作者与组员、组员与组员之间的关系是诚实的、平等的、开放的。

(2) 小组工作者应启发组员主动思考问题,寻找共同点,自主确定并强化发展目标;

(3) 小组工作者应向小组成员澄清和说明自己与小组的角色,订立明确的契约,明晰彼此的责任和义务;

(4) 小组工作者应提供场域、机会和资源,增加组员沟通的知识,提升组员互动的能力;

(5) 无论是小组工作者还是组员,要确保小组是一个动力系统,为组员提供良好的成长环境。

(三) 互惠模式的特征

互惠模式的特征主要体现在中观性方面,也就是说,互惠模式本身属于中观的小组工作模式,此种中观性体现在互惠模式的理论依据、关注焦点、着眼点与实践活动四个方面。

理论依据:主要是中观的人际沟通理论、人格理论等。

关注焦点:中观的人际层面的沟通与互动,目的是解决人际关系问题。

着眼点:强调互动过程中相互的责任、义务与支持,强调协调、平等与民主。

实践活动:小组本身是实践活动的中心。

三、 互惠模式下的小组、小组工作者、组员

(一) 小组

小组是一个互助系统,在这个系统中,组员之间互相帮助,相互依赖。此系统不仅有助于组员问题的解决,还有助于组员能力的提升与健康成长。在小组中,组员是独立、自由的,组员可以在小组中表达自我、表现自我、展示个性,可以自由选择自己的朋友;组员之间是平等认同的,每一个处于这种小组之下的组员均能够获得归属的温暖感觉,并拥有学习和独立生活的机会;小组的运作是组员彼此互动共鸣的结果,组员在小组过程中体验、感知与外在环境的作用。

(二) 小组工作者

小组工作者是协调者与使能者,其主要任务是协调小组成员之间以及小组成

员与家庭、机构、学校、社会等之间的关系,提供信息引导小组自主发展,帮助组员协商以促进问题迅速解决。也就是说,在此模式之下,工作者既不是为了小组成员,也不是针对小组成员,而是与小组成员一道,完成特定的任务,促进组员更好地适应社会。整个过程中,小组工作者要始终遵循两大价值观:尊重小组组员个人的价值观和确认小组组员间互惠互存的关系,并给予协助。

(三) 组员

组员具有互惠的动机与能力,能够将自己的需求与小组集体任务的社会需求发生关联,不但与小组工作者建立关系,而且能够与其他组员之间形成许多助人关系,在小组中达到目标、分享与追求共同决策。需要特别强调的是,小组组员不是一个可随时供他人检验、治疗的客体,而是具有情感、潜能的人,小组组员个人的价值被看重,小组组员之间是平等、互助的关系。

四、互惠模式的优势、限制及其应用

(一) 优势和限制

互惠模式小组工作关注组员之间的互助,重视小组中个人的独特价值及需求,注重组员个人潜能的开发,突出了社会工作的助人自助的理念;小组的目标不是由小组工作者独立确定的,而是来自于组员之间的互动和讨论,因此有利于组员发挥能动性和培养自觉意识;成员能够自主选择恰当的介入策略解决自己面临的问题,有利于防止外界的价值干预。

互惠模式对于小组工作者权力的关注是不足的,缺乏对于小组工作者和小组工作经验的重视和运用,把小组过程简单化了;对于个人期望和个别化的关注不够,对于组员个人改变程度的评估不足;而且忽视了个人问题与社会结构、政策等的关联。

(二) 应用

利用团体的力量自助与互助符合中国的传统文化,所以互惠模式在中国的适用性较强,在小组工作中应用也十分广泛,其既能用于解决儿童、青少年成长过程中遇到的问题,也可用于解决中年人生活、工作中遇到的问题,并可用于减少老年人的孤独感,帮助老年人适应晚年生活。总之,只要符合以下四个条件,即可运用互惠模式:

第一,小组是一个集体,而小组组员均需面对面地相互沟通;

第二,小组组员均有个人需求,他们能够借助彼此之间互惠共存的条件满足自己的需要;

第三,小组组员有共同的目标,并依靠每位组员的参与达成目标;

第四,由某个社会服务机构安排小组工作人员协助推进小组工作。

不过,在中国运用此模式开展小组工作时,需要留意中国人含蓄、内敛、不善自我表达的特点,设法突破此种障碍,以最大化互惠模式的实际效果。

第三节　治疗模式

治疗模式又称预防与康复模式,临床模式或处置模式,其基本假设是:如果一个小组工作者能够用其专业知识去影响小组历程及小组动力,使小组成员改变他们的一些具体行为,那么小组成员便证明他们可以凭借着参与小组而受到再教育的机会,参与小组的经验也可以协助消除他们不适应社会的问题。治疗模式最重要的概念是小组,小组是治疗的手段与脉络,小组工作者通过小组过程和小组结构促进小组成员的改变。治疗模式的代表人物包括保罗·加拉斯尔(Paul Glasser)、C.·加尔文(Charles Garvin)等。

一、治疗模式的理论基础

治疗模式的理论基础与个案工作所采用的理论依据十分接近,除了精神分析、行为治疗、人本主义三大流派外,精神分析小组、阿德勒式小组心理剧、行为治疗小组、完型治疗小组、交流分析小组、小组成员中心小组、理性情绪治疗小组、现实疗法小组等理论与实践,也对治疗模式的小组有着较大的影响。在此重点介绍精神分析理论、人类行为发展理论和社会角色理论。

精神分析理论认为,人的心理结构由意识、潜意识、无意识三部分组成,其中意识是处于心理结构层次的最表面,无意识处于人心理结构的最深层次,本能冲动存在于无意识系统中。与人的心理结构中的无意识、潜意识和意识三部分相对应,人格结构可以划分为本我、自我和超我三部分,本我相当于人的无意识层面,其表现为原始的非理性的冲动,遵循"快乐"的原则;自我相当于理性的意识层面,其包括人的记忆、知觉、情绪、思考、动作等活动,遵循"现实"的原则;超我是人格系统中最高的层次,是社会价值观念、道德规范等在人格中内化的结果,遵循"道德"原则。只有保持本我、自我、超我三个系统的相互平衡,才能使人格健康发展,否则,个人就会出现问题。个体的早期经验会影响成年之后的行为,成年人的许多问题都来源于儿童期未被满足的需要、未解决的心理冲突或心理创伤。在此理论之下，小组工作者需要重视个体，了解每个组员的早期经验，利用小组的凝聚力与归属感，有针对性地改变组员的问题行为，达到治愈的目的。

社会角色理论认为，角色是在使用符号互动的过程中形成的，角色扮演是互动得以进行的基本条件，角色的形成是个体形成和发展角色能力的过程；人在生活中需要扮演多个角色，也就出现了角色集的情况，如果个体不能有效地扮演某种角色或者需要同时扮演多个有冲突的角色，就会引起矛盾、产生障碍，导致出现所谓的角色失调问题。在此理论下，小组工作者需要注意：

首先，重视组员对于个体的角色定位与角色能力，查看两者之间是否存在差距；其次，运用矫正或者治疗的方式，及时有效地解决角色失调的问题。

二、治疗模式的小组目标、原则和特征

(一) 治疗模式的目标

治疗模式的目标是消除小组成员的心理、社会或行为问题，以帮助个体更好地适应社会，其介入的首要目标是个体的康复和重建，最终目标是改变个体而非社会。具体来说，治疗模式的目标有两个：一是预防，二是改变。预防目标表现在通过小组工作者对小组成员的协助，防止组员出现越轨行为或心理不适应；改变目标则表现为协助已经出现越轨或不适应的小组组员解决问题，改变其思想和行为，使小组组员能够重新适应生活。总体说来，治疗目标的选定依据下列原则：

第一，如果是为特殊群体而开设的小组，特定的治疗目标会变成小组的目标；

第二，小组工作者经由小组中每个人的治疗目标总和来界定小组的目标。

(二) 治疗模式的实践原则

治疗模式属于微观层面的小组工作实施模式，其关注的是个人问题在小组工作过程中的改变，所以其实践原则关注两个方面的内容——个别化和小组过程。

个别化，即小组工作者必须为每一个成员建立特别的治疗目标。

小组过程，即在小组工作过程中，首先应该重视小组过程与个人治疗目标的一致，小组工作者与组员之间签订明确的契约，小组工作者帮助小组成员发展各种与他们的治疗目标一致的价值系统和准则，工作者利用小组过程和小组结构来帮助个别成员达到他们的治疗目标。

(三) 治疗模式的特征

治疗模式的特征主要体现在微观性方面，也就是说，治疗模式本身属于微观的

小组工作模式,此种微观性体现在治疗模式的理论依据、关注焦点、着眼点与实践活动四个方面。

理论依据:主要是微观的精神分析理论、行为主义理论、认知理论和社会角色理论等。

关注焦点:关注个人问题的解决而非环境的改变。

着眼点:着眼于小组的过程与结构,工作者通过小组过程与结构帮助个别组员实现转变。

实践活动:工作者发挥的是指导式和家长式的作用,强调"为服务对象"工作而非"与服务对象一起"工作。

三、 治疗模式下的小组、小组工作者、组员

(一) 小组

小组既是治疗的工具也是治疗的环境。就治疗工具而言,小组是被用来影响成员的参与并提供领导者和成员互动的机会,以创造成员的改变;就治疗环境而言,小组是一个封闭的动力系统,组员的行为发生改观,由此小组的形成不能是自发的,小组组员也不可能是任意的。小组工作者需要对组员的状况进行评估,然后才能整合个人的需求于需求满足系统内,进而形成小组。

(二) 小组工作者

治疗模式下小组工作的推进是以小组工作者为中心的,因此小组工作者在小组中的角色十分重要,其是一个改变媒介,主要工作是在对个人、小组和社会系统等不同层面进行干预,以达成个人的治疗目标,小组工作者可扮演如下的角色:

小组中心人物——确认和推动小组的主题;

小组的发言人——小组合法的规则和价值的媒介;

激励者——个人目标和任务的定义者;

执行者——小组成员角色的管理者。

小组工作者为了有效地扮演角色,需要采取一定的行动,具体如下:

第一,依据成员的行为问题为基础,评估每一个成员的状况,了解问题的成因,并且拟定治疗目标;

第二,依据对成员的评估,制订行动计划;

第三,执行行动计划;

第四,评估在干预过程中的行动,同时也对成员所处的情境、达到改变目标可

能的障碍与资源加以评估,并且在协助成员制定个人目标的过程中,将这些原因加以考虑。

　　小组工作者改变小组,可以采用直接工具、间接工具和小组以外的工具,直接工具是指小组领导者与小组成员之间进行即时直接的互动,实现小组成员的有效改变;间接工具是指小组领导者通过改变和创造小组的合理状况,促进小组成员的改变;小组外的影响工具是指小组领导者有效利用小组之外的主体影响组员行为的改变,这些主体包括组员的配偶和父母,或者是影响组员的工作环境和结构。

(三) 组员

　　由于治疗模式较为关注对组员的治疗,所以组员本身的选择是非常重要的。治疗模式的小组组员通常具有精神异常、行为障碍或者行为偏差等问题,但一般说来,那些具有严重精神疾病或问题人格的个体不宜入组。小组工作过程中,组员应该是一个具有主观能动性的、积极的主体,而不能是一个消极被动的个体,特别是在小组工作的前期,小组成员应积极向小组工作者提供关于自身的多层次、多方面的资料:个人的需求、动机与行为,个人的潜能,家庭、社区、学校、同辈群体等方面的资料等,以有助于小组工作者分析、诊断,从而有针对性地制定合适的治疗计划或方案,以及决定小组的成分及形式等。

四、 治疗模式的优势、限制及其应用

(一) 优势与限制

　　治疗模式的优势在于其成效。治疗模式是社会工作的传统之一,强调"为小组成员工作",强调专家的专业性和权威性,强调工作者的影响力,小组工作者通过评估组员的问题与需求,进行诊断,并根据实际情况确定出多层次的目标,采取合适的治疗手段,从而高效地实现小组工作的目标。

　　治疗模式的限制首先表现在对于小组工作者专业素质的要求较高;其次,小组工作者的权威或者专家的角色,容易导致组员的依赖和小组工作者的家长作风或者控制,从而不利于组员的参与和组员自主权的发挥;最后,对于一些特殊的小组,由于小组的目标在一定程度上是"外界"决定的,工作者可能会面对很大的抵抗,小组工作者需要给予额外的关注。

(二) 应用

　　治疗模式具有较为广泛的适用对象和适用领域。从适用对象的角度看,治疗

鬼

模式可以适用于儿童、青少年、成年和老年人等各年龄段的群体；从适用的领域看，治疗模式可以运用在偏差行为的纠正、医疗和精神服务、社区特殊群体的服务以及学校社会工作的服务中等。治疗模式可以有效地解决抑郁、焦虑、强迫症等一些情绪问题，也可以有效地解决反叛性行为、人际交往行为等方面的问题。

第四节　发展模式

发展模式又称过程模式，其强调以人的发展为中心，着重小组成员个人的成长。发展模式认为，在人的成长过程中会不可避免地遇到一些成长中的问题，而要解决此等问题需要个人社会功能以及技巧的掌握和运用，小组工作者的主要任务是通过小组过程帮助小组成员达到这个目标，即促进成员的人际关系和社会适应力，促进成员的自我实现和发展。发展模式的代表人物包括伯恩斯坦、特罗普等。1977年，特罗普的文章《社会小组工作：发展的模式》被收录于《社会工作大百科全书》中，标志着发展模式的最终建立。

一、发展模式的理论基础

发展模式的理论基础主要是发展心理学、社会学关于社会关系和社会结构的理论以及小组动力学的理论等。

发展心理学认为，个人具有成长的可能性和潜能；在人的生命周期的各个阶段（包括从婴幼儿阶段到老年阶段），均离不开小组生活，人在小组中表现自我，获得成就感与满足感；人类行为是不断发展的，在小组中个人不断地影响或改变他人，也不断地被他人影响和改变。在此理论中，小组工作者需要注意：

了解个体所处的生命周期的阶段与影响个体成长的因素，在小组中发掘个体的潜能，促进个体的成长，实现个体所处生命周期的主要任务。

社会学关于社会关系和社会结构的理论认为，人是处于特定的社会关系中的，在社会关系中，个人与他人互动，个人的行为影响他人并受他人影响，良性的社会关系有助于个体的成长；社会结构的状况决定社会功能的发挥，也是个体成长的重要影响因素，良性的社会结构状况有助于个体的成长。在此理论下，小组工作者需要注意：

了解小组的基本结构状况，包括工作者、组员、小组目标、小组协议、机构、规模、时间、空间、小组决策、小组领导、小组沟通、小组冲突等；了解小组内部组员的互动状况，及时调整小组的基本结构与组员间的互动，促进组员的健康成长。

　　小组动力学理论认为,影响小组动力的因素包括静态因素和动态因素两方面。静态因素包括机构、小组的特性、小组领导者的特征、小组成员四个部分,动态的因素包括小组的领导方式与形态、小组的气氛与凝聚力、组员的参与、沟通方式、小组的规范等。在静态因素与动态因素的共同作用下,产生了小组动力。著名学者徐西森先生曾经刻画出小组的动力流程,他指出:小组成员的特性决定了小组的性质,小组成员的特性和小组的情境都是小组运作过程中的主要动力因素;在小组中,小组领导者挖掘小组的资源,在小组沟通的过程中实现小组的目标和小组功能的改善;组员的变化和小组功能的提高对小组成员的特性和小组情境产生影响。在此理论下,小组工作者需要注意:

　　了解小组的整体动力状况,重视小组的领导的运用,探究组员之间的关系,促进小组功能的正常发挥,促进小组的健康成长。

二、 发展模式的目标、原则和特征

(一) 发展模式的目标

　　发展模式强调小组的协助关系要建立在组员共识的基础上,其目的是促进组员和小组的成长。具体说来,其目标表现在以下方面:

　　宣泄负面情绪,培养积极态度。小组工作者应采用专业的方式促进组员负面情绪的发泄,并充分地或适当地接纳小组组员的内心感受,包括愤怒、恐惧、罪恶感等,以促进小组组员对小组生活的积极态度。

　　增强自信心,发掘潜能。小组工作者要设法促使小组组员获得充分的自尊心,通过不断地对小组组员的心理支持、接纳和关切,启发小组组员的潜能,促使其对小组作出积极的贡献。

　　现实导向,认清社会期待。小组工作者要努力培养小组组员把握现实的能力,积极引导小组组员察觉他人如何在同样的生活境遇中表现自己和把握自己,促使小组组员认清他人对自己的看法。

　　重新评估能力,作出正确判断。小组工作者应不断提高小组组员重新评估自己的能力,即协助小组组员确认自己和他人的角色,改善处理生活困境的方法,以增进其作出正确判断的能力。

(二) 发展模式的实践原则

　　在一般原则的基础上,发展模式小组工作相信小组和个别成员能够发挥其潜能达到成长的目的,小组也会随之成长。具体说来,其基本原则如下:

相信人的阶段性成长。在生命周期的不同阶段,个体会遇到不同的困难,个体能够在克服困难的过程中获得成长。

重视小组的力量。立足现实,小组工作者相信小组能够给每一个组员提供现实的人生经验,通过成员之间的互动与相互借鉴,能够提高组员解决问题的实际能力,促进组员的成长。

尊重组员。小组工作者以人性化的态度平等地对待组员,尊重组员,维护每一位组员的权利和坚守小组成员自决的原则。

(三) 发展模式的特征

发展模式的工作重心是发展,其特征主要在于其发展性。具体来说,主要表现为以下三个方面的发展:

现实发展:通过活动为成员提供宣泄的机会,通过接纳和认同以及爱等,为成员提供支持,使小组成员具有现实取向,自我实现、重估自我;强调成员的朋辈关系及共同的目标和兴趣;注重自我完善和自我发展。

能力发展:注重现实对小组及成员的影响,注重小组对成员潜能的发挥及自我完善机会的提供。

功能发展:关注个人的社会功能性,而非病理因素;重视自我实现而非治疗过程。

三、 发展模式中的小组、小组工作者、组员

(一) 小组

小组是一个促进组员改变与成长的场域,在此场域之下,组员个人的社会功能能够得到发展。

(二) 小组工作者

小组工作者的角色是非常重要的,其主要是影响者、支持者和使能者,其身份与成员相同,不享有特权,仅以其经验和知识平等与成员沟通。不过一旦小组成立后,社会工作者必须与组员就小组的目标、功能和结构达成一致意见,其工作主要有三个方面:小组目标的实现、人际关系、个人的自我实现等。

小组目标的实现:小组目标实现的标准包括小组的有效性、小组的活力和小组的责任感。工作者帮助组员选择、完成小组的特定任务,实现小组整体目标的过程就是实现小组的有效性;为了保持小组的活力,工作者要帮助小组培养一种责任感、

开放性和凝聚力,具体可采用的方法包括鼓励、促进、幽默、认可、启发、同意、挑战、表扬等;工作者还需要协助小组对自己的目标、组员、机构和社区负起相应的责任。

人际关系:发展模式之下,小组组员团结合作,以实现共同的目标,他们之间的关系涉及下列一些工具性互动形式,比如鼓励、反对,支持、限制,冲突、联合,使用权威、反对权威等;还有一些表达性的互动形式,主要是对他人的反应以及对小组活动的反应,比如组员表现出的喜欢与厌恶、同意与不同意、关心与冷漠、赞扬与批评等。当这些互动形式出现并影响到小组目标的实现时,小组工作者应该提醒小组进行反思;当这些互动形式促进小组目标实现时,工作者也需要向小组成员指出,使组员意识到互动的作用。

个人的自我实现:工作者要努力促进小组目标的圆满实现,在实现小组目标的过程中,通过宣泄、支持、现实导向、自我欣赏,每个人都可以完成个人的目标,充分体现小组的有效性、个人的自我满意度和社会责任感的培养。在此过程中,工作者不一定要了解组员的历史,但是需要了解组员表达自己需要、顾虑和应付小组经验的方式,在必要的时候,及时对组员的表现进行评估和回应,并采取有效的措施进行干预。

具体说来,工作者可依如下的程序推动发展模式的小组工作:

小组初期,小组工作者接纳愿意接受服务的个体进入小组,同小组组员共同拟定小组发展的目标取向、工作计划及行动规划。

小组中期,通过组织小组活动,引导小组组员对小组的归属感,同小组组员共同处理小组计划,保持小组向初定目标靠近。

小组后期,帮助个别小组组员完成其未完成的目标,化解小组解散前组员的失落感,并客观、全面地评价此次小组工作。

(三) 组员

发展模式小组工作适合于在各种人群中运用,它既可以是救助性的,帮助一些缺乏信心或社会适应有问题者培养他们的自信心,协助个人成长,从而适应社会变化;也可以是锦上添花,为个人、群体和社区的进一步发展提供空间与可能性。因此,发展模式可以为各种不同的人群提供服务。

四、发展模式的优势、限制及其应用

(一) 优势与限制

发展模式以人的发展为中心,充分体现了社会工作"促进人的发展"的核心原则;发展模式的适用范围非常广,能够广泛运用于各种不同状况的小组,包括有正

常需要和特殊需要的人;在发展模式之下,组员不被贴上标签,没有压力;而且发展模式相信人的潜能,相信人是可以改变和发展的,在小组工作中坚信民主和尊重。

发展模式由于过于依赖信念,过于强调一种成长的信念,而此信念是难以进行测量的,致使难以进行客观评估,所有该模式的科学性非常值得探讨。

(二) 应用

发展模式常常被运用于帮助提高自信心、培养领导才能、解决成长过程中的问题,所以在学校、社区服务中心、青少年服务中心等场域,经常能够看到发展模式在特定群体中的应用。

第五节　组织与环境模式

组织与环境模式关注组员与环境两个方面的因素对于个体行为的影响,认为组织与社会环境不仅是导致个人行为模式产生的重要原因,而且是改变个人行为的有效工具。因此改变个人行为或问题,可以从成员本身和环境两个角度介入。

一、组织与环境模式的理论基础

组织与环境模式的理论基础有社区结构功能理论、组织理论、社会交换理论、社会行为学习理论、自我理论和社会化理论等。

结构功能理论认为,社会是由不同的部分组成的,每一部分对于社会整体发挥一定的功能,从而维持社会整体的存在,由此社会各部分必然会影响个人生活。由此可知,小组工作者需要关注:外在的社会结构功能状况对于组员所产生的影响,了解此种影响并设法完善社区结构与功能,促使个人功能的有效发挥。

组织理论认为,组织本身是一个系统,其内部状况会影响组织成员的生存与发展,比如组织的制度、人际关系等会影响组织成员的基本状况,而且组织的实际运行状况直接影响组织的产出。由此,小组工作者需要关注:小组的制度、成员关系的基本状况,小组的运作状况,设法调整小组的制度,形成协调的组员之间的关系,促进小组的健康运行。

社会交换理论强调人与人之间的"交换"行为,此种交换的状况直接影响人与人之间的互动状况;社会行为学习理论认为,个体可以通过学习的方式改变自身的行为,实现自身的目标;自我理论认为,个体对于自我的认知是受他人的影响的;而社会化理论则认为,社会化是贯穿于人一生的,而且个体的社会化状况受内在生理因素和外在社会因素等的影响。由此,小组工作者需要关注:组员之间的沟通交流状况,通过此种沟通与交流,形成良性的社会关系运作,促进小组的健康发展。

二、组织与环境模式的目标、原则和特征

(一) 组织与环境模式的目标

通过小组活动,向小组成员提供一些改变他们个人及环境状况的方法和机会,使个人能够更好地适应社会。该模式通过协助个人、群体、机构以及环境的相互协调,来达到个人社会功能的良好发挥。

(二) 组织与环境模式的实践原则

在一般的小组实践原则的基础上,组织与环境小组模式的实践原则是重视个人的尊严和社会功能的提高。

在重视个人尊严方面,需要注意如下三个方面的原则:

第一,强调组员自决。小组工作者相信每个人都有权利从社会中获得各种支持和多方面的服务,从而使他们适应社会生活。

第二,重视个人的成长和培育。小组工作者相信每一个人都有一定的潜能,并希望每一位组员都能够在小组中充分发挥其潜能,获得个人成长。

第三,支持弱者。小组工作者有责任去帮助那些因为权力被剥夺,或因生活中存在欠缺而导致他们社会功能不能正常发挥的组员,使他们能够和其他人一样满足自己的需要。

在重视社会功能的提高方面,小组工作者在实施组织与环境模式时,应该确认个人必须改变自己的角色或改变与其相关的社会构架,提高其社会功能。只有这样,才能使他们顺利地承担起自己的社会角色。

(三) 组织与环境模式的特征

重视组织与环境两个方面对于组织成员的影响,不仅考虑成员在组内的态度、感情和认知,而且很重视他们受到的周围环境的影响。

三、组织与环境模式下的小组、小组工作者、组员

(一) 小组

小组是个人改变、成长与发展的重要场域,在此场域中,通过组员与组员、组员与工作者之间的互动交流,促进组员潜能的发挥、资源的进一步整合,从而实现组

员的发展;小组是为组员构建良好环境的重要手段,通过小组的努力,促进外在环境的改善,为组员的成长形成良好的外在环境,实现组员良性社会功能的发挥。

(二) 小组工作者

小组工作者的主要任务是促进小组成员社会功能的发展,尊重个人、促进组员在其生活环境中调适自己,预防问题和运用社区资源等。其中小组工作者的主要角色是组织者、协调者、使能者和资源动员者等。小组工作者在不同的小组进程中扮演不同的角色。

在小组的筹备阶段,小组工作者主要扮演评估者和组织者的角色。小组工作者详尽地列出小组中存在的问题和潜在的问题,并研究这些问题产生的原因;在认清小组存在问题的基础并作出初步评价以后,小组工作者应组织相关当事人讨论小组的相关问题并选择适当的工作方法,从而帮助组员对该小组的工作目标有一个较为明确的了解;然后确立小组的大小与组员之间的组合状况。

在小组成立初期,小组工作者主要扮演协调者、策划者、激励者的角色。小组工作者在小组发展的初期将小组工作的重点放在增进小组的凝聚力方面,通过小组活动增进组员对于小组的认同感,在澄清小组目标的基础上,与组员一起确定小组活动的计划、步骤、方案与各自的权利和义务。

在小组发展中期,小组工作者主要扮演使能者、推进者、协调者等角色。小组工作者着眼于小组开展的实际情况,选取相应的理论、采用多种方法介入小组活动。在小组中,组员可能差异较大,这就要求小组工作者在处理小组事务时,要针对组员的个别差异,对不同组员施以不同的介入方法。

在小组发展后期,小组工作者主要扮演评估者、修正者、鼓励者与研究者的角色。当小组完成初定的小组目标后,小组工作者需要对于小组工作进行评估,查看小组工作的成效,以尽快结束小组工作;小组工作者还需要通过小组活动降低组员对于小组的依赖,鼓励其更好地适应小组外的社会环境,并对小组本身进行研究,促进小组工作成果的进一步积累。

(三) 组员

组织与环境模式认为,每一个组员都具有尊严和自决权,并具有潜能,其组员可以是各个年龄段的人员,组员的价值、行为较多地受到组织、环境的影响。在小组的不同发展阶段,组员的表现、问题是有差异的,工作者也应该采用不同的方法:在整个小组活动过程中,组员在问题解决、情感获得以及行为改变方面得到积极支持;到小组后期,组员之间这种非血缘的亲密人际关系已经形成,并具有较强的力度,但是在小组后期阶段,当组员面对小组即将结束时会产生离别情绪,出现紧张、焦虑、倒退的负面情绪,在此情况下,小组工作者应采取专业的方法促进组员学会控制自身的负面情绪,并根据小组的具体情况选择成立跟进小组,使组员有进一步学习的机会。

四、 组织与环境模式的优势、限制和应用

(一) 优势与限制

组织与环境模式的最大优势是关注影响个人行为的多维度的因素,并且从更广泛的视角看待个人行为的问题,采用多向度的介入手段,既关注社会结构、社会环境对于个人的发展与成长的影响,又重视多向度的问题介入的过程;既重视个人的介入,又同时关注对环境的介入,该模式的应用成效明显。

其局限在于:虽然组织与环境模式重视多维度分析问题、多角度介入手段,但是该模式侧重于组员的自决和自助,所以当其用于严厉的社会控制或者程度较深的人员康复时未必是有效的;而且其强调外在社会环境对于个人的影响,重视建构良性的外在环境,而环境改善本身需要较长的实践,对环境方面的介入也是需要一定的精力的。

(二) 应用

该模式的应用相对来说是比较广泛的,如社区康复、社会融合、家庭生活服务、感化服务等,具体说来,其能够有效地应对以下的问题:

社会隔膜:在社会活动中,有些人的社会功能减弱是因为他们与社会接触机会少,或是与他人之间存在隔膜,通过组织与环境模式小组工作的介入,能够使组员对周围环境产生较为全面的认识,使得社会适应方面存在的问题逐渐消失。

社会化:人在不同的生命阶段,社会角色会相应改变,每个人必须掌握与新角色相适应的新行为和技巧,才能适应社会、工作和生活。采用组织与环境模式的小组能够向组员提供机会,帮助他们学习。

社会控制:对于一些有越轨行为的人,通过组织与环境模式,能够帮助越轨者懂得必须遵守社会规则和如何遵守社会规则,使其认识到社会法律对人的行为的约束和对违反社会规则的人的处罚,以避免再次出现越轨行为。

第六节 叙事治疗模式

叙事治疗模式是一种后现代视角下的小组工作模式,其关注现在而不是过去,

认为现实是社会建构出来的、是经由语言构成的、是借助叙事组成并得以维持的,绝对的真理是不存在的;叙事治疗模式有别于实证取向的理论,主张人的生活经验的故事化,即人在故事中不断组织、呈现和实现自己的生活,而此种故事的形成离不开与他人的交往,只有在相互沟通交流的过程中才能产生生活的意义。所以叙事治疗重视了解服务对象所建构的现实世界,认为服务对象是自己问题的专家,在小组工作者与组员之间的互动中,促进组员专家角色的发挥,实现问题的有效解决。叙事治疗模式的核心概念是"故事",小组工作者引导服务对象讲述自己的故事,通过这个过程,让服务对象懂得当前的问题是主流叙事压迫下、个体所赋予的消极的结果,帮助服务对象找出那些被忽视和遗忘的积极元素,重新建构故事版本,唤醒其改变生命的动力和效能,体验生命的连续性。叙事治疗模式兴起于20世纪80年代,代表人物是米切尔·怀特(Michael White)、大卫·爱普森顿(David Epston)等。

一、 叙事治疗模式的理论基础

叙事治疗模式的理论基础是社会建构主义。社会建构主义的主要观点涉及四个方面:第一,个体与社会是相互联系、密不可分的,人类主体通过个体之间的互动才得以形成;第二,知识来源于社会的建构,现实是社会建构出来的;第三,个体的心理是在语言的作用下,不断积累而形成的产品,人类行为是直接以语言为中介而实现的;第四,文化和社会情境在人类的认知发展中起着巨大的作用。在此理论的基础上,小组工作者需要关注:

组员是如何与他人进行互动的,及其所建构的世界的形态。

语言是一种有效的工具,通过语言,组员可以表达自身的问题与能力,小组工作者可以借助语言了解组员的问题,并找出合适的解决方法。

小组工作者应重视文化与社会情境的作用。

二、 叙事治疗模式的目标、原则和特征

(一) 叙事治疗模式的目标

该模式的目标是将小组成员从一个有问题的生活模式中唤起,并将其从外在的限制中解放出来,重新书写具有尊严的、体现能力和智慧的故事。

(二) 叙事治疗模式的原则

(1) 聚焦于形塑组员生活的叙事。小组工作者不是强迫组员接受某种所谓的

真理,而是促使组员重新审视和讲述自己的生活故事,并且挑战那些以负面的方式表现出来的、并对于组员造成伤害的叙事,以建设性的叙事取而代之。

(2) 个体与问题的分离。人不是问题,问题才是问题。社会工作者需要"外化"个体的问题,帮助组员找到更多的具有正面经验的故事来替换那些问题故事。

(3) 重构主流故事。小组工作者解构那些主宰组员生活的主流叙事,协助组员看到新的故事讲述方式的可能性,并让组员洞察到故事背后的权利机制。

(三) 特征

叙事治疗模式体现组员的独立性与主体性,认为每一个组员都是自身问题的专家,最明白自己的问题与需要,具体应对方式应该由组员自己决定。

叙事治疗模式凸显"叙事性",关注每一位组员独特的故事,促使组员讲述自己的"故事",运用小组的力量促使组员不断反思与重构"故事",从而实现该模式的目标。

三、 叙事治疗模式下的小组、小组工作者、组员

(一) 小组

小组是为组员提供支持、促进组员成长的场域:在小组中组员讲述自己的"故事",小组工作者与其他组员通过一定的方式促进组员反思与重构故事,促使组员建立"新的故事",实现小组的目标。

(二) 小组工作者

该模式下,小组工作者是听众(认真倾听组员的故事并给予适当的回应),新故事建构的协助者(每个组员是自己问题的专家,小组工作者协助组员重新建构自己的故事),或者说是共同建构者(小组工作者与组员共同建构关于组员的新的故事)。事实上,小组工作者在不同的小组发展阶段,其承担的角色是存在差异的:在小组工作的早期,小组工作者主要扮演听众的角色;而在小组工作的中后期,小组工作者则扮演新故事建构的协助者或者共同建构者的角色;在小组工作的过程中,小组工作者需要采用多种技术——倾听、解构问题的"外化"技术,建立叙事方式的"寻找独特结果"技术、治疗文件等,帮助治疗对象实现目标。具体说来,在具体工作过程中,小组工作者需要采取以下过程:

采取合作与共同探讨的方式,倾听组员的陈述,分享组员的故事;

帮助组员实现问题与自身的分离,提升组员的信心和解决问题的主动性;

积极寻找组员叙事中呈现出来的特殊情况,辨明组员以往生活中呈现的独特叙事,而此种叙事是积极的并且能够帮助组员摆脱当前的困境;

从独特结果出发,借助组员的独特叙事,小组工作者帮助提升组员的信心,并且在此基础之上提出解决问题的方法,强化组员对独特结果的认同,使组员建构新的关于自我的故事;

关注组员之间以及组员的社会资本对于组员变化的支持与认同,从而不断强化组员转变的积极性;

用文字或者其他形式促使组员的新的叙事不断内化,帮助组员彻底掌握新的叙事,开始新的生活。

(三) 组员

叙事治疗模式之下,组员扮演着多种角色:组员是"故事"的作者,每个组员都有能力对于自己的生活模式进行描述或者重构;组员是"故事"的分享者与引导者,每个组员都要倾听他人的"故事",并引导故事的进一步深入;组员是其他组员的支持者,每个组员都要关怀其他组员,并对其他组员在重构故事中取得的进步进行肯定。

需要注意的是,组员与小组工作者之间的关系可能是不同的类型:

第一,访客关系。组员不承认自己的问题,他们之所以前来探访社会工作者,完全是为了满足他人的要求。

第二,诉客关系。组员认为问题的产生都是别人的责任,从不认为自己是问题的一部分,所以他们喜欢诉说自己的不幸。

第三,顾客关系。组员清楚知道问题之所在,并认为自己是问题产生的部分原因,其愿意付出努力,以解决当前的问题。

四、 叙事治疗模式的优势、限制及其应用

(一) 优势与限制

叙事治疗模式颠覆了以往谈话为主介入模式的特点,凸显个体是自己生活的主宰的理念。在此基础之上对于个体存在的心理问题,运用问题"外化"等方法,挖掘个体的潜能,增强其自我认知的能力。

叙事治疗模式存在的限制包括以下三点:第一,难以结构化。叙事治疗模式会随着服务对象的不同而出现的变化,这常常会对于学习者产生困扰。不过如果叙事治疗模式出现一定的结构化的状况,又可能忽视服务对象,从而存在潜在的风

险。第二,服务对象的限制。叙事治疗模式常常忽视服务对象问题中的物质基础,而此种物质基础对于大多数服务对象来说是紧迫的、必要的。对于遭受精神困扰的人,也不适宜采用叙事治疗。第三,叙事治疗缺乏对于宏观实践的关注。

(二) 运用

叙事治疗模式非常适合中国的文化特点,能够广泛应用于婚姻辅导、家庭治疗、社区工作、学校心理咨询等领域。

𝒜 本章小结

1. 小组工作模式主要有社会目标模式、互惠模式、治疗模式、发展模式、组织与环境模式、叙事治疗模式等。

2. 社会目标模式强调社会责任、社会意识、社会行动、社会参与、社会变迁等,理论基础主要是政治民主理论、增能理论、系统理论和社会变迁理论,其模式特征表现为宏观性。

3. 互惠模式的中心概念是互动,其理论基础主要是系统理论、场域理论和人格理论,其模式特征表现为中观性。

4. 治疗模式最重要的概念是小组,其理论基础主要是精神分析理论、人类行为发展理论和社会角色理论,其模式特征表现为微观性。

5. 发展模式强调以人的发展为中心,其模式特征表现为发展性。

6. 组织与社会环境模式强调组织与环境的影响,其特征表现为重视组织与环境的双重功能。

7. 叙事治疗模式的核心概念是"故事",其理论基础是社会建构理论,其特征表现为重视组员的独立性与主体性。

ℬ 主要术语

社会目标模式(Social Goal Model):小组工作者通过一系列的原则与方法培养组员的社会责任感、社会意识与社会良知,强调社区层面的组员参与、共识与任务的达成,实现社会变迁。

互惠模式(Mediating Model):强调通过组员之间、组员与小组工作者之间、组员与机构之间等的有效互动,实现小组的健康发展与个人问题的有效解决。

治疗模式(Therapy Model):最重要的概念是小组,其认为小组是治疗的手段与脉络,小组工作者通过小组过程和小组结构促进小组成员的改变。

发展模式(Development Model):该模式认为,小组工作者的主要任务是通过小组过程帮助小组成员个人社会功能及技巧的掌握和运用。

组织与环境模式(Organization and Environment Model):主张从成员本身和环境两个角度介入,改变个人行为或问题。

叙事治疗模式(Narrative Therapy Model):关注现在而不是过去,认为现实是社会建构出来的、是经由语言构成的、是借助叙事组成并得以维持的,绝对的真理是不存在的。

C 练习题

1. 案例分析:某社区,到达退休年龄、有劳动能力、赋闲在家的老年人越来越多,其中部分老年人极不适应当前的闲适生活,而子女又不在身边,他们整体无所事事,生活没有了追求,也缺乏了情趣,这些老年人变得越来越抑郁,甚至有的选择自杀结束自己的生命。

根据上述材料,回答下列问题:

(1) 如果采用互惠模式,应该如何设计小组,小组工作者扮演何种角色?

(2) 从组织与环境模式的角度,社会工作者在开展小组活动时,应坚持什么原则?

2. 三年前,张某所在的汽车企业因为升级转型,把工作年限较长、掌握技术老化的张某辞退。这种状况对于张某的打击很大,其一方面埋怨企业的无情,另一方面又觉得自己一无是处。张某整天浑浑噩噩地过日子,不愿意再出去找工作。社工小刘了解到,与张某有着相似情况(即同样原因下岗、不愿找工作)的人挺多,他打算依据社会目标模式招募这些人开设一个小组,专门帮助他们。

根据上述材料,回答下列问题:

(1) 在社会目标模式之下,社工小刘如何看待张某等人的问题? 以这些问题为基础,设定什么样的小组工作目标?

(2) 在小组工作的过程中,社工小刘应扮演何种角色?

D 思考题

1. 简述社会目标模式的优势与限制。

2. 简述互惠模式的目标、原则与特征。

3. 简述治疗模式的目标、原则与特征。

4. 简述发展模式的目标、原则与特征。

5. 简述组织与环境模式的优势与限制。

6. 简述叙事治疗模式的过程。

𝓔　阅读文献

1. 丁少华:《小组工作》,北京:社会科学文献出版社,2003 年,第五章。

2. 何雪松:《社会工作理论》,上海:上海人民出版社,2007 年,第十四章。

3. 何洁云等:《社会工作实践——小组工作》,香港:香港理工大学应用社会科学系,2002 年,第二至五章。

4. 刘梦主编:《小组工作》,北京:高等教育出版社,2003 年,第四章。

5. 吕新萍等编:《小组工作》,北京:中国人民大学出版社,2005 年,第四章。

6. 张洪英:《小组工作:理论与实践》,济南:山东人民出版社,2005 年,第五章。

7.〔英〕佩恩著,何雪松等译:《现代社会工作理论》,上海:华东理工大学出版社,2005 年,第一章、第二章。

第六章　小组结构

在小组工作中,小组是一个动态的生态系统,其内外部各构成要素之间相互作用,使小组具有自身的结构特性,而这些特性会深刻影响小组工作的各个过程。所以,小组工作者应该深入分析小组的结构,从静态的结构要素和动态的过程要素两个方面来把握小组的构成,这样有利于进行小组需求评估、工作目标制定、工作方案以及评估方案的设计。在本书相关章节中,将从动态的角度对小组动力、小组沟通等相关主题进行专门探讨,本章主要从静态的角度来分析小组的各结构要素。

第一节　小组结构概述

小组内外部各构成要素之间构成了一定的排列顺序和组合方式,这些排列顺序和组合方式在小组的不同阶段发挥着重要的功能,影响着小组的运行和发展。从层次上讲,小组结构分为内部结构和外部结构。

一、小组结构的含义

(一)结构的含义

结构在英文中是"structure",这一术语是社会科学的重要范畴,也是系统理论的核心概念。从社会学的角度来说,结构是指某一整体中各构成要素之间相互联结的方式。它包含以下三个方面的内容:第一,构成要素,即这一整体由哪些要素所构成;第二,地位和功能,即这些构成要素在整体中所处的地位如何,要素的存在对整体的运行发挥着哪些作用;第三,联结机制,即这些构成要素之间的关系如何,它们是通过什么样的机制组成整体的。

结构这一概念是分析事务的非常有用的工具,当前结构分析方法已经被广泛运用到了自然科学与社会科学的各个领域中。在数学中,结构表示事物之间的量的关系和空间形式;在生物学中,结构是指有机体的内部组织构造;在社会学中,结构被定义为社会的不同类属之间稳定的关系模式。小组作为一个动态的生态系统，其结构性、功能性和内部要素的相互依赖性是其本质属性，所以理应将结构分析方法运用于小组工作中的相关环节。

（二）小组结构的含义

小组结构是指小组内外部各构成要素之间的排列顺序和组合方式，其含义有广义和狭义之分。狭义的小组结构把小组看成是一个有机体，只考察这个有机体内部各构成要素之间的排列顺序及组合方式。而广义的小组结构除了分析小组的内部结构外，还考虑到了小组所处的更大范围的生态系统，关注小组环境中有哪些构成要素，以及这些要素如何影响小组的运行和发展。

从广义的角度来看，小组结构应该包含以下内容：第一，小组内部和外部的构成要素有哪些；第二，这些要素在小组内部和外部所处的地位如何，对小组的运行发挥着什么功能；第三，这些要素之间的关系如何，以及它们是如何以整体的形式来影响小组的运行和发展的。

二、小组结构的层次

（一）内部结构

小组的内部结构即狭义的小组结构，也称小组本身的结构，是指小组系统内部各构成要素之间形成的稳定的关系模式。构成要素是小组结构的重要内容。从静态的角度看，小组内部的构成要素主要包括目标、规范、组员、工作者与活动内容等。这些要素的交互作用使得小组形成了一个有机的生命体。

（二）外部结构

小组的外部结构即广义的小组结构，也称小组所处的环境结构，是指小组外部各环境因素之间的排列顺序与组合方式。这些构成要素包括规模、时间、空间以及机构等。这些要素虽然不是小组本身的组成部分，但他们之间交互作用并以特定的形式影响小组的工作理念、目标选择以及方案的设计。

第二节　小组的内部结构

小组的内部结构要素包括目标、组员、工作者以及活动内容等，其中，目标是小组工作的方向，小组组员是小组的核心，工作者是小组组员改变的重要媒介，是小组目标达成、成员发展的关键,活动内容是小组工作目标实现的重要载体。

一、小组目标

小组目标是小组系统在一定时期内必须达到或期望达到的目的和指标。无论人们形成小组的动机和面临的问题如何,小组目标都是小组工作中的最重要的组成部分。一般来说,小组的目标体系主要由小组目标、组员目标、机构目标和工作者目标四部分组成。在小组进程中,四种目标相互关联,从而保持目标体系的一致性和协调性,对于实现小组的整体目标是至关重要的。

(一) 小组的目标

小组的目标也称小组自身的目标,是小组成立的缘由、目的和期望,反应了小组的类型、性质与功能。结合小组的类型来考察小组的目标,综合起来有以下三个方面:

1. 治疗

治疗,即针对组员遇到的生理、心理和行为等发展障碍,运用小组工作的手法对其进行治疗和矫正,以期恢复其所谓的“正常状态”。一般来讲,戒毒小组、康复小组、矫正小组都以治疗为小组工作的核心目标。如大部分戒毒小组的工作目标为“治疗毒品成瘾,摆脱药物依赖”。

2. 预防

预防,即着眼于组员的未来发展状态,设计相关的小组活动以防止组员某种问题的产生,一部分教育小组、成长小组和社会化小组的工作目标以此为主。如夕阳红老年小组以“加强健康知识学习,预防老年病发生”作为核心目标。

3. 发展

发展,指侧重于提升组员的自信心,挖掘组员的自身潜能,提高组员解决问题的技巧和能力以及提升组员的社会参与意识等。比如社交小组、志愿者小组、意识提升小组、成长小组和自助互助小组,都以发展组员的个人能力作为小组的核心目标。如阳光青少年领袖训练小组将总体目标界定为“挖掘青少年的领袖潜能,促进青少年全面发展”。

(二) 组员目标

组员目标即组员的个人目标,是指每个组员参与小组活动的动机与期望。一般来说,小组的整体目标是组员个体目标的整合。而实际上二者是交叉关系,组员并不一定完全认同小组的整体目标,同理,小组也不会将组员的个人目标全部整合进小组进程中。但是二者必须要保持较大程度的一致性,否则将导致组员流失甚

至小组解体。综合来看,组员参与小组活动的目标分为以下几种:

1. 解决个人问题

在治疗、任务和自助互助取向的小组中,组员参与小组是希望能够通过机构和工作者的帮助,以及组员之间的交流与分享,来解决自身所面临的紧迫性问题。如张女士参加老年人照顾小组是为了"学习照料及料理技巧,舒缓个人焦虑情绪"。

2. 促进个人发展

在成长、教育、兴趣型的小组中,组员试图通过小组工作者的培训以及组员之间的经验分享,对本身进行增能,提高自己的自信心,挖掘个人的潜能,提高自身解决问题的能力。如参加社交小组的李先生是出于"提升个人自信心,学习社交技巧"的需要。

3. 寻求心理支持

人的社会属性决定了每个社会个体都要与他人建立亲密关系,获得足够的情感支持。组员通过参与自助互助型小组,能够与他人分享自己的人生体验,并能够获得组员同伴的理解和同情,从而增强自己面对现实生活困境的勇气和信心。如癌症患者的小组成员希望通过小组分享获得其他患者的心理支持,以增强自己与病魔斗争的勇气与信心。

4. 实现社会参与

在社会目标模式小组(诸如志愿者小组)中,组员寄希望于小组能够为他们提供参与社会公共生活的平台,借此来提高自己的公民意识及公民能力,实现自身的公民权利。如参加业主维权小组的社区居民,希望通过工作者协助学习业主的维权技巧,组织社区居民维护自身权益。

(三) 机构目标

任何社会服务机构都有特定的服务宗旨与服务理念,并据此制定机构清晰的服务领域与工作目标。一般来说,服务机构的目标应该反映社会发展趋势和社会大众的利益。在小组工作进程中,虽然机构的目标没有明确体现,但它却在小组形成之前就决定了小组的性质以及运作方式。综合来看,机构的目标有实现组织的宗旨,向组员提供所需服务,保障组织的正常运行与发展等。如深圳鹏星社会工作服务社的机构目标是:秉承"以人为本,发展自助潜能"的工作理念,通过打造优秀的专业团队,不断拓展服务领域,面向深圳市民提供多元化的专业服务,为建设和谐深圳贡献力量。[①]

---

① 参见深圳市鹏星社会工作服务社,网址:http://www.szpengxing.org.cn/。

(四) 工作者目标

作为小组的引领者,工作者基于自身的专业理念和专业素养,对小组工作的目标、内容及方法选择会持有自己独到的理解,从而深刻影响小组的进程发展乃至工作方向。工作者的目标包括向组员输送服务,践行专业价值,提高专业技能以及推动机构发展等。

二、 小组组员

小组成员是组成小组的基本单位,其在小组中扮演着一定的角色,发挥着特定的功能。小组组员的构成对小组目标的达成以及成员自身问题的解决和成长至关重要,因此工作者在选择组员的过程中,应考虑一些重要的因素。

(一) 小组组员的选择因素

1. 组员的年龄

一般来讲,小组成员的年龄越大,社会关系、互动模式、社会敏感度以及社会经验就会相应增加,所以按照发展心理学的观点,不同年龄段的人具有不同的特质,适合于不同的小组。

(1) 3 岁前的儿童

这一阶段的个体具有强烈的自我中心主义倾向,喜欢孤立的游戏,但偶尔也会表现出少许的合作与分享行为。因此这个年龄段的儿童很难用持续而特定的小组来协助他们。

(2) 4~5 岁的儿童

这一阶段的儿童虽然仍具有较强的自我中心倾向,但已经开始去关注他人,并有了与其他人进行经验分享,参与低层次小组游戏与其他社会活动的意愿。

(3) 潜伏期的儿童

这个时期,儿童已经有了强烈的归属感和与他人进行分享的需求,他们喜欢进入大小组,享受获得与付出、领导与追随。然而对于使用小组而言,还是不太容易被接受。克莱恩认为,低于八九岁的儿童没有能力发展永久和稳定的关系。

(4) 青春期的青少年

由于社会交往范围的扩大,青少年已经有了固定的小组经验,他们有相似的需求和问题,以及对未来角色的不确定感。因此,通过小组相处,使他们分享共同的需求与相互认可是非常可行的。

（5）成年期的个体

成年人趋向于努力追求自己的公民角色、家庭角色与职业类型,以确定自己在社会中的地位,因此,社会性小组是成年人经常参与的。

（6）老年期的个体

老年人需要经由社会参与来化解由于社会角色的萎缩以及社会地位的下降所带来的失落危机,因此其人际接触与社会交往的需求是有增无减的。

2. 组员的性别

小组的性别构成指组员性别关系的比例。通常分为两大类:单一性别小组和混合性别小组。单一性别小组是指由男性或女性单独组成的小组。混合性别小组是由不同性别的成员组成的小组。混合性别小组又分为以下三种:第一,性别悬殊小组,指某一性别的比例占到了85%以上;第二,性别倾斜小组,意即小组的性别比例虽不均衡,但也不是非常悬殊,一般来讲是1:4;第三,性别均衡小组,是指小组中男女性别比例相近。

性别是一个比较复杂的概念,既有其生物学上的意义,也有复杂的社会意义。所以我们不仅要考察组员的生理性别,还要考察组员的社会性别及性取向,如同性恋和性倒置等。

一般来讲,小组成员的性别比例应当是均衡的,要避免性别悬殊。但是,也有的小组因为独特的任务和目标,会要求单一性别构成,如单亲母亲支持小组、少女生理健康小组等。

3. 组员问题的性质

组员问题的性质构成,对小组的工作成效会产生很大影响。一般情况下,小组成员的问题最好具有同质性,这样会使成员产生"同病相怜"的感觉,便于成员之间的沟通与相互支持。但如果问题的同质性过强,会使得组员体验和锻炼的机会减少,从而不利于组员的成长。在实际的小组工作中,要根据具体情况来选择同质或者异质,治疗性的小组以同质为宜,发展和成长性的小组以异质、多元为宜。

（二）小组成员的角色

关于小组成员的角色,Bales的论述最具有代表性,他将组员的角色分为工具性或任务性角色,以及情感性或表达性角色。

1. 工具性或任务性角色

这类角色主要是提供小组发展上的建议,参与小组活动的计划,分析小组的行为和评估小组的成效,以及向其他组员提供物质支持等。具体扮演的角色有以下几种:

(1) 建议的提供者

在小组中,组员互为资源,彼此需要提供接受建议作为行动的参考,这些信息和建议能够催化小组和成员的发展。

(2) 小组的发动者

在小组进程中,组员可以与工作者一道调动其他成员的积极性,促进其参与小组进程中的各个环节,推动小组发展。扮演发动者角色的成员一般是积极主动者,他们有热情、善于思考、有创新精神,是工作者的协同伙伴。

(3) 小组的管理者

组员协助工作者促使小组契约的形成,带头遵守小组规范,并提醒组员约束自己的行为,朝着既定目标努力前行。扮演这种角色的成员是个追随者,他们关心小组成员以及小组的发展。

(4) 小组的参与者

有些组员对小组的发动、组织和管理不感兴趣,而是退在后面被动地参与小组的活动。这类成员在小组中一般比较沉默,与其他组员的互动程度较浅,沟通有限。

2. 情感性或表达性角色

这类角色主要是向其他组员提供心理支持,比如安抚组员的个人情绪、分担组员的心理负担、鼓励组员直面自身的处境和问题,以及协调组员之间的关系等。

(1) 组员的鼓励者

当小组成员出现自卑、无能和无助感时,组员可以给予其鼓励和支持,从而创造友好、温暖、支持和安全的小组氛围。小组中的鼓励至关重要,它能增进组员之间的沟通和理解,促进组员之间的支持和分担。

(2) 关系的协调者

当组员之间、工作者与组员之间的关系出现紧张情况的时候,组员可以扮演协调人的角色,解决小组的矛盾和冲突,增进各方实现理解和包容,促进小组和谐氛围的形成。

三、 小组工作者

小组工作者由社会工作者担任,他是小组工作的掌舵者和领航员,在工作中秉持专业伦理,掌握专业知识和方法技巧,承担着专业助人的角色和职能。

(一) 小组工作者的任务

在小组工作中,小组工作者的工作任务是管理和带动整个小组,协助小组成员发现和运用个人、小组、机构和社区的资源,以促进小组的整体福利;建立工作者和小组成员之间的专业关系,了解成员的各项需求;反思社会工作者的职责和工作方法;协助个人和小组达致预期目标等。

(二) 小组工作者的能力

小组工作者的能力是指工作员顺利完成小组目标所需具备的主观条件,这些条件直接影响小组活动的成效。一般来说,小组工作者要具备以下几个方面的能力:

(1) 评估需求及制定目标的能力。工作者应该能够运用多种评估工具和评估方法确定组员的需求,并据此来制定详细的、具有针对性及可操作性的小组目标。

(2) 设计和发展小组内容的能力。工作者能够根据小组的需求和兴趣设计丰富多彩的活动内容,并善于根据小组的不同阶段设计相关节目,以满足变化的需要。

(3) 分析小组形势的能力。工作者应该多了解小组的发展过程、阶段和速度等情况以及成员的需求。另外,应该帮助小组制定和实践目标并认识到小组的潜力和限制。

(4) 参与小组活动的能力。工作者应该善于决定、解释及修正自己在小组中的角色;善于帮助组员参与各种活动,选举出有能力的小组领袖并对各种活动负责。

(5) 协调各种关系的能力。工作者应该与组员、机构以及其他组织建立良好的关系,包括善于使小组和机构接受自己,善于和组员也包括其他组织的成员进行沟通,建立和谐的人际关系。

(6) 处理小组情感的能力。工作者要善于控制自己在小组中的情感表达,对每一位组员都应该尽可能地一视同仁,要善于帮助组员充分表达和发泄自己的情绪,并能够妥善处理小组内外的关系冲突。

(7) 充分调动资源的能力。善于挖掘和研究各种可供利用的资源,使其为小组服务;善于发现其他机构的优势和长处,对有特殊需求的服务对象及时转介。

(8) 评估和总结的能力。善于对小组的发展过程及进程中的重要事件进行详细的记录,并及时总结经验教训,以改进工作成效。

四、 小组活动内容

小组活动内容也称活动节目,是在小组聚会时通过工作者或组员参与设计出来的,贯穿于小组的各个阶段。工作者在小组中主要是通过活动节目对组员提供帮助,小组目标也都是通过活动节目过程而带出来的,所以节目在小组中非常重要,可以说它是组员改变的关键载体。

在小组工作中,节目的设计必须以组员的兴趣及需求为依据,节目的安排必须考虑组员的年龄、职业、阶层及文化背景;节目必须有价值而且组员是自愿参加;节目必须具有弹性,能够满足各种兴趣和需求的人参与;节目的发展必须循序渐进,由简入繁。工作者在小组活动中要充分认识节目的价值,并能对组员解释各种活动的意义、规则及方法。工作者还应该发现并培养组员对节目的兴趣,让组员参与节目的设计,并鼓励组员带领小组的活动节目。

第三节　小组的外部结构

小组的外部结构,也称小组所处的环境结构,是指小组外部各环境因素之间的排列顺序与组合方式。这些构成要素包括规模、时间、空间以及机构等。这些要素虽然不是小组本身的组成部分,但他们之间交互作用并以特定的形式影响小组的工作理念、目标选择以及方案的设计。

一、小组规模

小组规模即小组的大小,表现为小组成员数量的多少。小组规模对小组目标的达成、成员间的互动关系、成员的参与状况以及工作者的工作效能都产生直接的影响。

一般来说,小组的规模越大,成员之间越难以沟通,分享程度越低,参与的机会越少,匿名性越高。但由于成员较为松散,吸引力不大,在大规模小组下成员的匿名性较强,自我感觉较为放松,小组资源也更为丰富,小组建议颇多。相反,小组越小,成员之间分享和接触的机会越多,小组成员越能够深度地介入到小组沟通的网络中。但与此同时,由于规模较小,组员在初期接触时很容易产生紧张情绪,小组资源也比较有限。

米勒提出的数字原则可以作为选择小组规模的参考标准,即“7加减2原则”,也就是说小组一般以5～9人为宜。但这不是一成不变的法则,实际上小组规模的选择受到很多因素的制约,比如小组的类型、组员的年龄、小组问题的性质、工作者的经验与能力、组员的整体素质、小组资源的多寡以及小组持续时间的长短等。学者们一致认为,社会目标模式下的小组规模可以大一些,但不宜超过25人;休闲娱乐小组 4～5 人最为理想;治疗小组一般在 5～7 人;辅导性和知识传授性小组规模大为宜,30～50 人均可;儿童小组 6～8 人为宜;工作者的经验和能力越强,小组的规模就可以相对大些;组员的素质越高,规模也可以随之增加。

刘梦、张和清提出了几点确定小组规模的依据,可以作为工作者确定小组规模的标准:

第一,小组以能够围坐而相互看到对方且听到对方的声音为宜;

第二,小组应该大到组员可以得到足够的刺激,小到组员能够彼此参与、互动和认识为原则;

第三,小组应该大到能够被工作者掌握和控制,小到能产生工作效率,充分互动为原则;

第四,当小组必须增大时,一定要将小组的结构进行分化处理,以便使每一个层次结构都能使成员充分参与和彼此互动;

第五,一个开放性小组成员的多少非常重要,一定要把握好分寸,防止小组离散。[①]

二、 小组时间

小组的时间因素包括四个方面的内容:小组的期限、会期的长短、聚会的频率和聚会的时间。

(一) 小组的期限

小组的期限即小组整个进程维持时间的长短。小组期限决定小组目标的深度与广度,也影响助人过程的结构。期限刺激成员对小组的投入与承诺。短期的小组,组员易保持较高的参与热情;而长期的小组会随着小组进程的发展使组员的精力水平降低,从而影响小组目标实现的快慢与程度的高低。

至于小组期限的长短,应该视小组目标、小组类型、机构资源等多种因素而定。一般来讲,治疗性小组的时间较长,而任务性小组的时间较短;机构资源越丰富,小组期限越不受限制。

(二) 会期的长短

小组每次会期的长短,一般以 40～60 分钟为宜。较长的会期会使人感到疲

---

① 刘梦主编:《小组工作》,北京:高等教育出版社,2003 年,第 135 页。

劳、精力分散,较短的会期则不利于小组目标的达成和问题的解决。儿童和青少年小组,时间应该短一些,以 30～40 分钟为宜。社会目标模式下的小组则需要较长的会期,以 2～3 小时为宜。

(三) 聚会的频率

聚会的频率影响小组的互动深度,较高的聚会频率会增加组员的互动,增强组员之间的感情联系和对小组的归属感,但如果聚会过度也会引起组员的厌烦,导致组员流失及小组结构松散。较低的互动频率则不利于组员之间的深度交往和沟通,不利于小组目标的实现。原则上讲,小组聚会的频率以一周一次为宜。

(四) 聚会的时间

聚会的时间要视小组组员的空闲时间而定。一般情况下,儿童和母亲小组选择周末为宜,父亲小组晚上为佳,老人小组选择在白天效果最好。当然聚会时间的选择,还要考虑到小组的性质、目标以及机构的人力资源配置情况。

三、 小组空间

柯义尔认为,小组的空间对小组活动的影响是很大的,空间可以产生限制,使组员在特定的场域内集中在小组中,同时达到心理内涵的形成。

林万亿在 1995 年出版的《小组工作》一书中提出,小组的空间因素可以从以下三个方面进行分析:即活动空间、个人空间和空间安排。

(一) 活动空间

这是指组员或小组对地理区域的占有倾向。空间的占有与利用影响小组的冲突和互动。活动场域可以分为个人活动场地与小组活动场地两种。个人活动场地是指个人占有的房间、桌椅、床铺等物质,意味着个人对他人的防卫和对抗。空间的个人拥有为组员提供了安全感。小组活动场地是指小组的位置与地点。小组的空间占有一般较大,用以保护小组,防止入侵。在小组工作中,选择固定的小组地点有助于提高组员的认同感,另外地点的安排要适合小组的类型与目标。

总之,无论如何选择活动场域,都有几个要素需要特别考虑,即隐秘、舒适和专注。成员在小组过程中要有一个富有安全感的环境,要避免干扰,以增强组员的注意力,比如室内小组一般不能选择通道似的环境,室外小组一般也不能选择喧嚣的环境。

(二) 个人空间

这是指个人与他人活动的主要环境。这是组员的私人空间,不可随意侵入。私人空间有数不清的互动距离,人与人由陌生到认识,以后成为朋友,甚至成为知己,互动的距离也随之缩短。通常在互动初始,女性之间的距离比男性短,异性之间的距离较长。随着小组进程的发展,异性之间的距离会逐步缩短,甚至发展到亲密无间的程度。人口的密度可以改变互动的距离,如在大的空间中,人们互动的机会较少;而在人口多的地方,互动的机会增加,摩擦的次数也会增多。地位高的成员会选择较有利的个人位置,而且与他人保持较大的空间距离。

(三) 空间安排

物理距离会影响人的心理距离,而空间的安排也会影响小组的动力。空间安排应该给每个人一种安全感和归属感。特别是小组中的座位安排,通常每个人都会有座位偏好,座位表现了组员之间的互动特征及领导关系。坐面对面的人互动较多,但常具有对话性和竞争的需求;并肩而坐的人经常是合作的对象;座位距离越远,越缺乏友善、认识与平等地位;领导者或爱出风头者,经常会坐在上座或主座;领导者也较可能出现在人多的一排。

椅子的安排常以围成一圈为宜,摆成一个同心圆型的"社会花瓣"。围成一圈固然可以促进沟通,椅子的距离可以弹性调整,通常成员会自行调整椅子的距离。

桌子可能会影响组员的沟通,因为它可以使人隐藏自己的部分身体,形成一个安全区。因此,在小组初期可以设置桌子以减轻成员的不安与紧张,到了第二、三次聚会的时候就可以放弃桌子的使用。

房间的大小应该足以为开展小组活动之用。在大房间内,由于缺乏明显的界限,工作者可以用椅子形成一个篱笆;太小的房间由于过度紧密,易造成组员的焦虑。

当小组遇有外来压力时,他们经常表现出较密集的座位安排;反之,他们对小组产生恐惧感时,则会坐得较为分散。如果房间气温过低,组员也会靠得较紧;反之,则必须保证较为宽敞的个人空间。

四、 小组机构

小组机构是小组工作顺利开展的重要行政和资金来源,小组工作通常都是由机构的工作者来执行的。目前来看,为社会工作提供服务的机构有政府、第三部门和私人机构等。机构不仅为小组提供合法性认可,而且更重要的是为小组提供设备、经费和工作者等资源。机构还可以通过各种途径来影响小组工作的价值理念、工作目标以及小组工作者的地位与角色等。

在小组工作中,工作者要对机构有一个充分的了解和认识,妥善处理好与机构的各种关系,其中包括以下几个方面:

第一,了解机构的性质、职责、任务、目标与功能;

第二,了解机构的政策,特别是关于收费、时间安排以及关于从事小组工作所应遵守的规章制度;

第三,了解与机构工作人员的关系以及与其建立关系的方式;

第四,了解工作者与小组建立关系的方式和方法;

第五,了解机构对小组的要求,评估的条件和标准;

第六,了解小组工作者以及小组的权力和责任;

第七,了解机构所能提供的资源。

𝒜 本章小结

1. 在小组工作中,小组是一个动态的生态系统,其内外部各构成要素之间相互作用,使小组具有自身的结构特性,而这些特性会深刻影响小组工作的各个过程。

2. 小组结构包含以下内容:第一,小组内部和外部的构成要素;第二,这些要素在小组内部和外部所处的地位及其对小组运行所发挥的功能;第三,这些要素之间的关系,以及他们是如何以整体的形式来影响小组的运行和发展的。

3. 小组的结构具有层次性,包括小组内部结构与小组外部结构。

4. 小组的内部结构要素包括目标、组员、工作者与活动内容等。其中,目标是小组工作的方向,组员是小组的核心,工作者是小组组员改变的重要媒介,活动内容是小组工作目标实现的重要载体。

5. 小组的外部结构要素包括规模、时间、空间以及机构等。这些要素虽然不是小组本身的组成部分,但他们之间交互作用并以特定的形式影响小组的工作理念、目标选择以及方案的设计。

ℬ 主要术语

小组结构(Group Structure):指小组内外部各结构要素之间的排列顺序和组合方式。

小组内部结构(Internal Structure):也称小组本身的结构,是指小组系统内部各构成要素之间形成的稳定的关系模式。

小组外部结构(External Structure of Group)：也称小组所处的环境结构，是指小组外部各环境因素之间的排列顺序与组合方式。

小组目标(Should be "Group Goals")：指小组系统在一定时期内必须达到或期望达到的目的和指标。

小组组员(Group Members)：组成小组的基本单位，其在小组中扮演着一定的角色，发挥着特定的功能。

小组规模(Group Size)：即小组的大小，表现为小组成员数量的多少。

𝒞 练习题

阳光服务社是一家专业社会工作服务机构，其正在阳光社区光明学校推行一项服务计划，取名为"青少年领袖训练营"，旨在通过小组活动的形式挖掘和提高青少年的领袖潜能。此服务计划的活动地点选在阳光社区居委会活动室，时间定为每周六上午9点至11点，为期六周，每周一次。服务计划设工作者3名，组员12名。在第一次小组活动时，工作者引领小组成员制定了小组契约。在小组活动进程中，工作者妥善处理好了与居委会和学校的关系，并争取到了某大学的学生志愿者作为辅助工作者，最终小组活动目标顺利达成。

(1) 请分析此小组的内部结构。

(2) 请分析此小组的外部结构。

𝒟 思考题

1. 什么是小组结构，小组结构的层次有哪些？

2. 小组的内部结构要素包含什么，这些要素在小组中处于什么样的地位，发挥着什么样的功能？

3. 小组的外部结构要素有哪些，这些要素对小组的运行和发展产生什么影响？

ℰ 阅读文献

1. 范克新，肖萍编：《团体社会工作》：北京：社会科学文献出版社，2001年，第三章。

2. 黄丽华:《团体社会工作》,上海:华东理工大学出版社,2003 年,第三章。

3. 何洁云等:《社会工作实践——小组工作》,香港:香港理工大学应用社会科学系内部资料,2002 年,第一、七、八章。

4. 刘梦主编:《小组工作》,北京:高等教育出版社,2003 年,第七章。

5. 吕新萍等编:《小组工作》,北京:中国人民大学出版社,2005 年,第一章。

6. 张洪英:《小组工作:理论与实践》,济南:山东人民出版社,2005 年,第六章。

第七章　小组工作者

　　小组工作者作为服务的提供者,要具备一定的素质,扮演一定的角色,承担一定的义务,并在小组工作的过程中发挥至关重要和不可或缺的作用。其作用主要包括运用小组活动的方式,协助参与者获得团体(小组)生活和个人成长的经验,挖掘和发挥个人潜能,学习解决问题的方法,克服并预防情绪和行为上的困难,适应多种角色等多个方面。本章主要探讨小组工作者的含义、基本素质以及小组工作者在小组中所扮演的各种主要角色。

第一节　小组工作者的角色

　　社会中的每个个体都处于一定的社会位置上,或者说具有一定的社会地位。社会对每一个处于一定社会地位上的人都有着一定的要求,与此相对应,当个体依照社会对他的要求去履行其义务、行使其权利时,他就是在扮演着一定的角色,其社会行为乃是一种角色行为。

一、　角色与角色丛

　　"角色"原是戏剧中的名词,指演员扮演的剧中人物。20世纪二三十年代,一些学者在分析社会互动的过程中发现,社会舞台与戏剧舞台具有某些相似之处,于是把戏剧中的"角色"概念借用到社会科学研究中来,产生了"社会角色"的概念。关于社会角色比较有代表性的观点有:

　　美国社会心理学家西奥多·纽科姆(Theodore Mead Newcomb)认为,角色是个人作为一定地位占有者所做的行为。

　　美国文化人类学家拉尔夫·林顿(Ralph Linton)将角色理解为行为期望或规范,当个体根据他在社会中所处的地位而实现自己的权利和义务时,他就扮演着相应的角色。

　　从以上定义可以看出,角色是指处于一定社会地位的个体,依据社会的客观期望,借助自己的能力适应和改变社会环境所表现出来的行为模式。换句话说,角色体现为一个人由其在社会关系中的位置所决定的,拥有相应权利和义务的地位和身份等等。角色是小组互动的重要依据与标准,扮演什么角色就该有什么行为,而扮演什么角色和其所占的位置和地位有关。

"角色丛"是指个体所扮演的所有角色的集合。在社会上,由于每个人都有各种不同的社会关系和多重的社会地位,因此,每个人都要扮演多重的角色,或者说一组角色。每个人都是一个角色的综合体和复合体,也就是角色丛。小组工作过程中,小组工作者和小组成员也要扮演综合体和复合体的角色,即"角色丛"。

例如在一个大学生的成长小组中,一个小组成员既扮演小组成员的角色,同时又扮演大学生的角色、社会公民的角色和孩子的角色等。

请你写出 20 个以上的"我是什么",体会角色丛。

我是——

我是——

我是——

我是——

……

二、小组工作者的多元角色

(一)小组工作者角色的含义

小组工作者的角色是指小组工作者在从事小组工作过程中社会以及自身对其行为的期待。其角色职责就是以小组工作的价值为基础,运用小组工作的理论、方法和技巧,通过小组动力的过程,协助小组成员获得团体生活和个人成长的经验。小组工作者要认识到改变的力量来自小组,在小组中他们不仅有能力改变,而且有能力帮助其他成员改变。小组工作者的领袖地位表现为有效地设计小组、运用小组、带领小组,引导小组成员积极参与、互动,使小组朝着既定的目标发展,使小组成员能够通过小组工作有所收获。在小组内部工作者的角色职责是将小组成员组织在一起,推动小组成员向共同的目标前进。在小组与外在环境的关系上,小组工作者的角色职责是代表小组与各种社会系统发生互动,争取资源,协调小组与环境的关系,或者促进小组和小组成员与环境的直接互动。小组工作者要在小组发展的过程中教会小组成员有效地运用小组自身的力量达到改变的目的,使小组成员彼此成为自我改变和改变他人的资源。最终实现个人的、小组的成长以及社会的发展。在不同的小组中和小组的不同发展阶段中,小组工作者的角色是不同的。

(二) 小组工作者的多元角色

小组工作者在小组工作过程中的角色是多元的。首先小组工作者在不同目的、不同性质和不同阶段的小组工作中扮演的角色是不同的。其次相对于不同的对象，如相对于小组成员、相对于小组整体、相对于小组所对应的社区、相对于小组所对应的机构、相对于政府等等，小组工作者在其中都要扮演不同的角色，有时是多元角色。

总的来看，小组工作者在小组工作过程中要扮演的角色主要是策划者、协调者、使能者、示范者、观察者、支持者、资源争取者、评估者和专家等。

1. 策划者

小组工作者首先是小组的策划者。整个小组活动中从筹备开始到小组结束，工作者要担负的一个重要的角色就是策划者。作为一个策划者，小组工作者需要确定目标，设计小组任务，选择和聚合小组成员，安排小组时间、地点、规模和内容等。

2. 协调者

在小组中，因为小组成员各自的价值观、背景、个性、生活习惯、观点、期望等的不同，相互之间的沟通会很复杂，互动时难免会产生分歧甚至对立，小组工作者必须具备协调各种关系的能力。工作者应该与小组、组员、机构以及其他组织建立良好的关系，善于使小组和机构接受自己，并与它们建立良好的支持关系。工作者应努力协调不同的意见，并消除紧张与冲突，促使小组的气氛轻松，保持小组的和谐，以避免小组的分裂。

小组发展的不同阶段，协调角色又有所不同，工作者需要把握好协调者的角色，把握好调节的时机与度。小组初期、中期出现冲突时，小组工作者需要正确引导成员面对冲突，澄清问题、消除误会或打破僵局，积极化解矛盾，调和双方的情绪，这样对小组成员和小组的发展是非常有益的。小组成员们会认为小组是一个可以表达不同意见、渲泄负面情绪、体验人际冲突的安全场所。小组发展到成熟期以后，随着小组凝聚力的增强，成员能够依靠自己的能力解决问题时，小组工作者可以不急于介入冲突充当协调者，而是旁观其变化选择合适的时机进行介入。因为这个时候有的矛盾和冲突对小组的发展是有益的，可以给成员锻炼的机会，让成员勇敢地去面对冲突，让他们自己去化解，在必要时再作协调。这有助于小组成员学会面对问题和冲突，提高其解决问题的能力。

3. 使能者

小组成员因各种问题，通过接受专业社会工作者的援助，可以解决问题，提高自信心，提高处理生活转折或创伤性事件的能力，在这个过程中小组工作者扮演的角色就是使能者的角色。使能者是指小组工作者运用自身的专业知识和技巧,调动服务对象自身的能力和资源,发挥服务对象的潜在能力,促使服务对象发生有效改变的角色。这些改变的产生部分是来自于小组工作者的直接帮助,但最终来自于工作者激发起小组成员内在的尊严和价值,促使他们形成并实现小组自己的目标。小组工作者运用专业知识、技巧和训练影响小组互动的模式、小组规范、小组结构、问题解决和冲突解决过程,激励和支持成员主动地、建设性地参与到小组互动的过程中去。工作者用同意、温暖、肯定、情感与团结的态度对待小组成员,以激发参与者的思想与行动。当成员主动投入小组,并且表现出对他人意见与观点的了解和接纳,成员彼此支持和彼此挑战,彼此给予和彼此获得时,小组就真正成为一个安全的学习环境,能为小组成员带来良好的感受和安全感,整个小组也就真正成为影响成员改变的重要力量。

4. 示范者

小组工作者是一位专业的助人者,同时也是一名特殊的小组成员。我们把工作者称为小组学习环境中特殊的榜样。通过工作者一言一行的示范,小组成员明白什么是社会接受的行为、认知和情感,从而强化小组成员希望学习的行为、认知和情感,削弱小组成员希望改变的行为、认知和情感。作为小组的示范者,工作者的榜样角色不仅表现在他外在的言行上,他内在的人格特质、品性、心理状况和价值理念同样影响着小组的有效性和小组的互动质量,具有榜样作用。如工作者需要示范如何参与活动,如何适应小组,如何从中获益,要身体力行,与成员共同分享,不能因为自己的身份而隐藏自己,不能只做旁观者。工作者的榜样角色在小组的开始阶段尤其明显,但它并没有因为小组建立起了信任关系而削弱,而是继续对问题解决、实现改变和巩固改变产生重大的影响。

5. 观察者

小组工作者是小组过程的观察者和反馈者。在小组工作中,由于小组成员要进行一系列的互动和沟通,不能很清楚地察觉小组的整体情况,这就需要工作者留心洞察组员的行为及语言和非语言的表达,并清楚地察觉小组的动向,了解小组的各种情况。包括小组成员参与互动的频率、次数、内容、语言及非语言行为,成员的反映、情绪,以及心理准备、适应程度等等。小组发展到哪一步或什么情况下可以或应该引导成员开放、挖掘自己,勇于面对自己,或尝试新的行为,甚至公开隐私,都需要社会工作者仔细观察、充分把握。在最合适的时机提供合适的诱导,才能使小组工作健康顺畅地进行。仔细观察还可以避免忽略一些重要的但不是很明显的人际互动。当然除了观察还应及时对小组的各种情况进行反馈,以促进小组良好的沟通。

6. 支持者

由于小组工作可以增强人与人之间的联系、合作与互助,工作者在小组中还扮演着支持者的角色。支持,对于参与小组活动的成员树立信心、增强勇气意义极为重大,它常常表现为对成员表现出来的积极行为进行鼓励和支持。这种鼓励与支持还可以激发和引导小组成员之间的鼓励与支持。充当支持者有助于小组成员建立信心和勇气,尤其是对于那些特殊的小组成员。小组工作者的支持可以极大地鼓舞他们,让他们开放自己,敢于深层次地探索自己,敢于面对问题,或寻求问题的根源所在,最终解决问题。做好一个积极的支持者对于小组工作者来说是非常重要的。

7. 资源争取者

为小组成员提供讯息、经验、方法是小组工作者一项非常重要的责任。小组成员虽然可以通过彼此交流使大家受益,但成员间的交流带的往往是支持性的帮助,当成员遇到难题而征求工作者的意见,或进行咨询时,这时小组工作者就成为成员心中的资源中心,工作者调动各种社会系统发生互动,争取资源,协调小组与环境的关系,必要时可以提供建议、想法和相关的资讯。工作者应告诉成员可以得到哪些相关的援助与服务,如何有效地保护自己、寻求帮助,根据需要适时地发表自己的见解、提供经验和方法,供成员参考,让小组成员感受到参与小组是有收获、有价值的。同时可以保证小组有足够的能量,避免因小组的停滞给成员带来消极情绪。

8. 评估者

小组工作者对服务对象的需求评估是一项很重要的工作,评估可以指导、干预小组工作的方向,可以帮助工作者和成员明白小组的目标和实现目标的程度,可以让成员自由地表达他们对小组的满意程度,可以积累大量的资料。小组工作者要走进服务对象的生活世界,与他们对话并理解他们的现实处境。在小组工作的每个阶段,小组工作者都应是一个评估者,对主题选择、方案与计划制定、成员选择,对成员的观察了解,分析、判断成员的每一次表现,成员的成长与改变,目标达成的程度等,都要作出评估,每个重要环节都要仔细记录,认真进行分析评估,这是评估的基本依据。

9. 专家

专家在这里是指小组工作的权威性与知识性。专家应有专业的使命、专业的责任感、专业的价值、专业的良知和专业的权威。专家还应具备专业的理论知识、专业的能力和专业的实务经验,但专家不是上帝和救世主,专家应与相关人士一道,促进专业社会工作以及专业社会工作教育的发展。

除此之外,小组工作者在小组工作的过程中还要扮演影响政策制定者、行动者、激励者、管理者以及推销者的角色。

小组工作者的多元角色对小组工作的发展产生很大影响。如果小组工作者能把握好自己在小组工作的不同阶段和不同情况下的角色,对于小组来说是相当有益的。

第二节 小组工作者的素质

所谓素质,是指一个人在政治、思想、作风、道德品质和知识、技能等方面,经过长期学习和锻炼所达到的一定水平,它是人的一种较为稳定的属性,能对人的各种行为起到长期、持续的影响甚至决定作用。一般来说,素质包括政治素质、思想素质、道德素质、科学文化素质、劳动素质、知识素质、能力素质、交往素质、生理素质、心理素质以及业务技能素质等。

小组工作者的素质在这里主要是指工作者个体在生理素质的基础上,通过长期锻炼、学习所获得的,在从事小组工作的过程中对小组工作者的行为起到长期、持续性影响的内在要素的总和。小组工作涉及的问题、服务对象、工作场域、介入模式和工作技巧等相当复杂,小组工作者在开展小组工作时可能会遇到各种各样的问题,因此小组工作者应该具有全面的素质和能力才能够适应小组工作的要求。

一般来说,小组工作者的素质主要包括基础理论素质、专业素质和个人素质。其中基础理论素质和个人素质是小组工作者从事小组工作的前提条件和基本保证。专业素质是小组工作者做好小组工作的必要条件和重要保证。

一、基础理论素质

从服务对象的角度来讲,小组工作者面对的是不同身份、不同种族、不同年龄、不同职业、不同性别以及不同需求的服务对象;从问题的角度讲,小组工作者在服务的过程中又会面对形形色色的问题,如心理问题、贫困问题和法律问题等;从小组的角度来讲,小组工作者又会面对不同性质的小组。基于此,小组工作者需要具备综合的基本理论素质。这些素质主要指社会科学和人文科学的知识,如政治学、经济学、社会学、法学、心理学、管理学等学科的知识。小组工作者的基本理论素质直接关系到小组工作开展的顺利、成功与否。

二、专业素质

小组工作者在从事社会服务的过程中,应能够与各类服务对象建立专业关系,对服务对象的问题作出预估,制定服务计划和服务协议,能够独立接案、结案和提供跟进服务,能够对提供的专业服务质量和效果进行评估,能够制定科学合理的工作方案和发展规划,整合、运用相关社会服务资源,拓展服务领域,影响社会政策,等等。这就决定了小组工作者必须具备一定的专业素质。小组工作者的专业要求是遵循社会工作的价值准则,具有良好的道德素质,善于运用社会工作专业知识和方法从事职业性社会服务,并在社会管理及社会工作专业教育和理论研究等方面创造性地开展工作。

巴特莱特在 1958 年提出,社会工作者所应具备的专业素质,应包括以下几个方面:

人类行为与环境的知识,即从个人与其环境,包括人类、社会、经济和文化等的相互影响来看人格发展与行为特征;人与人之间互动关系的心理学;表达内在感受的语言、手势和活动的沟通技巧;影响个人在团体内行为的团体过程;影响个人、团体和社区的文化遗产,如宗教信仰、精神价值、法律和社会制度等;个人和团体间所形成的各种互动关系的过程;有关社区的内在过程、发展与变迁模式,以及社区的服务机构与资源;社会服务的结构、组织和方法;个人的自我了解,以及由于个人情绪与态度对专业功能所造成的影响。[1]

李建兴(1980)认为小组工作者的专业技能主要包括:(1)建立目的性关系的技能,(2)分析团体情况的技能,(3)参与团体的技能,(4)处理团体情感的技能,(5)发展节目的技能,(6)应用机构及社区资源的技能,(7)评估的技能。[2]

在此基础上,国内一些学者结合中国内地小组工作的本土化情况,将小组工作者的专业素质分为理论背景知识训练和实务背景训练两个方面。前者主要包括:人文社会科学的理论背景训练,包括社会学、心理学、逻辑学、职业伦理等;相关理论背景训练,包括心理咨询理论、需要理论、人类行为理论、生命历程理论、人格理论、学习理论、系统理论等;助人关系、助人过程的哲学基础;小组动力和小组辅导理论;生活方式研究。后者主要包括:研究与评估技巧的训练,个体评估技巧的训练;个案工作方法、小组工作方法等辅导技巧等。通过此等训练达致理论知识的增长和实际能力的强化。

---

① http://www.sowosky.com/forum.php? mod=viewthread&tid=46291。
② 李建兴:《社会团体工作》,台北:五南图书出版有限公司,1980 年,第 192~194 页。

综合上述观点,小组工作者的专业素质主要包括五个方面,即专业的价值理念、专业的理论知识、专业的方法和技巧、实务能力和实务经验等。

1. 专业的价值理念

与其他社会科学学科不同,社会工作是以价值为基础的专业,价值是社会工作专业的灵魂。社会工作价值是指社会工作对社会工作者在专业实践活动中所表现出来的价值倾向的要求和规定。作为一个专业的社会工作者,应具备平等、尊重、民主、接纳、诚信、助人自助、自决等专业价值理念。小组工作已形成了自己独特的价值观和职业伦理,并贯穿于小组工作的始终。小组工作的价值观既是小组工作实践的灵魂和方向,又是小组工作者致力于小组工作的主要动力和评判工作成效的主要标准。小组工作的价值观和职业伦理是小组工作的灵魂,其重要性既体现了小组工作本身的目标和意义所在,同时也界定了小组工作的实务原则和对工作者的素质要求。面对纷繁复杂的服务对象和社会问题,无论从预防和解决这些问题的实践角度,还是从学科探讨研究的角度,都离不开专业价值观的指导。(关于社会工作价值的详细论述请参见本书第三章)

2. 专业的理论知识

在小组工作中,小组工作者应该具备的专业理论知识包括"为社会工作的理论知识和社会工作的理论知识"。为社会工作的理论知识包括社会学和心理学的理论知识等,社会工作的理论知识包括了危机介入理论和任务中心理论等。[①] 这些专业的理论知识在小组工作的过程中起指导作用,是小组工作者所必须具备的素质之一。

3. 专业的方法和技巧

专业的方法包括直接服务方法和间接服务方法,直接服务方法包括个案工作方法、小组工作方法和社区工作方法,间接服务方法包括社会工作行政和社会工作研究方法等。小组技巧包括支持、解说、集中、联结、阻止等交互作用技巧,发问、探测、自我展露、示范、建议、面质、应对沉默等行动技巧,以及一定的反应技巧如积极倾听、同理心、澄清、摘述等。这些专业的方法和技巧能够保证小组工作者的服务更加科学有效,所以专业的方法和技巧是小组工作者所必须具备的专业素质之一。

4. 实务能力

实务能力是小组工作者做好小组工作的关键素质,是小组工作者必须具备的素质之一。实务能力主要包括接案能力、预估能力、计划能力、实施能力、评估能力和结案能力,资源动员能力、协调能力、倡导能力、行动能力、激励能力、沟通能力、

---

① 　王思斌、谢立中等:《西方社会工作理论的历史与现状》,《中国社会工作》,1996 第 2 期。

组织能力、教育能力、支持能力、影响能力、建构能力、诠释能力、批判反思能力和研究能力等。

5. 实务经验

实务经验在未来的小组实践中能起到启发和借鉴作用，具备良好实务经验的小组工作者能够更有效地推动小组工作的发展，完成小组工作的目标和任务。

三、个人素质

个人素质是做好小组工作的重要因素，西方一些学者对小组工作者应具有的个人素质提出自己的观点：如哥尼（Corey，1990）认为成功助人者的特质包括：尊重与欣赏自己；认同自己的身份；确认与接受自己的能力；乐于改变；持续扩大对于别人和自己的察觉；愿意并能够忍受模糊性；发展出自己的工作风格；能够体验与知道小组成员的世界；有生气，积极面对生活；实在、诚恳以及诚实，有幽默感；会犯错并愿意承认，生活在此时此刻；重视文化的影响，能够再造自己；真诚关心别人的幸福；深深地投入到工作，并从中获得意义，能够区分工作和生活的界限。

伊根（Egan）认为助人者需要的特质有：积极面对自己的成长，注意身体健康，有适度的智能，有良好的常识和社会生活能力，关注小组成员整个人，尊重小组成员，真诚诚恳，表达具体简洁，协助小组成员将自己的经验、感受和行为作出统合，关心地对质，协助小组成员的行为改变，有自己的工作风格和模式，喜欢和人相处，不会逃避自己生命中的问题。[1]

林孟平（2005）认为一个成功的小组工作者必须具备的特质是：认识自己、接纳自己，拥有自爱和自信；敏锐的自觉；具有自我肯定；投入并参与；个人的协调和表里一致；愿意作典范；愿意接触和面对个人的需要；清楚了解个人的价值观；信任小组过程的功能；保重自己，不断更新成长；个人力量与勇敢。[2]

刘梦、张和清（2003）认为有效的小组工作者的个人特质必须具备：（1）自我觉察和自我了解；（2）自我接纳，自爱自信；（3）真诚、愿意对质自己；（4）敏感与及时地回应；（5）温暖、关怀与尊重他人的能力；（6）对小组过程与功能的信任；（7）放松与幽默；（8）勇气和个人的力量。[3]

综合上述观点，一个有效的小组工作者必须具备的个人素质应包括价值伦理素质、心理素质以及身体健康素质等，具体如下：

---

① 〔美〕古拉德·伊根著，郑维廉译：《高明的心理助人者》，上海：上海教育出版社，1999年。
② 林孟平：《小组辅导与心理治疗》，上海：上海教育出版社，2005年，第8～13页。
③ 刘梦主编：《小组社会工作》，北京：高等教育出版社，2003年，第77～79页。

1. 社会责任感

社会责任感作为一种道德情感，是一个人对国家、集体以及他人所承担的道德责任。换句话说，社会责任感就是在一个特定的社会里，每个人在心里和感觉上对他人的伦理关怀和义务。小组工作者的社会责任感就是承担社会和国家发展的责任，承担为弱势群体服务的责任，具体到小组实务中就是承担小组成员、相关机构以及相关社区发展的责任，即满足服务对象的需要，服务社区，贡献社会，实现社会的公平、公正和公义。

2. 自我接纳、自爱自信

一个有效能的小组工作者最基本的条件之一是认识自我，了解自己，接纳自己，肯定自己，欣赏自己和完善自己。当小组工作者自爱自信时，其才能信任组员和爱护组员；当工作者接纳自己的限制和不完善时，才能宽容小组成员的各种行为和不足。换句话说，自我接纳是基于个人的自我了解的基础上的，当工作者能够透彻地了解自己，并能够全心拥抱和接纳自己的时候，他们往往是自我肯定，自爱和自信的人，他们清楚并且欣赏自己的价值观、人生信念和生活方式，因此也更能够尊重和欣赏组员不同的风格，会有能力去信任、接纳、爱护小组的每一个成员。自我接纳、自信自爱是小组工作的一个基本目标，也是小组工作者需要具备的基本特质。

3. 敏锐的自我意识

在小组工作过程中，工作者的自我觉察和自我了解能力非常重要。小组工作中，工作者和每一个组员都是带着自己过去生活的全部经验，带着自己的价值观，自己先入为主的观念、弱点、盲点进入小组的，小组工作者只有对自己的身体、心理、感受和精神等层面有清晰敏感的知觉，才能对小组成员的状态有准确的判断和把握，才能给予恰当的回应和适时的分享。一位有效的小组工作者，需要具有敏锐的自我觉察能力，随时都能了解自己各方面的状况，包括生理、心理、精神的状况，了解自己的过往经验、现在生活中的事件和周围事物对自己的影响，随时保持高度的自我觉察和了解，及时处理各种可能对小组过程造成影响的问题。只有小组带领者有清晰的自我觉察和了解，才有能力在小组中作出较为正确的观察、评估和回应。

4. 有能力与人分忧共乐

有效的工作者与小组成员相处时是有情感的，能够投入到成员的痛苦与快乐中，在与他们的相处中，处处显示出对他们的尊重、信任和关爱。由于小组工作者的开放态度，能够发展出对他人的无条件的温暖和关怀的能力以及欣赏与尊重他人的能力。由于关怀和尊重，他们会激励组员面对和审视自己的问题，会真诚而坦率地告诉组员一些也许他们不想听到的事情，去真诚地聆听和及时地回应，会留给组员足够的空间,会真诚地对每一个组员的发展感兴趣。

5. 愿意开放和冒险

从理想的层面来说,小组工作者应该在其个人的生活中勇于表现出他们乐意帮助当事人的态度。因此他们愿意冒险,甚至有时出现错误也在所不惜。同时,就算对结果不很肯定,也相信个人的直觉。他们也会从个人的经历中尝试认同别人的感受与挣扎。而在适当的时候,也会分享自己对当事人的感受和看法。

6. 具有成长的取向

小组工作是需要全身心投入的工作,它需要工作者有良好的心理素质和健康水平。而工作者在现实中也会有种种压力和矛盾,面对人生困惑,工作者自己须积极面对,不断完善自己,保持良好的状态,努力学习新的知识和方法,充实自己,一个身心健康、言行一致、表里如一、开放自我的工作者在团体中会起到积极的示范作用,成为小组成员改善自己行为的模范。那些有效的小组工作者会保持开放的态度,不断拓展自己的视野,他们会反省自己的存在、价值观和动机。正如他们鼓励他们的当事人学会独立自主,试图不被他人的期望影响,以自己的价值观和标准来生活,他们会不断地寻找自我知觉,认识自己的恐惧、限制和力量所在。

个人素质还包括同理心、尊重、真诚、自我了解、自我控制、信任、承担、投入、有活力、勇气、反思、内驱力、友善、利他、幽默和健康的体魄等。

总之,小组工作者作为小组服务的提供者,在整个小组工作的过程中,处于举足轻重的位置和地位,扮演着至关重要的多元角色,形塑着小组工作者的素养。

𝒜 本章小结

1. 小组工作者在不同性质、不同类型的小组中及小组的不同阶段扮演着不同的角色,既有相似之处,也有不同之处。

2. 小组工作者在小组中扮演着策划者、协调者、使能者、示范者、观察者、支持者、资源争取者、评估者、专家等多元角色。

3. 一个有效的小组工作者必须同时具备基础理论素质、专业素质和个人素质。

ℬ 主要术语

角色(Role):指处于一定社会地位的个体,依据社会的客观期望,借助自己的能力适应和改变社会环境所表现出来的行为模式。

使能者(Enabler)：小组工作者运用自身的专业知识和技巧，调动服务对象自身的能力和资源，发挥服务对象的潜在能力，促使服务对象发生有效改变的角色。

协调者(Coordinator)：指小组工作中，工作者应该与小组、组员、机构以及其他组织建立良好的关系，使小组和机构接受自己，并与它们建立良好的支持关系。

𝒞 练习题

1. 认识与理解小组工作者的重要角色

目的：通过练习让学生们深入理解小组工作者的角色，要明白哪个角色是最重要的，哪个角色是需要进一步发展完善的。

活动步骤

(1) 通过角色扮演，要求学生展示一个治疗性的小组。重点展示小组工作者在协助服务对象实现他们治疗目标的过程中需要扮演的角色。

(2) 重点分析这些角色：使能者、专家、协调者、示范者和评估者。

(3) 分小组讨论下列问题。

第一，说一说自己曾经在小组和其他助人情境中扮演过的这些角色的经验。

第二，你在扮演上述哪个角色时最得心应手？为什么？

第三，你在扮演上述哪个角色时感到最困难？为什么？

第四，要得心应手地扮演这五个角色，你认为自己需要提高哪些？

第五，列出你需要完善的角色，并进行讨论。

(4) 大组分享。

(5) 师生归纳总结。

2. 试以一个完整的小组工作为例，让学生了解作为专业小组工作者的所具备的知识结构，督促他们从不同途径丰富和完善自己的知识结构；让学生理解专业工作者的经验和理论知识的关系，以提高个人的专业素养。

𝒟 思考题

1. 什么是角色、角色丛、小组工作者角色？

2. 什么是小组工作者？

3. 怎样认识工作者与组员之间的区别？

4. 小组工作者的主要角色有哪些？

5. 一名合格的小组工作者必须具备什么样的专业素质?

6. 对小组工作者个人素质方面的要求有哪些?

阅读文献

1. 刘梦主编:《小组工作》,北京:高等教育出版社,2003 年,第五章。

2. 林孟平:《小组辅导与心理治疗》,上海:上海教育出版社,2005 年,第一章。

3. 蓝云曦:《社会工作者在小组工作中的角色》,《西南民族大学学报(人文社科版)》,2007 年第 11 期。

4. 刘建洲:《构建和谐社会要加强社会工作人才队伍建设》,《中国人力资源开发》,2007 年第 3 期。

5. 李建兴:《社会团体工作》,台北:五南图书出版有限公司,1980 年,第九章。

6. 张洪英:《小组工作:理论与实践》,济南:山东人民出版社,2005 年,第七章。

7. 张洪英:《社会工作教育及专业社会工作关系的透视》,《中国青年政治学院学报》,2007 年第 1 期。

8. 〔美〕古拉德·伊根著,郑维廉译,《高明的心理助人者》,上海:上海教育出版社,1999 年,第二章。

第八章　小组动力

　　小组工作过程中,通过成员间的互动而产生的各种力量,被称为小组动力。这些力量会影响到小组的行为,影响小组的整体。要有效地领导各种类型的小组,就必须全面深入地理解小组的动力关系,掌握小组动力的产生、发展和规律,进而准确地把握与掌控小组动力的发展与进程。

第一节　小组动力概述

　　对小组动力的认识以及对小组因素的分析是把握小组动力关系的前提。

一、小组动力的概念

　　小组动力(group dynamics)是用来形容小组在达成目标的过程中,通过组员间的互动而产生的各种能量。这种能量影响小组成员的行为,影响小组目标的达成与任务的完成。因此,对小组动力的研究引起了小组工作者和研究者浓厚的兴趣。

　　小组动力是勒温在1933~1935年进行了一系列小组行为研究后,在《社会空间实验》一文中首次提出的。"dynamics"在希腊语中是力量的意思,勒温选择"dynamics"来描述小组中的各种力量、变化和影响的过程,可以形象地传递出小组中充满了各种内在互动、变化、交错的感觉。

　　小组动力的研究在第二次世界大战后的十年间得到很大的发展。1947年由勒温、波恩、布莱德福特和李皮特等人创立的美国国家训练实验室,后改名为应用行为科学院,成为战后20年小组动力研究和训练的主要机构。此外,波士顿大学、芝加哥大学、哥伦比亚大学、伊利诺依大学、纽约大学等也相继设置了研究机构,并有小组动力的相关理论研究成果问世。

　　20世纪60年代后,小组动力的理论呈现出百家争鸣的景象,理论、研究和著作非常丰富,同时有关小组的技术也广泛地用于工业、教育、社会工作、心理健康与治疗等不同的领域。

那么,到底应如何理解小组动力呢?

从国内外相关学者对"小组动力"的定义各不相同,但基本观点大致相同。

小组动力的研究是指作用于小组群体内、外的动力研究,是对小组的行为、结构、功能以及关系等的研究。一般认为,小组动力是指在达成小组目标的过程中,通过小组成员的相互作用而产生的各种能量,其中包括参与并影响小组过程的各种要素:(1)内部静态因素,包括小组的机构、性质、小组成员、小组带领者等;(2)内部动态因素,包括小组互动、领导、沟通、氛围、内聚力、冲突、分化和整合等;(3)外部因素,包括小组的物理环境、社会文化环境等。与此同时,小组动力还意味着上述各种要素之间相互作用、相互影响而构成的动力机制。这些要素及其彼此之间的相互作用与影响是促成小组目标实现的力量来源与基础。(具体请参见第四章小组工作理论)

二、 小组动力的来源

小组动力的概念表明小组本身包含动态与过程的因素,那么,小组动力是如何在小组中发生的呢? 小组动力究竟来源于哪里呢? 根据相关的研究结论,小组动力的来源主要有以下几个方面:

(1)来自于构成小组的成员的特质;

(2)来自小组给成员的社会互动提供的活动场所;

(3)来自小组结构对个人行为的有利影响;

(4)小组的多元化与分化,即小组的规模大小与内部分化;

(5)小组成员追求共同目标的手段与方式,小组的决策过程及结果;

(6)小组的整合程度与冲突状况;

(7)小组成员影响小组或改变小组目标与规则的能力。

三、 小组动力因素分析

小组过程是一个充满动力的过程,在这一过程中,哪些因素构成了小组动力系统,不同的学者提出了不同的观点。

(一) 希普的观点

希普(Heap)在 1977 年提出,小组动力的内容应该包括:小组的形成过程,小组的发展过程,小组过程中的区分与整合,沟通过程,互动方式和小组的结构。

(二) 福思诗的观点

福思诗(Forsyth)于 1990 年对小组动力的研究范围作了进一步的拓展,他把小组动力的研究分为五个方面的内容:

第一,研究方向和方法学的问题。

第二,小组的形成与发展过程,其中包括小组的形成、小组的结构模式、小组的发展过程。

第三,小组中的影响与互动,包括小组的一致性和相互影响力、小组和个人的权利、领导过程。

第四,小组的表现,包括小组整体的表现和小组的决策过程。

第五,其他的相关因素,如环境、小组内的冲突、小组间的冲突、集体行为、小组的改变等。[①]

(三) 艾丽思和费希的观点

艾丽思和费希(Ellis & Fisher)1994 年提出了小组动力运作的模式,将小组可能涉及的变项和过程结合起来进行了分析,提出影响小组动力系统的主要变项过程有三个:输入因素、过程因素和输出结果。这三个变项因素交替循环、相互影响,并且会因环境的改变而作出相互关系的调整。[②]

输入因素是指那些所有影响小组建构的因素,主要包括个人和小组两个方面:个人方面包括加入小组的每个人的气质,人格特质,能力,态度,经验以及知识、信息等的总和;小组方面包括小组资源、小组规模和小组目标。

过程因素是指小组过程中的实际活动对小组所产生的影响。这些实际活动包括:沟通模式、凝聚力、小组的参与规范、小组做出决定的程序和小组的领导等。

输出结果是指小组运作的产物和形成的结果。这些成果包括有形的书面报告、备忘录等,还有一些是无形的、不易观察到的结果,如个人在小组中形成的人际关系、新的技巧的获得、小组凝聚力的增强、小组成员满意度的提高等。

综合所有观点,小组动力的影响因素应该包括静态和动态两个方面:静态方面包括小组机构,小组特性,工作者的个人特点,小组成员四个部分;动态方面包括小组的领导方式与形态,小组的气氛与凝聚力,成员的参与和沟通的模式,冲突与冲突的解决方式,小组的规范与文化,小组的决策过程等。

---

①② 刘梦主编:《小组工作》,北京:高等教育出版社,2003 年,第 42 页。

第二节 小组动力：领导与决策

对于一个组织而言，能否有效地运转取决于两个要素：一是组织结构的设计，二是领导者的选择。而领导是影响组织有效运转和目标达成的重要因素，小组工作同样如此。无论是正式小组还是非正式小组都是一个组织，小组运转的状况与小组领导个人的素质、领导方式的选择、领导个人的行为方式及小组的决策如何作出有着密切的关系，小组的领导与决策也就成为小组动力的重要组成部分。

一、 小组领导的含义

1. 小组领导的定义

从管理学的角度讲，领导是拥有权力的个人或集团向他人施加影响，使之为实现预定目标而努力的过程。

从小组工作角度，马温 1976 年将小组领导定义为："是一个过程，在这个过程中一个小组成员对其他成员发挥正面的影响力。"这个过程帮助小组完成小组任务，实现小组目标，维持小组良好的工作秩序以及使小组适应环境。

小组领导具有双重含义：第一，一个领导者，一个带领、引导和推动小组与实施小组活动的主体；第二，一个过程，是一个计划、组织、激励和控制小组工作的过程。

2. 小组工作者的领导角色与任务

小组工作中的领导者既可以由小组工作者担任，也可以由小组中的成员担任。由小组工作者担任的领导，有时又被称为"指派"的领导，是被"指派"到小组中担任领导角色的。在小组工作发展的过程中，部分小组成员承担起了领导者的角色，成为小组工作的"本土"领导者。

在小组工作中，领导的功能主要是通过小组的激励机制与相互作用，挖掘小组成员的潜力，形成小组的合力与凝聚力，引导小组成员为追求已确立的小组目标而努力。在这个过程中，小组领导者的具体任务是：组织小组、制定小组的计划与活动；充分动员与合理科学地配置资源，科学有效地领导与激励小组成员，及时控制及评估小组工作等。

3. 小组领导的权力基础

正如管理学中的领导一样，小组领导者在组内外利用自己的影响力来协助小组成员实现自己目标的过程中，其影响力也来源于领导者所拥有的各种权力。这些权力主要包括强制权、法定权、奖励权、信息权、专长权和个人影响权等。

强制权是指小组领导者对小组成员具有的绝对强制其服从的力量(这种权力一般不经常使用)。

法定权是指小组领导者在小组中的角色与地位所赋予的权力。

奖励权是指小组领导者运用社会性或物质性的奖励实现其影响力的手段,对这种权力的运用能激发成员的竞争力及上进心。

信息权是由信息来源、信息处理和信息发送等方面的信息机会所产生的影响力。

专长权是指小组领导者具有某种专门的知识和技能而产生的影响力。

个人影响权是指由小组领导者个人的品德、威望等而产生的对成员的影响力。

由此可见,小组领导者的权力有两类:一类来自于外部,即由机构赋予的,如法定权、奖励权、强制权、信息权;一类来自于内部,即小组领导者自身所具有的知识、能力和个人的品质,如专长权和个人影响权。

一个优秀的小组领导者,只有将这两类权力结合起来,根据不同的服务对象、不同的小组性质与目标、不同的小组发展的阶段灵活运用,才能在小组工作中发挥出其最大的效能。

二、 小组领导方式

小组领导方式是小组工作中,小组的领导者、被领导者及其作用对象相互结合的方式。从管理理论来讲,领导的方式主要分为专权式、民主式和放任式三种。在小组工作的实际中,除三种典型的领导方式外,协同式领导与同侪式领导也是经常使用的领导方式。

1. 专权式领导方式

专权式领导方式是指,小组领导者以"权威"、"专家"自居,将推动小组的主要责任放在自己的身上,整个小组的动力都围绕着小组领导者产生,小组成员基本没有发言权,领导者直接控制和引导小组的活动。

专权式小组领导方式要求领导者具有非常高的领导知识、领导能力及领导技巧。这种风格的领导在小组初期似乎能降低小组的焦虑,但长此以往,常常会损害小组成员的互动,限制成员的参与和共享。

专权式的领导方式适用于治疗性小组、儿童小组。

2. 民主式领导方式

民主式的小组领导方式是指小组领导者尽量推动小组的责任,鼓励小组成员参与小组的决策和各尽所能地去分担和完成小组的任务。这种风格的领导将自己视为小组发展和组员成长过程中的促进者,他会更多地使用澄清、综合、反映和过程分析等技巧,帮助小组沿着共同制定的目标前进。由于这种风格与社会工作的基本工作价值接近,因此,民主式领导方式也成为小组工作中最广泛采用的领导方式。

民主式领导方式要求领导者具有较高的参与意识与民主意识,小组成员有较高的文化素质,较强的民主参与意识和参与能力,小组内有民主参与的空间与机会。

民主式领导方式适合于成长小组、发展小组和老年人活动小组等。

3. 放任式领导方式

放任式领导方式是指小组给予每一位小组成员最大限度的自由去决定小组的目标与方向,小组领导只是其中的一员,其权力、责任、参与和其他成员没有区别。

放任式领导方式要求小组成员具有较高的文化素质与能力,同时小组领导者要善于授权。此种方式最大限度地赋予成员权力,发挥小组成员的主动性与创造性,但这种方式也往往会导致成员的无所适从,使小组失去目标与方向,从而造成效率低下,甚至会带来小组解体的危险。

放任式领导方式适用于成人小组与老年人小组。

4. 协同式领导方式

协同领导又称为双人领导,是指在小组工作中,有两个工作者分享领导权,共同领导一个小组。协同领导方式需要两个领导者彼此相互信任与了解,有合作精神。

协同领导的优点有:

第一,小组成员能够得到更多的关注、了解与照顾;

第二,两位领导者可以相互弥补不足之处,减少小组中发生偏见的机会;

第三,两位领导者可以为小组提供两种行为模式,提供沟通、交流、合作的方式;

第四,可以使缺乏经验的领导者得到训练的机会;

第五,协同领导者可以彼此提供支持与反馈,互相咨询、督导与计划,增进彼此的专业发展与成长。

尽管协同领导有诸多的优点,但它的缺点也不容忽视。协同领导的缺点有:

第一,比单一领导代价高;

第二,两个领导者的理论、方法应该基本一致,小组的策划需要很好地协调;

第三,两个领导者配合不好,就无法给组员提供角色示范;

第四,容易出现竞争关系或成为对手关系,领导者之间的冲突会给小组带来负面影响。

5. 同侪式领导方式

同侪式领导方式是指从小组成员中产生一位小组领导者去带领其他成员。同侪领导需要成员具备一定的条件,舒尔兹和比纳克等人(Schultz,1978;Bednar-rek,Benson 1976)对小组同侪领导者产生的条件进行了研究,并提出在一个自然小组中,具备以下条件的成员才能够成为小组同侪领导者。这些条件有:

第一,能够为小组订出目标;

第二,能够综合小组的讨论过程;

第三,能够为小组的推进提供方向;

第四,能够推动小组具体事务的发展;

第五,具有较成熟的个人性格;

第六,具有较强社会影响力以及应变能力。

同侪领导者的意义与功能有以下三个方面:

首先,小组同侪领导者的产生是小组发展过程的结果。在小组的初始阶段,小组成员之间互不相识,通过小组工作者的帮助与支持,能够使成员由陌生达到彼此接纳、认同,并且从中推举出自己的领导者,形成组织,推动小组达到其目标。

其次,小组同侪领导的出现,不仅为小组领导者提供了进一步成长的机会,也能够带动其他成员加深对小组的认同,使其参与小组,并承担对小组应尽的义务。

再次,小组同侪领导的产生可以使社会机构逐步减少对小组人力的投入。所以,人们将小组同侪领导者视为激发小组动力、推动小组发展的良好领导方式。

总而言之,小组工作中采取何种领导方式,需要根据小组的性质、成员的素质、领导者的素质和能力等方面的因素,具体问题具体分析,选择有效的领导方式。

三、 小组领导的理论

小组领导的理论很多,本书主要介绍几种有代表性的理论,其中主要包括领导的特质理论、领导的行为方式理论和权变理论。

(一) 领导的特质理论

领导的特质理论又称伟人论,是研究领导效能与领导者人格特质之间关系的理论。该理论认为,领导是天生的,而不是后天造就和训练出来的。领导之所以成为领导,是因为他们具有内在的个人人格特质。特质理论注重领导者的内在素质。

中外学者以此理论为依据,将领导应具备的特质归纳总结为:合作精神、洞察力与判断力、决策能力、组织能力,授权与用人,善于应变,敢于求新,勇于负责,敢冒风险,尊重他人,品德高尚;有使命感、责任感、信赖感、积极性,忠诚老实,有进取心、忍耐力,公平、热情,富有勇气;具备劝说能力,对人的理解能力,解决问题的能力,培养下级的能力和调动积极性的能力;善于自我觉察,心理健康,有幽默感等。

小组领导者的个人特质主要应包括以下几个方面:同理心、尊重、真诚,自我觉察与自我了解,自我接纳,自我控制,无条件接纳,对小组成员的信任,人性化,放松与幽默等,这些特质要求在第七章《小组工作者》中有详细阐述。

(二) 领导的行为方式理论

领导的行为方式理论研究的重点是领导者的行为方式与成员的互动关系,关注的是领导的行为,而非领导者本身。即关注领导者"做了什么"以及"如何去做",而不是领导者本身"是什么"。这方面的理论很多,这里主要介绍领导方格理论。

领导方格理论是由布莱克和莫顿(Blake and Mouton)在领导方式二维观点的基础上发展而来的。领导行为方式二维观点是指领导者的行为方式主要包括两个基本取向,即工作取向和关系取向。工作取向的领导方式关注小组工作任务的完成和目标的达成,主要的时间与精力用于小组的活动之中;关系取向的领导方式,关注小组成员的发展以及信任关系的建立,尊重成员的意见,关心成员的感情与感受。

以这两种彼此独立的领导行为取向为维度,布莱克和莫顿建构了领导行为方式方格图。

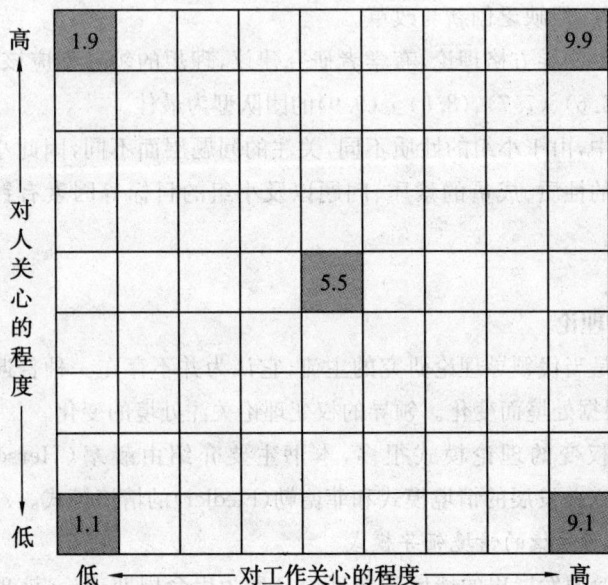

图 8-1 领导行为方式方格图

(资料来源:包国宪,吴建祖,雷亮:《管理学——理论与方法》,兰州:兰州大学出版社,2009 年,第 258 页)

管理方格图中把对人的关心度和对生产任务的关心度各划分为九个等分,形成了 81 个方格,代表了 81 种不同的领导行为类型。纵轴的刻度越高,表示越重视人的因素。横轴上的刻度越高,表示越重视生产任务如图 8-1 所示。

布莱克和莫顿阐述了五种最具代表性的领导行为类型:

1.1 完全放任型:领导者对人的感受、需要和反应以及工作绩效都很少关心,是一种完全放任型的领导方式。

1.9 人际取向型:又称为乡村俱乐部型。领导者关心成员的感受与需要,强调人际关系的和谐,培养友善的小组气氛,而不关心工作效率,是一种关系型的领导方式。

9.1 任务取向型:领导者只重视工作效果和任务的完成,只关心生产不关心人,人性因素的考虑减至最低,"高效率地完成任务比什么都重要",是一种任务型的领导方式。

9.9 团队型:领导者对人和工作都非常关心,并将组织的目标与成员的个人需要、成就和理想等最有效地结合起来,强调团队的精神与表现。

5.5 中庸型:领导者对人和任务都有适度的关心,能够维持足够的任务效率和令人满意的士气,但缺乏创新与改革。

针对上述的领导方格理论,有学者研究建议,理想的领导型应该是自(5.5)中庸型开始,经(6.6)、(7.7)、(8.8)至(9.9)的团队型为最佳。

小组工作中,由于小组的性质不同,关注的问题层面不同,因此小组的领导方式应根据小组的性质、成员的素质、问题以及小组的目标等因素有针对性地进行选择。

(三) 权变理论

权变理论是当代领导理论研究的主流,它认为并不存在一种普遍适用的领导方式,一切要根据处境而变化。领导的权变理论关注处境的变化。

关于领导权变的理论模式很多,本书主要介绍由赫塞(Hersey)与布兰德(Blanchard)创立并发展的情境模式和菲德勒(Fiedler)的情境模式。

1. 赫塞与布兰德的情境领导模式

赫塞与布兰德发展出的情境领导理论又称为生命周期理论,该理论认为领导者的风格应适应其下属的成熟程度,成功的领导者要根据下属的成熟程度选择合适的领导方式。当下属的成熟程度提高时,领导行为也需相应改变,从以工作为主逐渐转变为以关系为主。

小组领导方式的选择要根据小组成员持有的成熟度来定,同样,领导的有效性也取决于成员的成熟度。

成熟度是个体对自己的直接行为负责任的能力与意愿,包括工作成熟度和心理成熟度两项要素。工作成熟度包括成员的知识、技能和经验,工作成熟度高的成员不需要太多他人的指导;心理成熟度包括成员的意愿与动机,心理成熟度高的个体不需要太多的外部激励,主要依靠内部动机与自我激励。

赫塞与布兰德将成熟度分为四种类型,见图 8-2。第一,R1,无能力且不愿意;第二,R2,无能力但愿意;第三,R3,有能力但不愿意;第四,R4,有能力且愿意。

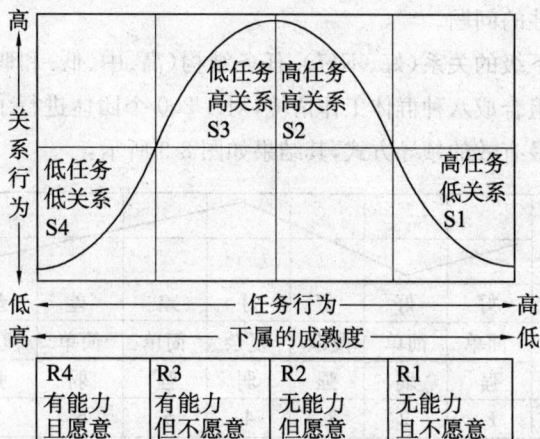

图 8-2 领导的生命周期理论

(资料来源:李世宗:《管理学原理》,武汉:华中科技大学出版社,2008 年,第 188 页)

该理论在原来的以人为主和以工作为主的二维领导模型基础上,增加了下属成熟度这一新的维度,组成了三维领导模型,如图 8-2 所示。横坐标为任务行为(是指领导者和下属为完成任务而形成的交往形式),纵坐标为关系行为(指领导者给下属以帮助和支持的程度),在下方再加上一个成熟度坐标。

用 R1、R2、R3、R4 分别表示下属的不同成熟度,根据关系行为、任务行为和下属成熟度三个维度,可以把领导方式分为四种类别:命令式(S1)、说服式(S2)、参与式(S3)和授权式(S4)。其特点分别为:

命令式(S1:高任务,低关系):适用于下属不成熟的(R1)的情况,领导者具体指点下属应当干什么、如何干、何时干等。

说服式(S2:高任务,高关系):适用于下属较不成熟(R2)的情况,领导者既注重工作任务的完成,指点下属,也注意与下属进行双向的沟通,鼓励下属的积极性。

参与式(S3:低任务,高关系):适用于下属较成熟(R3)的情况,领导者与下属共同参与决策,领导者考虑下属的意见、建议和要求,通过与下属协作与沟通,支持下属完成任务。

授权式(S4:低任务,低关系):适用于下属高度成熟(R4)的情况,领导者直接授权,由下属独立开展工作,完成任务。

所以,根据领导生命周期理论,当下属从不成熟走向成熟时,领导行为也从命令式转变为授权式。

2. 菲德勒的情境模式

菲德勒的情境模式研究的是情境条件中领导者的职位权力、任务结构、上下级关系与领导有效性的问题。

菲德勒将上下级的关系(好、不好)、任务结构(高、中、低)和职位权力(大、小)这三种环境变量组合成八种群体工作情境,对 1 200 个团体进行了观察,得出了在各种不同情况下最有效的领导方式,其结果如图 8-3 所示:

关系导向 LPC 任务导向								
上下级关系	好	好	好	好	差	差	差	差
任务结构	简单	简单	复杂	复杂	简单	简单	复杂	复杂
职位权力	强	弱	强	弱	强	弱	强	弱
自由环境种类	1	2	3	4	5	6	7	8
有效领导方式	任务导向			关系导向			任务导向	

图 8-3　菲德勒模型

(资料来源:包国宪,吴建祖,雷亮:《管理学——理论与方法》,兰州:兰州大学出版社,2009 年,第 261 页)

结果表明,当情境非常有利或非常不利(如 1、2、3、7、8)时,采取工作任务导向型领导方式是合适的。非常有利的情境是指:上下级关系好,任务十分明确,领导者拥有大量权力。非常不利的情境是指:领导者被下属厌恶,任务不明确,领导者在组织中没有权力。在这两种情况下,以工作任务为主的领导风格是有效的。

情境有利程度适中(如 4、5、6)时,最有效的领导方式是以人为主的关系导向型。

菲特勒的权变理论表明,并不存在一种"绝对最好"的领导方式,领导者必须具有适应性,自行适应变化了的环境。为了得到最有效的领导方式,可以根据环境的具体情况来选用领导人,使管理者的领导风格适应具体的环境情况,也可以改造环境以符合领导者的风格。

在小组工作实务中,领导者的领导风格基本是稳定不变的,改变情境条件比改变领导方式容易,所以小组工作者可以通过改变与小组成员的关系,明确任务与目标,明确他们的职位权力去改变小组的情境,来适应自己的领导风格,或者换到一个适合自己领导风格的小组。

四、 小组领导者工作艺术

小组领导者要达到领导的有效性以及小组的工作目标,除要具备特有专业的特质、处境化的选择和运用领导方式外,还要在组织、用人、授权、激励、控制以及人际沟通等方面学会运用相应的工作技巧。

小组领导的工作技巧主要应包括人际沟通的技巧、激励的技巧、授权的技巧和评估的技巧等四大方面。技巧的具体运用详见本书第十一章《小组工作技巧》。

五、 小组的决策

决策是小组工作过程中的一个环节,它决定小组工作的方向和目标的达成。

(一)小组决策的定义

小组的决策是小组工作中为了实现小组工作的目标,在掌握充分的信息及对信息进行分析的情况下,用科学的方法拟定并评估方案,从中选择合理的方案予以实施的过程。决策是一个全过程的概念。

(二)理性的小组决策的程序与方法

1. 小组工作中一个理性的有效的决策程序

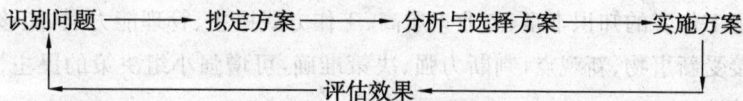

识别问题 ──────→ 拟定方案 ──────→ 分析与选择方案 ──────→ 实施方案

←────────────── 评估效果 ←──────────────

图 8-4 理性有效的决策程序

小组工作中一个理性的有效的决策程序是:

识别问题:即诊断和确定问题,小组工作中,工作者或小组成员在小组环境中经过全面的调查研究,在系统收集各种信息的基础上发现差距,确认问题和决策目标。

拟订方案:根据预测与判断以及信息的收集与整理,寻找各种解决问题的途径,设计出多个解决问题的备选方案。

分析与选择最佳方案:这是有效决策的最重要步骤与环节,是一个经过对资源、成本、效率等各方面的对比分析,在备选方案中选出最优方案的过程。

实施决策过程:是将决策传递给小组成员并促使他们行动的过程,这往往是小组决策中最困难的一步。

评估效果:这是决策过程的最后一个步骤,通过追踪、检查与评价,可发现决策执行过程中出现的偏差,以便采取相应的措施进行决策控制,或保持现状,或纠正偏差,或修正原决策。

2. 小组决策的方法

第一,权威独裁。此种决策方法是由小组工作者或小组领导者根据需要和具体处境,自己对小组问题进行决策,并将决策的方案向小组成员推销,让小组成员执行。此决策方法比较适合于治疗性小组和儿童小组。

第二,小组讨论后由权威决策。先民主后集中的决策方式,比较适合于成长小组、发展小组及任务性小组。

第三,专家决策。即针对要决策的问题的性质,由小组工作者聘请专家进行科学的决策。

第四,头脑风暴法。在小组决策的讨论中,小组不加任何的限制与批评,让参与小组讨论的成员头脑中的各种想法尽量地、彻底地、自由地表达出来,并且在这个过程中让参与者相互碰撞,产生火花,从而形成各种各样的决策方案。

第五,少数人决策。由小组中的骨干及相关人员参与的决策方法。

(三) 影响小组有效决策的因素

影响小组有效决策的因素主要有:小组工作者的知识与能力,对问题的感知,个人的价值观、信仰和工作方法等;小组成员的知识、能力与素质;小组的成熟度及外界环境因素等。

小组工作者的知识丰富、专业素质高、工作方式民主、管理能力强,能够在决策过程中接受新事物、新观点,判断力强、决策准确,可增强小组决策的民主性、科学性与有效性。

对社会现象敏感、感知度强的工作者,能够及时地发现问题,并作出初步的判断,这是有效决策的关键与基础。

信息的收集与处理方式以及对备选方案的选择倾向受到个人价值观的影响,所以小组工作者及小组成员对问题的看法影响小组的有效决策。

小组成员所具备的知识、能力和素质,参与小组活动的程度,影响到小组集体决策的做出。在小组工作的初期,小组成员往往不够投入,采取漠视的态度,甚至甘做旁听者,在小组需要做出集体决策时常会因听不到他这一方的声音,影响到小组决策的全面性。

小组决策时如果小组成员的目标彼此冲突,会影响目标共识的达成,并影响到共同决策的做出。

在小组决策时小组成员对相关资料的占有情况、熟悉程度及利用情况,会影响到成员对相关议题的参与程度,影响到有效决策的做出。

另外,小组规模的大小、权力的差距和讨论过程中环境因素的干扰都会影响成员间的沟通与信任,继而影响到小组决策的有效性。

六、 中国处境下的小组领导与决策

1. 高校中的小组领导多以协同领导方式进行

近年来,小组工作在高校中取得了长足的发展,高校的社会工作多是以朋辈辅导作为重要的方式。高年级社会工作专业的学生在新生入校后,开设多种形式的小组工作,帮助新生尽早地适应大学生活。

社会工作专业的小组工作多由学生会或社团组织开展,小组的领导方式也多是三至五人组成的小组共同组织与策划,并在督导老师的指导下完成。这一过程也往往是社会工作专业的学生在学习过个案工作、小组工作等专业课程后初次实际运用,小组的领导成员也多是同学,在理论基础上比较容易达成共识,协同领导方式也容易弥补学生在小组工作初期经验不足的缺憾。

案例 1:《新生团队能力小组》小组活动[1]

小组名称:新生团队能力小组

工作者:上海师范大学 2008 级社会工作 1 班 许骥 刘莹 王闻

工作时间:2009 年 11 月 9 日至 2009 年 12 月 14 日

小组成员:2009 级新生

小组活动主题:通过有目的的团体活动,为刚踏入大学校门的新生提供一个锻炼团队能力的机会,使他们在参加小组的过程中,通过个人影响及群体影响,学习社交技能,提升个人在团队中的功能,在活动中达到个人与团队共成长的目的。

小组计划:第一节 有缘千里来相会

　　　　　第二节 轻轻松松侃团队

　　　　　第三节 心有灵犀一点通

　　　　　第四节 心齐拾柴火焰高

---

[1] 张宇莲:《高校小组工作:理论与实践》,合肥:合肥工业大学出版社,2010 年,第 59 页。

第五节　放好手中三把火

第六节　我的团队我做主

案例 2：《破茧成蝶小组活动》小组活动①

小组名称：破茧成蝶小组活动

工作者：晨之曦社会工作协会

师慧文　岳振行　张婷婷　赵辉　孙颖等（主体为 2009 级社会工作专业学生）

工作时间：2010 年 10 月 9 日至 2010 年 11 月 9 日

小组成员：政法系一年级新生

小组活动主题：通过有目的的团体活动，协助小组成员相互认识，熟知并组建支持网络，加强小组成员的自我认识，提升小组成员的自信心，协助小组成员学习社交技巧、交流的方式，增强其对同学的了解和信任。让他们解除束缚，更快适应大学生活。

小组计划：第一节　知你知我

第二节　家人协作

第三节　同舟共济

第四节　众志成城

2. 校外实习组式的工作方式有利于发挥小组领导的动力

校外开展的小组工作也多是以实习或社会实践的方式开展的，且多数是在教师的督导下进行的。

实习组的工作方式下，小组成员在工作之初就以某种方式形成了不同的实习小组，组内成员根据实习任务进行了相对合理的搭配后，在实际工作中比较容易形成合力，完成实习任务。同时在出现不适于某个小组领导者的工作风格的小组状况时，实习小组中成员的调整也较易实现。

第三节　小组动力：沟通与冲突

在小组过程中，小组所有的活动都是通过小组成员之间、成员与工作者之间的语言与非语言的沟通来实现的，沟通过程中由于各种原因形成冲突也是在所难免的。有效的沟通与冲突的解决推动了小组的发展，成为小组动力的重要组成部分。

---

① 此案例由山东青年政治学院晨之曦社会工作协会的成员所做。

一、小组的沟通

(一) 沟通的含义与意义

沟通是指两个人之间信息交流的行为。小组沟通是一个人利用符号通过一定渠道将信息传递给其他人的过程。在这一过程中,信息的接收者能够完全理解信息的发出者所传达信息的含义。潘正德将这种信息的交流分解为两个层面:认识层面和行为层面。

(1) 认知层面:沟通是通过文字、信函、语言、符号、声音等与他人分享观念、感受、意念等信息。发讯人拥有信息,通过语言与非语言的方式,传递给另一人(收讯人)。在这一过程中,双方能够就信息的含义达成共识。

(2) 行为层面:发讯人在信息传递的过程中,希望能达到某种效果,收讯人能够作出行为反应,即向发讯人表示自己了解、接受了信息,这样沟通才算完成。

沟通是小组中互动的基础,也是小组活动的主要内容,只有通过沟通,小组成员才能相互理解、建立信任或互相协调,实现小组目标。

(二) 沟通的过程

沟通的完成要经过一个有序的流程,在沟通前必须有意图,然后转换成信息,之后再传递出去。这个过程包含七个要素:信息来源、信息来源、编码、信息、通道、解码、收讯人、回馈。

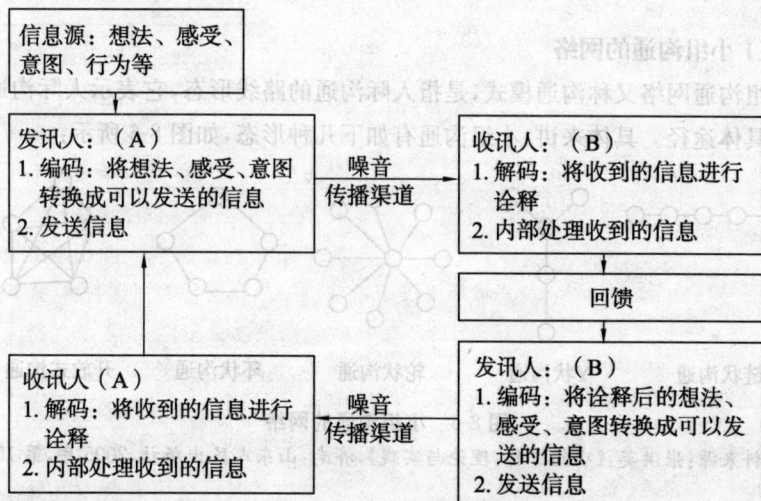

图 8-5 沟通流程图

(资料来源:刘梦主编:《小组工作》,北京:高等教育出版社,2003 年,第 105 页)

下面具体分析一下沟通过程中的七个要素：

(1) 信息源：发讯人的想法、感受、意图和行为，刺激发讯人发出信息。

(2) 编码过程：发讯人要将想法、感受、意图和行为编辑成可以发送的信息，如文字、图片等。在编码过程中，信息源会受到一系列因素的影响：如沟通技巧、态度、知识、社会文化系统等。

(3) 传送通道是传递信息的媒介物，由信息发送者选择。

(4) 收讯人接收信息。

(5) 收讯人将信息内在化，对信息进行解码，并诠释信息。收讯人诠释信息的能力取决于自己对信息的理解。收讯人必须具备阅读、倾听和推理能力。此外，收讯人的知识水平、态度、文化背景也会影响其接收和诠释信息的能力。

(6) 噪音影响：所有的沟通行为都会受到噪音的影响。这里的噪音指的是影响接收和发出行为的因素，从发讯者来看，噪音指个人态度、使用的语言、参照物等；从收讯者的角度来看，噪音指的是个人态度、背景、经验等；从传播渠道来看，噪音指的是环境噪音。

(7) 回馈：通过回馈，发讯人与收讯人之间可以检查是否准确无误地传达了原意，并确定对方已了解了自己的原意。因此这个过程又是一个信息重新传递的过程。只有当这个过程结束后，一次沟通行为才结束。

了解沟通的全过程，能够帮助我们进一步理解小组的沟通方式和小组中沟通问题产生的原因，提高小组沟通的效率与效能。

(三) 小组沟通的网络

小组沟通网络又称沟通模式，是指人际沟通的路线形态，它表示人际沟通的指向性和具体途径。具体来讲，小组沟通有如下几种形态，如图 8-6 所示：

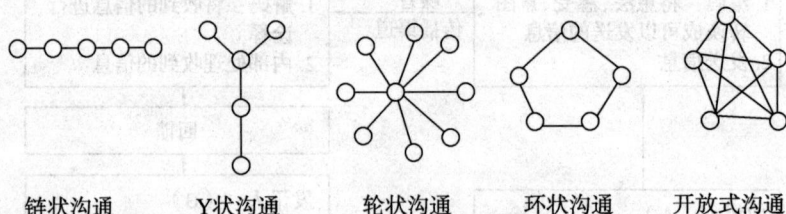

链状沟通   Y状沟通   轮状沟通   环状沟通   开放式沟通

图 8-6　小组沟通的网络

(资料来源：张洪英：《小组工作：理论与实践》，济南：山东人民出版社，2005 年，第 155 页)

1. 链状沟通

链状沟通中成员之间的沟通方向只有向上和向下两种，也就是说，成员只与自己左右的组员进行沟通,而与其他人的沟通不够充分。这种沟通方式在小组初期非常明显,因为这个时期,小组成员之间的关系还没有建立起来,彼此之间还不太熟悉和信任。

这种沟通方式能够反映出小组成员之间的关系和小组的成熟度。链状沟通方式在处理简单问题时能够体现出效果。

2. Y状沟通

Y状沟通中成员之间出现了单线联系,同时在小组的两端形成了领导与被领导的关系,每次信息的传递都是通过两位处在领导位置的人开始的,因此,在传递过程中,会产生一定的压力。

Y状沟通模式中,成员之间的关系是不平等的,反映了一种控制与被控制、主动与被动的关系。

3. 轮状沟通

轮状沟通中成员之间的每一次沟通,都是通过处在核心位置的人来完成的,因此,就形成了一种领导(或控制)与被领导(或被控制)的关系。

4. 环状沟通

环状沟通中组员与自己周围成员之间的沟通比较充分,而且不存在开始和结束,没有明显的领导存在,成员的领导与被领导的关系、控制与被控制的关系不明确。

5. 开放式沟通

开放式沟通允许所有成员间充分沟通,这是最不具备结构性的沟通。在这里既没人以领导的身份处于沟通的中心位置,没有领导与被领导的关系,也没有沟通的开始与结束,所有的人都是平等的。它反映了小组的凝聚力和成员的热情。这是小组最佳的沟通模式。

潘正德从信息传递的速度、正确性、核心人物的出现、小组士气等四个方面将这五种沟通模式进行了详细的比较。按照潘正德的分析,从沟通的速度来看,开放式和轮式沟通最佳,链状和Y型适中,环状最慢;从沟通的正确性来看,链状、Y状和轮状最佳,开放式适中,而环状最差;从是否产生核心人物来看,环状和开放式最好,链状和Y状居中,轮状最明显地具有一个核心人物;从小组的士气看,环状和开放式最佳,链状和Y状居中,而轮状的士气最差;从整体上看,开放式是小组中最好的沟通形式。[①]

约翰逊(Johnson)等人对上述沟通形式进一步分成两类:第一类是中心式沟通

① 刘梦主编:《小组工作》,北京:高等教育出版社,2003年,第108页。

或领导中心模式,包括链状、轮状和 Y 状沟通,因为在这些沟通模式中明显存在一个中心;第二类是非中心式沟通或小组中心模式,包括环状沟通、开放式沟通,在这两类沟通模式中,没有一个明确的中心人物存在。

不同沟通模式在小组中的效果是不同的,它们会对小组领导的产生、小组过程的发展、成员的凝聚力和士气,以及问题的解决产生重要的影响。在非中心沟通小组中,成员的士气很高,凝聚力很强;而在中心沟通模式的小组中,成员的士气较低,凝聚力不强。在不同的小组中,这两类沟通模式可能都会出现,中心式沟通可能更多地运用在治疗性小组中,而非中心式沟通模式更多地运用在成长性小组中。小组工作者在领导小组时,要根据小组的模式,选择引导某个具体的沟通模式的出现,从而更好地带领小组实现目标。

(四) 影响小组沟通的因素

在小组沟通中,经常会出现一些沟通的障碍,如信息的丢失、扭曲和失真,导致沟通的不充分和失效。沟通过程中所涉及的因素都可能导致沟通障碍的出现。

1. 信息发送者

信息发送者的价值观和信念、知识与能力,对信息的理解和选择性发出有影响;信息编码的方式,信息发送的时间、地点、方式、渠道与使用的语言,对信息接收人情况的判断等,都会影响沟通的有效性。

出现沟通障碍的原因有:

(1) 认知层面:对信息理解有误、信息编码错误;

(2) 态度层面:排斥收讯人,仓促行事,言行不一致;

(3) 行为层面:在发送信息的时间、地点、方式、语气等方面存在问题。

2. 信息接受者

信息接受者的价值观、生活经验、知识与能力等,会影响他们对信息接受的有效性。

(1) 认知层面:不明语意,自以为是,情绪障碍,信息过分复杂等;

(2) 态度层面:心不在焉,不想接受,不愿沟通,不喜欢听等;

(3) 行为层面:身体疲劳,假装在听等。

3. 小组自身的因素

(1) 组员在小组中所处的位置

处于中心位置的组员容易成为小组沟通的中心人物。这个人物有可能是对问题非常熟悉,或具有某种特殊的地位、特殊的身份,如学生干部等,这些有可能影响到他们对小组活动的安排,使自己成为一个中心人物。

（2）整个小组座位的安排

在小组活动中,组员对座位的选择,反映了他们对各自地位、参与方式、领导模式以及对相互关系的看法。在小组的初期,靠近工作者的组员及面对工作者的组员有更多的机会参与到讨论中。当小组内部形成次小组后,领导者的地位已产生,座位的安排已不再重要。

（3）小组的工作目标性质

一般来讲,小组的工作目标简单,以收集信息为主时,沟通过程简单,也容易进行;小组工作目标复杂,涉及多种信息的收集、分析与讨论时,沟通过程变得烦琐,沟通也就比较困难。

（4）小组的凝聚力与信任程度

一般来讲,凝聚力强、成员信任度高的小组,气氛活跃,成员开放性强,彼此的沟通方式与效果均好;凝聚力弱、成员信任度低的小组,成员开放性弱,彼此的沟通效果也不好。

（5）小组的规模

一般来讲,小组规模大,会影响沟通的速度、正确与充分;小组规模小,相对来讲会使沟通更充分和有效。

4. 小组的沟通环境与沟通渠道

沟通的物理环境会影响沟通,如房间大小、座位的安排方式、彼此的空间距离、沟通媒介的选择与使用、噪音等,这些因素都会影响信息的有效传递。

社会人文环境也会影响沟通,如文化水平、风俗习惯,社会地位、职业声望,年龄、性别、角色、身份、心理等因素,都会影响沟通的效果。

整个小组中,沟通网络和沟通方式的选择,也影响到信息传递的速度、正确性及有效性。

5. 沟通方式与技巧的掌握

小组内的沟通能否顺利地进行,很大程度上取决于组员、工作者自身所拥有的沟通技巧。当双方都具有良好的沟通技巧时,沟通就会顺利地进行,反之就会给沟通带来困难。

良好的沟通技巧来源于一个正确的态度以及在此基础上发展起来的技巧。小组工作者在工作中,要保持良好的沟通,需要注意以下几点:

（1）不批评、非控制的态度:遵循案主自决的原则,尊重组员的选择与权利。

（2）平等协商的态度:以平等的方式、协商的态度与对方沟通,愿意接受新的观点与看法。

（3）利用关注的技巧:谈话时的姿态、神态、眼神、体态语言等均能反映出对谈话者关注的程度。

（4）语言使用的技巧：多使用描述性语言，少用评价性语言；多问开放性问题，少问封闭性问题；多用简单句，少用多重长句；多谈自己的感受，少批评他人的做法；态度要真诚、自然，口语要简练、比喻要恰当。

（5）积极地倾听与适当地回应。

（6）敏锐地觉察对方身体语言的意义，辨别对方的情绪反应，并有效地处理。

二、小组的冲突

任何小组都会发生冲突，没有冲突的小组是没有活力和生命力的。小组冲突的原因是多方面的，冲突的类型也是多元的。冲突有正向的功能，也有负面的功能。

（一）小组冲突的定义

小组冲突是指相互作用的各方由于资源、利益以及价值体系的差异等所引起的矛盾、对立和争斗的过程。其中资源一般包括物质资源、政治资源、社会资源等；利益，一般是指经济、政治、文化利益等。在小组冲突的含义中，包含着五个基本要素：第一，必须要有冲突的主体；第二，必须要有冲突的情境；第三，冲突是一种对立行为；第四，冲突是一种认知感受的状态；第五，冲突是一种互动的过程。

（二）冲突的类型

冲突可以从不同的角度进行不同类型的分类。

1. 按照冲突发生的对象分类

从冲突发生的对象看，小组冲突分为：成员与成员间的冲突，成员与小组工作者间的冲突，成员个人与小组间的冲突和小组与小组间的冲突。

2. 按照冲突的内容分类

从冲突的内容看，小组冲突可分为：

（1）理性与秩序性的冲突：指围绕实现小组目标时发生的冲突，表达方式是理性的。

（2）心理与情感性的冲突：成员性格与行为不协调造成的冲突，或成员没有有效地克制自己的情绪而产生的冲突。

（3）权力与控制性的冲突：成员间因争夺权力与影响力而产生的冲突。

（三）冲突的作用

在小组工作中，冲突是不可避免的。当冲突得到有效解决时，会带来建设性的结果;同样,当冲突无法解决时,也会产生众多的负面影响。总而言之,在小组中,冲突会出现积极的影响和消极的影响。

1. 积极影响

(1) 激发创造力。通过争论与热烈的讨论,会引发奇想与创新。

(2) 提高决策水平。通过适度的争论,可以收集到更多的解决冲突的方案,提高决策的水平,满足不同人的不同需要。

(3) 增强小组的凝聚力。冲突的出现与适当解决,使问题更加具体化、明朗化,使成员间达成共识,建立起一种新的信任与合作的关系,增加了小组的凝聚力。

(4) 增进自我认识,学会适应环境。小组冲突能够使相互作用的各方在价值观、态度、行为和需要等方面加强自我反省,从而增进自我了解和认识。

2. 消极影响

(1) 影响小组目标的实现。歧义的出现,往往使成员无法采取一致的行动,会影响小组目标的实现。

(2) 影响小组成员的心理。冲突的出现会引起小组成员的紧张、焦虑与不安,使成员不能在正常的状态下活动,影响小组的工作效率。

(3) 破坏小组的凝聚力。成员间的冲突会带来成员之间关系的紧张,对小组活动的信心和兴趣降低,参与热情也会降低,甚至会带来小组的解体。

由此可见,冲突并不总是坏事。有效地处理冲突,可以增强小组的凝聚力,提高工作效率,促进组员的成长与改变。

(四) 解决冲突的原则

1. 积极聆听,保持良好沟通

面对冲突,工作者应关心所有成员,积极聆听成员的反应与愿望,保持沟通渠道的畅通。工作者的介入目标不是立即终止分歧,而是通过积极的沟通,以期找到冲突的原因与解决问题的方法。

2. 真诚面对,及时反馈

面对冲突,社会工作者要真诚对待,积极分析、了解冲突产生的原因,并及时对各方面作出反馈,让他们了解工作者正在进行的工作。

在小组中引起冲突的原因很复杂,归纳起来包括:(1) 语言沟通上的困难或误解。(2) 小组结构方面的原因。小组结构过大,成员的专业水平越高,参与程度越高,冲突也就会越多。(3) 个人因素。工作者或成员的特点,如权威感,独断、控制欲强等,都容易导致冲突。(4) 小组中价值观的冲突。(5) 小组中为争夺权威、地位和影响力等,也容易导致冲突。

3. 发展有利关系

处理冲突时,公正、信任、合作的关系是解决问题的前提。工作者必须坚持这一原则,寻找对冲突双方均有利的方式方法,解决问题。

(五) 解决冲突的策略

在小组冲突解决的过程中,冲突双方基本上需要考虑以下两点:第一,达成一个共识,使双方的需要得到满足,各自实现自己的目标;第二,与对方建立一种合适的关系。如何解决冲突取决于个人目标的重要性,以及个人如何看待自己与对方的关系。因此,在解决冲突中,应遵循下列五个策略:

1. 解决问题的谈判策略

使用这一策略时,当事人关注的是个人目标的实现、与对方的关系两个方面,在处理冲突时本着解决问题和坦诚的态度,积极寻找方法,保证双方都能实现目标,消除彼此的紧张关系。这是一个双赢的策略,通过冲突的解决,双方实现了自己的目标,同时关系也得到进一步的完善。在解决冲突时,这个策略是最理想的,一方面,这一策略能够为当事人双方带来最大的收益;另一方面,通过谈判和协商,为当事人提供了一个学习解决冲突的机会,在冲突解决的过程中,学到了一些方法与技巧,从而为他们离开小组后,在现实生活中运用这些技巧奠定基础。但这一策略的使用需要具备一定的条件:第一,双方实力相当;第二,双方对利用谈判来解决问题能达成共识。

2. 自我牺牲的顺应性策略

使用这一策略时,当事人一般非常重视自己与他人的关系,个人的目标并不占重要的地位。在处理冲突时,会以牺牲自己的利益和目标为代价,来换取与他人的和谐关系。小组冲突中,某些社会地位低、资源缺乏,个人能力不强的成员常使用。他们与人发生冲突时,无法与对方进行谈判,为了保持某种人际关系,常会采取这个策略。

3. 强迫进攻性策略

采用这一策略的人,一般会将自己目标的实现放在第一位,而与他人的关系则不重要,为了实现目标,可以不择手段,千方百计地让对方妥协、放弃自己的目标。他们经常采取的手段包括威胁利诱、提出极端要求强迫对方接受,甚至欺骗对方等。采取这一策略的双方,一方会胁迫另一方妥协与让步,双方之间的关系会出现极端的不平等。

4. 妥协式策略

采用这一策略的人,往往很重视自己的目标,也重视自己与他人的关系。但是,由于各种原因,无法像解决问题策略那样做到双赢。因此,在冲突解决的过程中,需要双方各自妥协退让一步,使双方的目标有条件地部分实现,双方的关系也有条件地得到维持。使用这一策略应具备的条件:双方实力处在同一水平上,同时也都同意用妥协退让来解决问题。

5. 逃避(退出)式策略

采用这一策略的人,通常认为目标和与他人的关系对自己都不重要,因此,当冲突出现时,就会选择放弃自己的目标,放弃自己与他人的关系,以避免与他人冲突。这一策略在某些特定的情境中,具有积极的意义。如冲突双方的情绪极为冲动,同时也需要时间来使双方恢复平静时,一方采取逃避式的策略,离开现场,对缓解冲突激化是有好处的。小组工作者在事后应及时跟进,等双方冷静下来后,干预处理双方的矛盾与冲突。另外,付诸行动后的潜在破坏性会超过冲突解决后获得的利益时,采取逃避式的策略也具有积极意义。

除这五种策略外,解决小组冲突还可以借助外界的力量,使用权威仲裁策略,即将争论或要解决的问题交给第三方权威人物或权威部门来解决。使用这一策略需要具备一定的条件,即有第三方的存在,同时第三方具有相当的权威性与公正性。

附录:测量个人解决冲突的策略[①]

冲突行为问卷

下列是不同的解决冲突的策略,描述反映了人们解决冲突的方式,仔细阅读这些叙述,分别给每一题打分,看看它们是否符合你的解决冲突的方式和解决冲突的指导思想。

5分:我解决冲突的非常经典的方式,或非常同意

4分:我解决冲突经常会用的方式,或比较同意

3分:我解决冲突有时会用的方式,或同意

2分:我解决冲突很少用的方式,或不完全同意

1分:我解决冲突从来不用的方式,或完全不同意

(1) 我认为惹不起我躲得起。

(2) 如果你无法让别人跟自己的想法一致,让他按照你自己的方式行事也好。

(3) 我认为甜言蜜语能使石头动心。

(4) 你捧我,我就捧你。

---

① 参见刘梦主编:《小组工作》,北京:高等教育出版社,2003年,第114~116页。

(5) 发生冲突时,我会跟对方说,过来吧,我们好好讲道理。

(6) 两人争吵时,首先保持沉默的人值得赞扬。

(7) 使用武力比辩论是非要有成效。

(8) 好言好语好商量。

(9) 半个面包总比没面包好。

(10) 我相信真理蕴藏在知识中,而非大多数人的观点中。

(11) 争强好斗的人,每次都会与人争斗的。

(12) 我与别人冲突时,会控制局面,并会迫使对方逃走而告结束。

(13) 我会用善意来战胜对方。

(14) 公平交换就不会导致争吵。

(15) 个人不可以决定一切,相反,众人拾柴火焰高。

(16) 与那些跟自己观点不一致的人应该少打交道。

(17) 自信的人一定能够获得最后的胜利。

(18) 与人交往时,我相信和善的语言效果好,代价小。

(19) 一报还一报,公平合理。

(20) 只有那些不固执己见的人,才能从别人的信念中得到启发。

(21) 不要与那些喜欢吵架的人打交道,因为他们会给你的生活带来不幸与麻烦。

(22) 在遇到冲突时,我坚持不让步,最终能够让对方让步。

(23) 和颜悦色能保证人际和谐。

(24) 送给别人一个礼物会与他们交上朋友。

(25) 将冲突公开化,并正视这些冲突,只有这样才能找到解决途径。

(26) 解决冲突最好的办法就是避免冲突。

(27) 遇到冲突时,我坚守阵地,寸土不让。

(28) 温和谦让会战胜愤怒的情绪。

(29) 能够获得部分的胜利,比一点都得不到要强。

(30) 坦率、诚信和信任能够移山倒海。

(31) 天下没有什么东西一定需要去争斗。

(32) 天下只有两类人:胜者和败者。

(33) 以德报怨没什么不好。

(34) 当双方都让一步时,问题基本上就得到公平解决了。

(35) 只有不断地发掘,才能发现真理。

打分：

回避	进攻(竞争)	顺应	妥协	双赢
1	2	3	4	5
6	7	8	9	10
11	12	13	14	15
16	17	18	19	20
21	22	23	24	25
26	27	28	29	30
31	32	33	34	35
总分	总分	总分	总分	总分

第四节　小组动力：文化、规范与凝聚力

小组文化、规范和小组的凝聚力是小组工作中不可忽视的因素,也是小组动力的重要组成部分。

一、小组文化

任何组织都有一套属于自己又区别于其他组织的独特的价值系统与文化系统,小组也不例外,每一个小组都有其独特的文化系统。小组文化是小组动力的重要因素,它的产生与发展对小组整体动力的发展、小组目标的达成、小组成员的成长都具有非常重要的意义。

(一) 小组文化的含义

小组文化是小组成员共同拥有的一套价值、信念、习惯和传统体系。小组成员通过与他人的互动发展、维持,促进小组的文化。

这里所说的小组文化区别于小组工作的价值文化,是指在某一具体的小组内形成的关于这一小组的独特的文化。

(二) 小组文化的形成

在小组形成的开始阶段,小组成员来自不同的文化背景,各自形成了自有的一

套价值体系与观念。在加入小组后,为达成小组目标,小组成员往往需要通过与小组工作者、小组成员之间的沟通、分享与互动,逐步达成在小组的规范、行为准则、价值观等方面的共识,并以自己独特的方式创造出属于自己的小组名称、小组形象、标识等外在的文化标志物,形成一整套的小组行为规范、价值体系等,成为属于自己小组的文化。

小组文化既包括小组名称、标识等外在的标志性的内容,也包括小组统一的理念、统一的行动和活动规范等内在的内容与要求。它在小组整个生命过程中不断发展,并发挥着作用,影响小组的进程。

(三) 小组文化的特征

小组文化的特征主要表现在两个方面:对外具有独特性,对内具有统一性。

小组文化对外的独特性主要表现在每一个小组都具有自己独特的名称、仪式、程序、语言、口号、标识等对外包装等,体现了自己不同于其他小组的独特的个性。

小组文化对内的统一性主要表现在小组内部具有统一的价值理念、统一的行为和活动规范,这些小组文化对小组成员有着强大的约束力,也提高了小组成员的认同感与归属感。

(四) 小组文化的功能

小组文化是小组动力的组成部分,也是小组控制力的来源之一,小组文化的功能主要表现在以下几方面:

第一,约束与影响成员的行为;第二,成员有归属感与认同感;第三,增强凝聚力,培养小组的团队精神,树立良好的小组形象;第四,产生协同力,形成小组动力;第五,有利于小组目标的达成。

参与式学习活动

实践分析与操作

目的:

理论联系实际,用小组文化的理论知识分析身边亲身经历的现实,从而进一步掌握小组文化的知识,提高分析问题和解决问题的技能。

题目:

将你们的宿舍或班级(机构)当成一个小组,分析其不同于其他宿舍或班级(机构)的具有统一性的独特之处的有哪些,这些具有统一性的独特之处即小组文化是如何形成的? 对宿舍的成员或班集体的成长有何影响? 还应该建构哪些小组文化? 如何建构?

操作

以小组为单位讨论分析,然后由小组工作者进行参与式分享。

二、小组规范

(一) 小组规范的定义

每一个小组也都有属于自己的规矩来规范成员的行为。关于小组规范的定义不同的人有不同的观点,有代表性的主要有:

霍曼斯(1950)认为,小组规范是小组成员心中的一种思想、理念或者是一种能以文字叙述的形式来表达的思想,它详细地告知成员在某种特定的环境中,哪些行为应该做、需要做、被期望去做。

福思诗(1990)指出,小组规范是可以用来规范成员行为的指导原则,借此可以改善互动成员间的合作情形。

约翰逊(1991)认为,小组规范是指小组的共同信念,是小组成员行为的规定形式,是小组用来管理成员行为的准则,让小组成员明确在各种不同的情境中,什么行为可以做,什么行为不能做。

罗纳德·W. 特斯兰(Ronald W. Toseland)和罗伯特·F. 理瓦斯(Robert F. Riwas)(1995)指出,小组规范就是小组的共享期望和信念,不只可以规范和稳定成员的行为,更可以增加对他们的预知能力和安全,对目标的达成和小组的运作非常重要。

小组规范是小组成员所接受的整体行为模式,如小组成员应积极参与小组活动与讨论等,如小组成员间应该互相支持等。规范保证小组成员在行动方式上遵循小组期望,如小组成员应按时参加小组的每一次活动。总之,小组规范是由小组成员共同认定的,能维持小组稳定发展的管理行为的准则与标准。

小组规范的范围与内容,从广义上讲,包括制度、道德、文化、风俗和舆论等;从狭义上说,小组规范包括出席、准时、保密、情感表达、自我表露和分享等。

(二) 小组规范的形成

小组规范的形成是一个发展的过程,它随着小组的形成、发展而逐步地形成与发展。

小组规范的形成与发展主要是通过以下途径:

1. 由小组成员自发地形成

当小组刚刚建立时,小组成员在小组过程中相互观望,随着活动的进行,小组成员的一些行为得到奖赏,一些行为受到惩戒,从而导致了部分规范的形成。如小组工作的第一阶段,小组成员往往保持沉默、观望,随后部分成员参与讨论、互动的行为得到工作者的认可和赞许后,引发了其他成员参与活动的愿望和行为,成员学会了"做什么";同样,当某些行为受到惩罚时,成员也学会了"不做什么",随着小组的发展,小组的规范逐步形成。

2. 由社会工作者明确的陈述和示范发展而来

在社会工作者组织的小组活动中,工作者可以有目的地引发规范。工作者可以根据小组的目标和小组过程需要等方面,引入一些规则,并使其成为小组成员所期望的规范的一部分,推动小组规范的形成与发展。

工作者可以提出明确的要求,如"我们在小组中应该开放地表达我们的感受",并要求小组成员照此去做;工作者也可以不直接告诉成员的要求,而是向小组表达自己的感受,使小组成员通过观察与感受,学习"在小组中开放地表达感受"的规范要求。

3. 由工作者和小组成员通过民主讨论发展而来

在小组工作中无论是成员自主形成的规范,还是由工作者引导形成的规范,在形成初期只是一种目的不明确的行为,这些行为要成为小组的规范还需要工作者与小组成员民主讨论,得到成员的一致认同,并且经过提炼,才能真正成为小组规范。

(三) 小组规范的内容

小组规范的内容包括:程序规范、角色规范和文化规范。

程序规范是界定成员间互动的准则的。如:互动是严肃的或工作取向的,成员在小组中可以自由地表达感受,决策以什么方式形成,小组聚会的频率等均是程序规范。

角色规范是界定小组中特定身份的预期行为模式。当成员被赋予特定的地位或特定的角色时,成员的行为就要与小组的期望一致,被期待遵守应有的角色规范。如成为小组的同侪领导,就被期待带领小组完成相应的任务。

文化规范是指小组集体的信念、态度和价值等。小组的文化规范是和其他小组不同的,即对外具有独特性,对内具有统一性。

程序规范与角色规范比较容易形成,而文化规范需要在小组的过程中随着小组的发展而逐步形成,在短期的小组里很少存在文化规范,而在长期的小组中文化规范成为小组象征的重要组成部分,成为小组文化。

（四）小组规范的功能

1. 促进小组的稳定

规范是通过小组成员的互动逐步发展的，通过规范，可以建立小组的内部控制，帮助小组成员控制、稳定和调节自己的行为。小组成员可以利用规范纠正一些成员偏离规范的行为，同时规范也可以让成员预测自己的行为能否被接受，增加在小组中的安全感。

2. 促进小组成员的变化

规范能促进小组的助人过程，如"我们应该帮助那些和我们有相同境遇的人"是有益的规范，这一规范鼓励共同分享与互助，遵从规范有助于发展成员的助人行为，促进小组成员的变化。

3. 增强凝聚力，达成小组目标

规范是小组成员之间的互相认同和默契，在成员的内部形成，同时也使小组保持一种动态平衡和活力，使个人的需求（如情感的需求、控制与被控制的需求、包容与被包容等的需求）得到满足，产生对小组的依赖，增强小组的凝聚力。同时规范的存在，也促使小组达成目标。

参与式学习

目的：

理论联系实际，利用小组规范的理论，分析身边的事实，掌握小组规范的知识，提高分析问题和解决问题的能力。

内容：

将自己的宿舍（或参与的社团等）当成一个小组，分析小组中具有哪些规范？

这些规范是如何形成的？

这些规范又是如何影响小组成员的行为的？

这个小组中还有哪些规范需要进一步建设？

操作：

以小组为单位讨论、分析，然后由工作者带领进行参与式分享。

三、小组凝聚力

（一）小组凝聚力的含义

小组凝聚力是影响小组成员停留在小组的整合力，或者说是小组成员希望留在小组的程度。它是群策群力的一种表现，是团队精神的重要指标，是小组动力的重要因素。

对小组动力学的研究表明，小组的凝聚力来源于以下几个方面：

1. 小组内在的因素：小组成员与小组

（1）对小组成员安全、自尊等需要的满足。对组员具有吸引力的小组，通常能满足成员某些方面的需要。如人际关系小组可以满足成员希望改善和提高人际关系的需要，老年人活动小组能满足一些寂寞和离群老年人的社会性需要等。

（2）小组内成员关系密切。小组内成员间关系和谐、融洽、密切，成员间产生情感依恋是小组凝聚力的重要表现。

（3）小组活动有吸引力。小组的目标、运作及活动有吸引力，成员对活动感兴趣是小组成员愿意参与小组的重要因素。

（4）小组本身的声望。小组资源丰富，有知名人士参与，或小组拥有良好的名声，或参与小组会给自己带来良好的声望，是吸引成员参与的重要原因。

2. 小组外在的因素：外部环境的压力

小组面临巨大的外部环境压力，会使成员加强互动，共同面对环境压力，提升小组的凝聚力。

（二）凝聚力对小组的作用

伴随着高度的凝聚力，小组中会出现一些正面的情绪气氛。有凝聚力的小组倾向于保留全体成员在小组中，小组保留成员的时间越长，小组成员参与小组过程的可能性越大。工作者应该定期检查小组的凝聚力，灵活运用。在小组初期，工作者需要增加小组的凝聚力，但当小组进入后期，高凝聚力对小组已没有必要，此时工作者要做的是降低小组的凝聚力，为小组的结束作准备。

小组凝聚力的作用主要表现在：

1. 保持小组成员的身份，满足成员的归属感

在凝聚力比较高的小组中，小组对成员有着很强的吸引力，成员也有归属于小组的愿望。小组成员为了留在小组中，会遵从小组的期望，甚至愿意接受惩罚，满足成员归属感的需要。

2. 提高小组成员间的信任与接纳

在有凝聚力的小组中，成员间相互接纳与信任的程度提高，促进了人际间的和谐。

3. 增强小组的控制力

高凝聚力的小组中，成员对小组规范的认同度高，恪守规范的自觉性也高。此时小组的控制力增强。但过强的小组控制力不一定都是工作者所需要的，或者是

包含小组在内的大系统所要求的。例如,小组规范中可能具有某些反社会或不合作的态度,在高凝聚力的小组中,这些控制力可能会导致这些不理想规范的强化,进而造成对整个小组的不良影响。

4. 提高小组成员的参与程度

研究表明,随着凝聚力的增加,小组成员的参与也相应地增长。在高凝聚力的小组中,小组成员更愿意参与实现小组目标,他们还愿意承担更多的责任和工作,对小组更忠心。在高凝聚力的小组中,小组成员也会更频繁而有效地沟通,他们乐于自由地表达自己,聆听他人,并且准备影响他人和接受他人的影响。

5. 划清小组界限

凝聚力的增长在小组成员中加强了"我们"的意识或感受。这种"结合在一起的"的意识造成了组员与非组员间明显的不同,那就是小组界限的建立。

(三) 提高小组凝聚力的方法

1. 维持成员之间的高度信任感

信任的气氛是发展凝聚力的基础。只有当小组成员彼此信任时,他们才能分享彼此的感受、观念和思想,接受建议或倾听他人的评论。

2. 提升正向的小组规范

成员对小组规范的认同与接受,特别是正向的小组规范,是提升凝聚力的重要方法。如尊重成员的个人特质、鼓励成员能自由地表达意见、成员之间应该相互支持彼此鼓励等。

3. 协助小组建立相互依存的目标

相互依存的目标是那些小组成员为达到目标不得不彼此信赖的目标,当小组成员相信他们能通过小组达到他们的目标或满足他们的需要时,小组将变得有凝聚力,成员也学习到如何为小组作贡献。

4. 强化小组成员的信心

一个成功的经历,可以增强小组的凝聚力。小组成员的自信心是增强小组凝聚力的重要方法,为强化小组成员的自信心,可以为小组制订一些近期的、短期的或易于达成的小组目标。

5. 感受环境压力或威胁

研究表明,如果小组成员有一个共同的对手,小组将变得更有凝聚力。让成员感受一些外来威胁或设计一些善意的竞争处境,这些外来的危机意识或刺激能强化成员忠于自己的小组的"狂热感"。

参与式学习活动

小组接力作画活动

目的:

训练小组成员的合作精神与凝聚力的养成技巧。

操作:

以小组为单位分组进行,给每位成员给一定的时间,以接力作画的方式,运用个人的想象力,在限定的时间内完成一幅能代表小组精神的小组画像。

第五节　小组动力:激励

激励是调动人积极性的过程,小组激励在小组工作中也是小组动力的重要组成部分。

一、小组激励的概念与分类

小组激励指小组为了实现小组目标,通过各种方式去影响小组成员的内部需要与动机,从而强化、引导或改变小组成员行为的过程。

小组激励按照不同的分类标准可分为不同的类型:

按激励的内容,可分为物质激励和精神激励。物质激励主要着眼于满足组员的物质需要,精神激励则主要着眼于满足组员的精神需要。

按激励的性质划分,可分为正激励和负激励。正激励是指小组成员的行为表现符合社会需要和小组目标时,通过表扬和奖励来保持和巩固这种行为,更加充分地调动成员的积极性。负激励是指小组成员的行为不符合社会需要和小组目标时,通过批评和处罚来抑制这种行为并使其不再发生,同时引导成员的积极性向正确的方向转移。正激励和负激励都是对人的行为进行强化,所不同的是取向相反。

按激励的方式划分,激励可分为内激励和外激励。内激励是通过启发诱导的方式,激发小组成员的主动精神,使他们参与活动的热情建立在高度自觉的基础上,充分发挥内在的潜力。外激励则是运用环境条件来制约小组成员的动机,以此来强化或削弱有关行为,提高成员的工作意愿。内激励着眼于调动人的内因,带有自觉性的特征;外激励则倚重外因,具有一定程度的强迫性。

二、小组激励的理论

小组激励的理论很多,这里主要介绍几种有代表性的理论。

(一) 内容型激励理论

内容型激励理论主要有需要层次理论和成就需要理论等。

1. 马斯洛的"需要层次理论"

马斯洛的"需要层次理论"指出,人类是有需要的,没有满足的需要产生人工作的动机,也是激励人的积极性的因素。这些需要又是以层次的形式出现的,即由低到高分为五个层次,分别为生理需要、安全需要、社交的需要、尊重的需要和自我实现的需要。

马斯洛认为:人的这五种需要是由低到高依次排列的,呈阶梯式逐级上升。人的最基本的需要是生理需要。一般来说,只有在低层次的需要满足以后,人才会进一步追求较高层次的需要;而且低层次的需要满足的程度越高,对高层次需要的追求就越强烈。因此,只有当较低层次的需要得到充分的满足后,后面的需要才具有激励作用。

需要层次理论告诉我们,需要的存在是促使人产生某种行为的基础。当一个人无所求时,也就没有什么动力与活力;反之,若一个人有需要,就必然存在着激励的因素。要调动人的积极性,就必须要针对不同的人,满足其不同层次的需要。同样,激励小组成员也是如此。

2. 成就需要理论

成就需要理论是美国心理学家麦克莱兰(McClelland)提出的,他认为:人在基本的生理需要得到满足后,还有三种基本需要,即成就需要、权力需要和社交需要。

(1) 成就需要是指达到标准、追求卓越、争取成功的需要。有高度成就需要的人有以下主要特征:有个人承担责任、解决问题、寻求答案的需要;寻求挑战,并为自己设立既有一定难度又不是高不可攀的目标;希望自己所做的事情能得到快速且明确的反馈;对工作热诚,执著于所从事的工作。

(2) 权力需要主要是指影响或控制他人且不受他人控制的欲望。具有高度权力欲望的人对施加影响和控制他人表现出极大的关切。这类人有以下主要特征:对领导地位有强烈的渴求,要求取得并行使权力;喜欢争辩,很健谈;直率、头脑冷静并善于提出要求;竞争意识很强,喜欢支配、教训人。

(3) 社交需要主要是指希望和他人建立友好亲密关系的愿望。有高度社交需要的人有以下主要特征:寻求建立并保持和他人的友谊和亲密的感情关系;希望自己获得他人的好感;喜欢参加各种社交活动,结交知心朋友;乐于帮助和安慰危难中的伙伴。

具有高度成就需要的人对小组来讲非常重要,小组中这样的人越多,小组的目标就越能实现。增加小组成员的成就需要,可以通过树立榜样、让成员体会到成功的喜悦、增强小组成员的自信心、给成员以适当的鼓励来完成。

(二) 过程激励理论

过程激励理论主要有期望理论和公平理论。

1. 弗鲁姆(Victor H. Vroom)的期望理论

弗鲁姆的期望理论认为,人的积极性的大小与他所取得的结果及取得这一结果的概率有关,可用公式 $M = V \times E$ 来表示。(M是激发的力量,V是目标效价,E是目标实现概率)

根据这一理论,在小组工作中,工作者应该为小组成员设置综合效价较高的目标,将大多数成员认可的目标作为小组的目标,同时小组目标应该有适当的难度,与目标的综合效价结合,才能取得最好的激励作用。

2. 亚当斯的公平理论

美国学者亚当斯(J. S. Adams)的公平理论认为,一个人付出努力取得回报后,他不仅关心自己所得回报的绝对量,同时也关心自己所得回报的相对量,会通过种种的比较,确定自己所得回报是否合理。比较之后,成员认为公平,他会保持工作的积极性;如果认为得到了较高的回报,一般不会要求减少回报,而往往是自觉地增加付出;如果感到不公平,则会要求增加回报,或者减少付出以取得心理上的平衡。

在小组工作中,小组工作者要在公平理论指导下,注意激励机制的运用。

(三) 行为改造型激励理论

行为改造型激励理论主要有强化理论和归因理论。

1. 斯金纳的强化理论

斯金纳(B. F. Skinner)的强化理论提出,人们可以通过改变外界环境的刺激因素来增强、减弱或消除某种行为,如奖赏、批评、惩罚等均是强化的手段。

使用强化理论时应注意,强化的行为要与目标一致,同时奖励要及时,方法要创新,对于不同的人应该采取不同的奖励手段。

在小组中使用强化手段是非常普遍的。及时的表扬与鼓励是维持小组成员积极性的重要方式,而对于惩罚则要慎重使用,更要注意使用的方法,否则很容易挫伤小组成员的积极性。

2. 归因理论

归因理论认为,人们将过去的成功与失败作何种归因,对人们的积极性有重大的影响。归因主要有四个方面:人的努力程度(相对不稳定的内因)、能力大小(相对稳定的内因)、任务难度(相对稳定的外因)和运气机会(相对不稳定的外因)。

不同的归因方式往往会导致不同的行为及情绪上的不同结果。

表 8-1 不同的归因方式及其产生的结果

归因方式	结果
成功归结为内部原因(努力、能力)	满意和自豪
成功归结为外部原因(任务容易或运气好)	惊奇和感激
失败归于内因(努力、能力)	内疚和无助感
失败归于外因(任务容易或运气好)	气愤和敌意
成功归于稳定因素(任务难或运气不好)	会提高以后的工作积极性
成功归于不稳定因素(碰巧或努力)	工作的积极性可能提高也可能降低
失败归于稳定因素(任务难和能力弱)	会降低以后的工作积极性
失败归于不稳定因素(运气不好或努力不够)	可能提高以后的工作积极性

（资料来源：包国宪，吴建祖，雷亮：《管理学——理论与方法》，兰州：兰州大学出版社，2009 年，第 241 页）

在小组工作中，要引导小组成员学会对事情进行合理的归因，以保持成员参加小组工作的积极性。

三、小组激励的方法

小组工作中，激励方法的选择对小组动力有着重要的影响。小组工作中采用的激励方法主要有：

1. 支持

小组工作中，工作者常需要鼓励小组成员参与互动、分享与自我管理，对于不善于表达的成员更需要进行鼓励，支持他们在小组中的活动与表现。

如：小组活动中经常鼓励成员的即兴发言，"如果你想说点什么，我们很愿意听"，"继续说下去，我们很愿意听你说完"，"你的意见对别人有帮助，别人也非常乐意听到的意见"等。

2. 设定恰当目标

恰当的小组目标是对成员最大的激励，小组目标的实现可以满足成员的不同需要。小组工作中随时调整与设立不同的过程目标,形成适当的目标链,是对成员的重要支持。

3. 及时肯定

成功的感受体验及对成绩的及时肯定也是激励的重要方法。成功的体验是小组成员对自身能力的肯定,而工作者的及时肯定是重要的强化物。

4. 因人施宜

小组成员的需要不同,对外界强化物的需求也不同,工作者要注意利用多种方式,因人而异地给予恰当的肯定与支持。

5. 慎用惩戒

惩罚作为负性的激励手段,使用中必须慎重,以免使用不当造成小组成员的畏难情绪,不敢再参与小组的互动与沟通。

总之,小组工作的激励方法需要根据小组发展的不同阶段、小组成员的组成、小组成员的不同需求等各方面进行综合的考虑,结合使用。

本章小结

1. 小组动力来自于小组各方面组成因素的相互影响与互动。

2. 小组领导是小组动力的重要来源,领导者本身的特质、领导方式、领导的行为方式、领导者的工作艺术等都是小组领导影响力的重要构成因素。

3. 小组领导方式主要有:专权式领导、民主式领导、放任式领导、协同式领导和同侪领导等。

4. 领导的行为方式对小组动力有重大影响,领导方格理论、权变理论对小组影响较大。

5. 小组对问题的感知度、决策的方式、小组成员的参与意识极大地影响着小组动力的状况。

6. 有效的沟通是促进小组发展的重要因素,沟通模式、成员本身、沟通环境与技巧都是影响有效沟通的因素。

7. 小组冲突不可避免,分清类型、把握原则、选择适当的解决策略,促进冲突的有效解决是推动小组发展的重要力量。

8. 小组规范的形成、小组凝聚力的提升既是小组活动的结果,也是推动小组发展的重要动力。把握规范的内容、促进小组规范的形成,进而提升小组的凝聚力是小组工作者的重要任务。

9. 小组文化的形成更有力地推动了小组的发展与进程。

10. 恰当的激励方式与手段是促进小组健康发展的重要动力。根据成员的不同需要，提供不同方式的激励措施会取得良好的激励作用。

主要术语

小组领导方式(Group Leadership Style)：小组工作中，小组的领导者、被领导者及其作用对象相互结合的方式。

协同领导(Co-leadership)：又称为双人领导，是指在小组工作中，有两个工作者分享领导权，共同领导一个小组。

小组沟通(Group Communication)：是一个人利用符号通过一定渠道将信息传递给其他人的过程。

小组冲突(Group Conflict)：指相互作用的各方由于资源、利益以及价值体系的差异等所引起的矛盾、对立和争斗的过程。

小组规范(Group Norm)：是由小组成员共同认定的，能维持小组稳定发展的管理行为的准则与标准。

专权式领导方式(Autocratic Leadership)：小组领导者以"权威"、"专家"自居，直接控制和引导小组的活动。

民主式的领导方式(Democratic Leadership)：是指小组领导者尽量推动小组的责任，鼓励小组成员参与小组的决策和各尽所能地去分担和完成小组的任务。

放任式领导方式(Laissez Leadership)：给予每一位小组成员最大限度的自由去决定小组的目标与方向，小组领导只是其中的一员，其权力、责任和参与和其他成员没有区别。

开放式沟通(Open Communication)：允许所有成员间充分沟通，是最不具备结构性的沟通，在这里所有的人都是平等的。

练习题

1. 课堂活动与讨论：

3～5人组建一个《小组工作》课程学习小组。这一小组将在未来的学习过程中完成一系列的实践活动任务，比如：结合学习进程，完成一份可以用来实施的小组活动方案。现在为自己的学习小组确定一个合适的名字，并确定将来活动的大体方向。

作业要求:每个人在参与活动期间,将自己作为一个观察员,做以下记录:

(1) 自己在活动中的沟通能力如何? 你认为还有哪些方面需要提高?

(2) 小组沟通中有没有出现冲突? 是通过什么方式解决的?

(3) 在这次活动中,你的小组中有没有出现领导者? 你是通过什么方式判断和确认领导者的?

(4) 你是否具备成为领导者的条件? 表现在哪些方面?

(5) 小组中已形成了些什么样的规范?

2. 案例分析:

结合领导方格理论、权变理论,以家庭为例,分析爷爷、奶奶(或姥姥、姥爷)对父亲(或母亲)的管理与领导方式。在您的成长过程中,父母亲对您的管理方式有哪些变化? 变化的原因有哪些?

思考题

1. 什么是小组动力? 构成小组动力的因素有哪些?

2. 简述小组领导的主要理论。小组领导的主要方式有哪些?

3. 阐述科学决策的过程。

4. 什么是沟通? 如何进行有效的沟通?

5. 冲突的主要影响有哪些? 如何有效地解决冲突?

6. 小组的规范是如何形成的? 如何评价小组的凝聚力?

7. 如何对小组进行恰当的激励?

阅读文献

1. 樊富珉:《团体心理辅导》,北京:高等教育出版社,2005 年,第三、四、八章。

2. 〔美〕David W. Johnson, Frank P. Johnson 著,谢晓菲等译校:《集合起来——群体理论与团队技巧》(第 9 版),北京:中国轻工业出版社,2008 年,第一、四、五、六、七、九章。

3. 〔美〕罗纳德·W. 特斯兰,罗伯特·F. 理瓦斯著,刘梦译:《小组工作导论》,北京:中国人民大学出版社,2010 年,第三、四、五章。

第九章 小组工作过程

　　小组是一个动态的、变化的发展过程,在这个过程中,小组要经历由开始到结束不同的发展阶段。在这些不同的发展阶段,小组的目标、动力特征及小组工作者的任务都有所不同。小组工作过程是社会工作者为了便于实施管理与计划而设定的一套理想模式,遵循着小组自身的发展规律。很多学者对小组发展过程都有不同的阶段划分,比尔·米尔斯将小组发展过程分为邂逅、试探小组中的界限,以及模塑角色、协调小组中的规范性系统、生产、分离五个阶段;塔克门将小组过程分为形成阶段、风暴阶段、规范阶段和成就阶段;加兰、琼斯和科洛尼将小组过程分为组合前期、权力与控制期、亲密期、分辨期、分离期五个阶段;亨利将小组发展过程分为发起、召集、形成、冲突/失衡、维持、结束六个阶段;沙瑞和葛林斯基将小组发展过程分为初期、形成期、中间期(1)、校正期、中间期(2)、成熟期、结束期七个阶段;也有一些社会工作的理论家将小组工作的发展历程划分为小组开始期、小组中期和小组结束期三个阶段。本书将小组发展过程分为小组筹备阶段、小组开始阶段、小组形成阶段、小组冲突阶段、小组成熟发展阶段、小组结束阶段六个阶段。

第一节 小组筹备阶段

　　小组筹备阶段需要工作者做大量的工作,其中包括需求评估、目标确定、制定小组计划、申报与协调资源、招募与选择成员、会谈契约以及做好具体的准备工作等。

一、需求评估

　　社会工作者在确定开展一个小组之前,要考虑小组的开展满足了哪些方面的需求,所以需求评估非常重要。小组的需求评估可以从以下几个方面来考虑:服务对象的需求、工作者自身的责任和发展需求、机构的需求、社区的需求、国家和政府的需求。

服务对象的需求:服务对象感觉到自身存在的问题影响了生活及个人的发展,寻求社会工作者的支持和帮助。工作者要针对其实际情况进行评估和诊断,制定详细的工作计划,帮助其解决问题。

工作者自身的责任和发展需求:社会工作者在工作范围内发现服务对象的需求,发现社区、机构和社会发展的需求,并结合自身能力和需要评估,制定各个层面的介入目标和计划。

机构的需求:每个机构都要面临生存与发展的问题,机构在其职能、责任与任务范围内,开设小组,服务社会。在这种情况下,社会工作者要针对其机构的发展需要,评估介人的资源、能力以及介入的问题种类,介入的层面和对象,制定小组计划,并进行积极主动的社会工作介入。

社区的需求:社区为了提高辖区居民的生活质量以及做好相应的服务工作,需要社会工作机构和工作者与相关部门联合对社区发展过程中的需求进行评估,确定优先次序和介入目标,以小组工作的形式开展工作。

国家和政府的需求:社会工作者在工作中要针对国家和社会的政策,发现社会工作的介入点。

根据各个层面的需求评估,小组工作者计划开设小组的类别、目标以及明确服务的目标对象和潜在资源。

二、 确定目标

小组是否有一个清晰的目标对于小组的开展非常重要,它能避免小组没有方向感。没有方向感的小组,容易使组员感到无所适从,小组很难有什么效果。一个明晰的小组目标可以帮助社会工作者去选择最合适的小组成员、获得必要的社会资源、准备适当的方案、吸引有意加入小组的人,从而使小组获得发展并取得成功。

(一) 影响小组目标确立的因素

一般来说,确定小组目标时要考虑社会服务机构的目标、社会工作者的目标和小组成员的目标等三个方面的影响因素。如果各方面的目标是一致的,那么小组目标的确立就相对容易;如果各方面的目标发生冲突,就要通过各种方式达成一致。

1. 社会服务机构的目标

社会服务机构的目标对小组目标有着强烈的影响,因为机构为小组的生存和发展提供必需的人、财、物、关系、政策的资源。由于社会服务机构的性质、任务、目标各不相同,因而它所提供的服务种类也很不一样,所以小组的目标就会受到机构目标和服务取向的约束。

2. 社会工作者的目标

社会工作者的目标与工作者的价值取向、实践模式、经验和所擅长的方法有关,其中最重要的就是工作者本人的价值取向。每个社会工作者都有自己的价值取向。社会工作者的价值取向是由其个人经历、价值观以及所受专业训练而获得专业价值取向和社会价值所构成的。

3. 小组成员的目标

小组成员在决定加入小组时,对小组是否能满足自己的需要有一定的期望值,这些需要构成了小组成员加入小组的个人目标基础。一般来讲,小组成员会有生理需要、安全需要、归属与爱的需要、尊重的需要、自我实现的需要等等。

4. 社会(社区)发展目标

随着一个国家社会、政治、经济、文化教育等各方面的发展,国家在不同时期、不同阶段有不同的规划、目标和任务,这些宏观的规划、目标和任务直接影响到微观具体的执行操作层面,在社会工作领域自然会影响到小组目标的确定。

(二) 确立小组目标的原则

在确立小组目标的过程中要遵循一定的原则,这些原则包括:小组目标要具有弹性,因为小组是一个动态的发展过程,所以小组目标要随着小组的发展而不断进行修正;小组目标要具体明确;小组目标要连贯和可测量;小组目标要实际、可行,要根据小组工作者的能力和小组成员的具体情况以及内外环境的情况而定;小组目标要符合成员的最终需要,即以成员的需要为本。

(三) 小组目标的确立与调整

社会工作者根据参与小组成员的能力和自主程度,来确定小组目标。比如,当小组成员能力不够或者自主参与程度不足时,小组目标可能完全由小组工作者来确定;当小组成员有更多的自主性和更大的参与能力时,小组目标可以由小组成员和工作者一起协商确定。

在现实的小组活动过程中,社会工作者的目标、机构的目标和成员的目标以及社会目标存在着差异,这是一个普遍的现象。社会工作者必须在几者之间找到共同点,以便为小组确定一个能包容或融合不同成员个人目标的共同目标。

小组目标不是确定下来就一成不变的,小组是一个动态的发展过程,小组目标也会随着小组活动的推进而不断修正。另外,小组目标一定是明晰具体、连贯、可行和可测量的。

(四)小组目标的内容

伊根(Egan,1970)根据小组功能划分出五个小组目标,分别是协议目标、沟通目标、过程目标、实质目标和需求目标。

协议目标是小组的总目标,比较广义而不具体,是组员希望通过参与小组能够达到个人目标的基本要求。

沟通目标是协议目标中的分目标,强调组员的相互沟通与理解,通过组员的积极分析和自我剖析,给予组员相互支持,达成总目标。例如,单亲家庭儿童支持小组的沟通目标是"鼓励儿童在小组中开放自己,信任别人,分享自己的苦恼,以得到他人的支持"。

过程目标是在小组各个阶段的分目标。在结构性小组中,过程目标是事先确定好的,而在非结构性小组中,过程目标是在过程中带出来的,而不是提前设定的。

实质目标是对小组目标做出一定限制和规范,是对小组成员和工作者、机构在小组过程中的一种指导。

需求目标是个别组员的特殊需求,是希望在小组中达到的个人目标。一般个人目标和整体目标是一致的,因为整体目标的设定就是来自个人的真实需求。但是由于个体差异,每个人都有自己的特殊需求,有时需求与总目标会发生冲突。这时个人要服从总目标,但是一定要在小组过程中留意个人的期望和问题,并对总目标进行修订。

三、制订计划

小组工作如何开展,小组工作者必须作周密的设计与安排,才能确保活动顺利进行。一份详尽的设计方案使小组工作者对小组理念、理论框架、目的等有明晰的认识,并且还可以为社会小组活动的评估提供基础。社会工作者凭借详尽的方案设计书还能获得机构的支持和批准,从而获得机构在资金、资源上的支持。

(一)小组计划书的内容

一份详尽完整的小组计划书应包括以下几个方面的内容:

1. 小组工作的背景及理论依据

◇ 服务机构的背景

◇ 小组成立的原因

◇ 设计小组的理论依据、概念架构

2. 小组目标

◇ 总目标

◇ 阶段目标

◇ 单元目标

3. 小组成员

◇ 小组成员的年龄、性别、教育背景等特征

◇ 小组成员的问题和需要

4. 小组特征

◇ 性质

◇ 持续时间,短期/长期

◇ 人数、规模、结构

◇ 活动频率

◇ 活动时间(上午/下午)

5. 明确的目的

6. 拟备的程序计划和日程安排

◇ 每次活动的计划草案(可以按照小组成员的需要进行修改)

◇ 程序活动

◇ 日期、时间、活动地点

◇ 活动的具体目的

◇ 社会工作者的任务

◇ 活动的准备

◇ 所需设备和器材

◇ 每次活动所需资金

7. 招募计划

◇ 按照机构的规则定下小组建立的程序

◇ 小组成员的来源

◇ 小组宣传、招募的方法

◇ 招募的时间范围

◇ 招收方法

8. 需要的资源

◇ 器材

◇ 地点和设备

◇ 人力资源,例如是否需要志愿者等

◇ 特别项目

◇ 相关人员

9. 预料中的问题和应变计划

◇ 小组成员的问题

◇ 小组工作者或机构的问题

◇ 其他来源的问题

10. 预算

◇ 程序、器材、交通费用的总和

◇ 费用或小组成员会费

11. 评估方法

◇ 评估的范围

◇ 评估的方法

四、申报与协调资源

小组的开展需要相当多的资源,比如人力资源、场地资源、设备资源、资金等。这些资源来源于多个方面,如机构、社区甚至政府部门等。这些资源需要小组工作者利用一定的能力和方法,通过一定的途径去协调、筹集和安排,有时还需要专门为小组的成立向有关部门申请它的合法性。但是一般说来,小组作为一种工作方法会包含在社会工作项目里一起来申报,而不是单独作为一个小组来申报。

五、招募与选择成员

(一)成员招募

小组成员的招募有多种形式,可以通过广告、招贴、媒体、电话邀请、宣传单散发、相关机构发动、直接与预期目标对象联系等多种方式。不管采用哪种方式,都要确保招募信息传播的及时到位。招募信息的传播要覆盖到预期的目标对象和潜在对象。

小组招募公告的内容应包括:小组名称、性质、目的、主要内容、聚会时间、地点、招募对象、人数、费用、联络方式等。如:

*＊＊社区和＊＊＊大学社会工作系联办

"相亲相爱一家人"家庭亲子小组活动

开组日期:2011 年 3 月 20 日、27 日、4 月 3 日、10 日、17 日

时间:上午 8:30~11:30

对象:6~10 岁孩子及一位家长

人数:10 对亲子(共 20 人)

活动内容:增加父母和孩子之间的彼此理解、接纳,学习亲子沟通技巧,提升亲子关系。

报名时间:

地点:＊＊＊社区办公楼 102 室

费用:每个家庭 10 元

报名电话:＊＊＊＊＊

(二) 选择小组成员

报名参加小组活动的成员并不一定都适合参加小组,小组工作者要进行筛选,选择出真正适合参加小组的人员,以保证小组目标的达成,确保小组工作的成效。在选择时,小组工作者要进一步明确报名成员参加小组的真正意图和目的,了解其人格特质及自我概念,同时,也让报名者有机会向小组工作者澄清他们的疑虑及咨询一些相关的小组工作问题。选择小组成员还要考虑年龄的组合、性别、种族、能力、参加小组的经验等问题。

六、 会谈与契约

一般在小组开始前都要进行会谈,会谈可以是一对一的,也可以是集体座谈。会谈的目的是全面了解组员的个人情况,了解其参加小组的目的和动机;向成员宣传小组,使他们了解小组目标,表达对小组的期待;声明小组第一次活动的时间、地点、内容等;建立良好的信任关系,为小组开展打好基础;对不适合参加小组的成员,要及早发现,以确定是否转案或者采取其他帮助的方法。

会谈时要注意订立契约,但是这个时候的契约和小组开始阶段的契约不同。开始阶段的契约通常是书面的,比较正式。而会谈时的契约常常是口头的、非正式的。契约通常包含的内容有:

(1) 小组活动日期、持续时间、频率;

(2) 小组成员的责任,如按时出席、参与和做作业;

(3) 小组工作者的责任,如基本工具的准备和小组活动期间所需的其他资源;

(4) 小组目标和目的;

(5) 小组工作者和小组成员的期望角色;

(6) 小组成员行为守则,如保密和对他们的行为期望等。

七、具体准备

小组开始前的具体准备包括物质准备、人力准备、心理准备以及其他一些必要的特殊安排。

(一) 物质准备

1. 环境准备

(1) 场地安排

场地、空间的安排要能充分满足小组的活动使用。小房间可以增近小组成员的亲近,但是由于拥挤而出现身体接触时会让成员感到压抑。大房间会使小组成员分散注意力。所以场地的安排要根据成员人数、小组活动安排、小组成员的年龄来确定。同时场地内的布置要让小组成员产生认同感,比如放置一些写有小组名称的条幅、图画、象征物,以表明服务机构对小组成员的接纳。

(2) 座位安排

小组座位的安排一般都是以围圈的形式摆放的,座位间的距离可弹性调整。小组成员可自动调整坐椅,和其他人保持合适的心理距离。

2. 设施准备

活动时需要的设备要准备好,比如纸、笔、黑板、游戏器材、道具、音响等。如果在活动中需要席地而坐,要备好地毯或者地垫。

3. 资金准备

在小组开始活动之前,小组的资金预算要做好,并且保证资金到位,否则的话,可能由于资金短缺或限制而使小组计划不得不改变,甚至可能停止小组活动。

(二) 人力准备

小组工作者在小组开始前要做好人事的安排。比如需不需要助教、志愿者;谁来负责接待,接待的时候要做哪些事情,注意哪些细节;谁来负责发放基本资料;谁来负责解答询问,都要事先做好安排。

(三) 心理准备

小组工作者在第一次聚会前要再次书面通知或打电话来告知小组成员聚会的时间和地点,这样做的意义是:第一,防止组员遗忘;第二,让组员有机会对是否参与小组作出再次选择;第三,让组员做好心理上的准备。同时,小组工作者也要做好心理准备,比如做好备选方案,对聚会有什么预期,预测可能会有哪些突发事件以及如何处理等等。

第二节　小组开始阶段

小组前期的筹备工作完成之后,小组就进入了正式的发展阶段,首先是小组的开始阶段。小组开始阶段的顺利进行,为小组的持续发展打下了基础。

一、动力特征

小组动力包括静态和动态两个方面:静态方面,包括机构、小组特性、工作者个人特点、小组成员四个部分;动态方面,包括小组的领导方式与形态、小组凝聚力、成员参与、沟通模式、冲突和冲突的解决模式、小组规范、小组的决策过程等。本章在讲解各个阶段的动力特征时更多从小组动态方面去论述。

在小组开始阶段,组员既对小组充满好奇和期待,又会感到不安、紧张和怀疑。由于组员之间互相不熟悉,彼此交谈不多,会把注意力更多地放在小组工作者身上,而不是自己或其他人身上。这时候经常出现的是轮状沟通模式。

此时规范尚未形成,还没有得到大部分组员的认同,需要工作者的管理和引导。凝聚力还未出现,小组还是一些个体的集合,真正的小组并未形成。

二、目标和任务

小组开始阶段的目标和任务包括小组成员的互相认识,安全感的建立,澄清小组目的、目标和期待;协商建立小组契约;收集成员的反馈信息,发展小组的动力等。

(一) 互相认识,创造安全、信任的气氛

小组工作者在开始阶段要通过一些游戏、技巧使小组成员互相认识、彼此熟悉,为进一步建立和发展相互信任的关系创造条件。鼓励组员积极发言,介绍自己的背景、经历与真实想法,增加组员之间的相互沟通。

(二) 澄清小组目的、目标和期待

小组的目的和目标虽然在小组开始前就已经确定了,但是小组成员的具体目标和期待不尽相同。小组工作者在开始阶段要有机会让小组成员说出各自的目标

和期待,以便得到澄清。小组工作者要带领小组成员完成对小组目标的修正,获得小组成员的认可与接纳。

(三) 协商和制定小组契约

1. 小组契约的内容

小组契约在小组开始前的会谈中可能就已涉及,在小组开始阶段还需要具体地协商、明确、认定与接纳。小组工作中的契约是将小组工作者、小组成员、机构的权利、责任和义务关系加以限定和明确。

小组契约的主要内容包括:

(1) 小组的性质、目的,成立小组的原因、意义;

(2) 小组的运作方法、程序及理论背景;

(3) 小组进程中的守则和规范、奖励及惩罚的细则;

(4) 小组聚会的时间、地点、次数和费用;

(5) 小组、小组工作者、小组成员的角色、权利、义务和责任;

(6) 保密原则,每位小组成员都有保密的义务,由于特殊情况要将小组资料向外呈报,也需要同时指出原因及所涉及的范围;

(7) 评估小组成效的工具和标准;

(8) 明确个别组员在有需要的时候是否可以单独约见小组工作者。

2. 小组契约的形式

小组契约的呈现有书面和口头两种形式。书面的形式,是以文字叙述、明文规定、详细陈述参与小组的各项基本规则。小组工作者与成员双方都要遵守,并在协约上签字以求重视。口头的形式,一般多用在任务小组中,其运作方式是以告知的形式来履行其应完成的任务、成员的角色及分配的工作等。

(四) 收集成员的反馈信息

收集成员的反馈信息是小组工作发展中一直要关注和强调的任务,这样做可以及时发现问题和成员的需要,以便根据实际情况调整小组计划,使之更好地完成小组目标,促进小组成员的成长。在小组开始阶段,小组工作者要注意收集小组目标、程序、结构以及小组成员的感受等反馈,然后根据其必要性、可行性等具体分析,进行科学而合理的修正。

三、 工作者的角色和位置

在小组开始阶段,社会工作者处在小组的中心位置,扮演的角色是基本固定的。

中心位置是指社会工作者作为小组的核心,与每位小组成员都发生互动,主导小组发展进程。角色是指工作者有固定且必须要完成的任务,比如小组开场白,澄清小组目标和期待,订立契约等,这些不受小组类型、进程的影响,都是必须要做的程序。

小组成员的互动模式是以小组工作者为中心的。组员的注意力多在小组工作者身上,期待工作者能解决每个组员的问题,甚至是整个小组的问题。工作者要注意自己的态度与带领小组的技巧,使小组成员之间充分互动。

四、技巧与活动

(一)常用技巧①

1. 观察与评估

观察是对小组成员行为及小组动力等的观察。评估是对所收集到的资料进行分析的过程。

2. 示范

小组成员一开始对自己在小组内的角色并不是十分清楚,工作者可以通过自己的示范与补充来引导适当的行为出现。比如工作者对小组成员表示欢迎、接纳,给组员寻找资源,这样的一些行为就会对组员起到行为示范作用。

3. 催化连接

小组开始阶段,组员可能会寻找和自己有相似性的成员建立关系,这样很可能会导致次小组的产生。工作者可使用一些活动来进行干预,促进真正意义上小组的形成。

(二)开始阶段的常用活动

小组开始阶段经常使用的活动大致分为两类:一类是组员相互认识与熟悉的活动,一类是营造小组气氛的活动。

1. 组员相互认识与熟悉的活动

小组成员往往是陌生的,小组活动开始阶段,要在短时间内让彼此认识熟悉,为小组的主题内容作好铺垫。相识熟悉的活动往往包含自我介绍和相互介绍两部分,让彼此了解一些基本资料,比如姓名、职业、兴趣、年龄、愿望等。介绍的活动多种多样,经常用到的有"知你识我"、"对对碰"、"连环自我介绍"、"棒打薄情郎"、"循环沟通"等等。

---

① 技巧详见本书第十一章《小组工作技巧》。

2. 营造气氛的活动

这类活动的主要作用是打破僵局、缓和气氛和活动前的热身。经常用到的活动有"口香糖"、"马兰开花"、"大风吹"、"松鼠与大树"等。需要注意的是,小组游戏或者活动都是围绕主题展开的,只是小组发展过程中的辅助手段,而不能喧宾夺主,为了活动而活动。

第三节　小组形成阶段

如果说小组的开始阶段只是"个体的集合",小组工作者面对的更多的是每一个单独的个体而非真正意义上的小组的话,那么小组的形成阶段就是小组真正进入到了形成阶段。

一、动力特征

沟通特征:小组形成阶段,小组的沟通结构由初期的单一沟通结构(工作者指向组合)转向次小组(某几个组员联结特别多)或多维度(工作者、组员互动连接)沟通网络发展。

权力结构特征:权力结构是指谁用何种方式来影响他人。此阶段由于角色以及权力划分相对比较明确,所以小组中的权力结构呈现出相对稳定的特征。

角色结构特征:角色结构是人们在正式和非正式的小组中所具有的位置。小组成员在小组中的角色随着小组的发展而变化,有时成员的角色是自己创造的,有时是工作者安排的,有时在活动中临时创造。小组形成期由小组成员的能力、需求以及小组目标达成等的需要来确定,所以,小组的角色结构是相对稳定的。

规范特征:小组形成阶段是小组规范的形成期。

凝聚力特征:小组凝聚力比第一阶段要高很多,组员对小组有了进一步的期待。

二、目标和任务

小组形成阶段的目标和任务是要提高小组的凝聚力,促进小组成员对规范的进一步认同,建立成员之间的信任关系,促进成员的沟通,推动小组目标的达成。

(一)提高小组凝聚力

小组凝聚力是无形的精神力量,是将小组成员联系在一起的纽带。小组凝聚力来源于小组成员自觉的内心动力,来自于共同的小组目标。高凝聚力的小组带来高的小组绩效。小组形成阶段要通过各种活动来提高小组凝聚力,使小组成员对小组形成归属感和认同感。

(二) 促进小组成员对规范的认同

规范不是由工作者制定的,而是通过工作者的引导使成员对规范加以认同。小组成员是规范的决定者和执行者。如果成员违反规范,工作者应该要求成员按照规范执行,但决不能强制执行,应该根据当时的情景加以疏导。比如,对于小组成员的不规范行为,工作者可以直接点出来:"某某,刚才在别人讲述故事的时候,最好能注意听,不要窃窃私语好吗?"也可以用间接的方式去表达:"当你在发言的时候,别人也满不在乎,你有什么感受呢?"

(三) 鼓励和支持成员参与互动

工作者要用技巧鼓励和支持成员参与互动,比如对于不善表达的成员,工作者要给以特殊关注,可以用鼓励的话语激发他们表达的欲望,比如说"我们特别想听听你的看法","如果你想说些什么,我们很愿意听"等。

三、 工作者的角色和位置

小组工作者在这一阶段的位置和角色都是可变的,已经不同于开始阶段的中心位置和领导的角色。需要的时候,小组工作者处在中心位置,引领小组的发展。当小组的结构、角色、地位等已经基本确定的时候,小组工作者就要退居边缘,让小组成员担当主要角色。小组工作者经常在"决策者"、"协助者"和"支持者"三者之间转换。作为"决策者"的时候,工作者扮演最基本的权衡决定者;作为"协助者"的时候,工作者反馈小组成员行动的意义,让成员建立彼此的连接;作为"支持者"的时候,工作者要做一些鼓励组员互动的工作。

四、 技巧与活动

(一) 技巧

小组形成阶段工作者的任务是要提高小组的凝聚力,促进小组成员对规范的进一步认同,建立成员之间的信任关系。任务的完成需要工作者充分倾听、专注、尊重、同理、真诚的行为,这正是为小组成员树立规范的最好典范。

(二) 常用活动

这个阶段的活动主要是能增加成员间的信任,提高合作意识,促进凝聚力的发展。

活动一:"汪洋中的一条船"。练习依靠团体力量,克服困难,达成目的。5人以上一组,每组发一张报纸,可将报纸看做大海中的一条船。需要一个小组的成员同时站在这张报纸上,一个也不能少。当成功完成之后,可将船(报纸)面积减半,继续做,直到船(报纸)小到一个人也站不上去为止。

小组成员在做"汪洋中的一条船"游戏

活动二:"信任之旅"。通过助人与受助的体验,增加对他人的信任与接纳。两人一组,一位做盲人,一位做帮助盲人的人,盲人蒙上眼睛,原地转三圈,暂时失去方向感,然后在帮助人的搀扶下,沿着工作者选定的路线行走。选定路线要有障碍,如上楼、下坡、拐弯等。途中两人不能讲话,只能用手势、动作帮助"盲人"体验各种感觉。然后互换角色。游戏结束后分享助人和被人帮助的感受。

小组成员在做"信任之旅"游戏

第四节　小组冲突阶段

小组发展过程中经常会出现一个冲突阶段,或者叫风暴阶段。在前一个阶段小组形成后,小组成员因性格差异、利益竞争、权力分配不当、价值观相左、需求不同、资源占有不同等而出现一些问题,会使小组进入到一个相对冲突的阶段。小组冲突既有正面意义也有负面影响,如果冲突处理不当,会影响到小组凝聚力甚至小组的顺利进行。如果工作者能有效化解冲突,就能使小组顺利进入到成熟阶段。

一、 动力特征

这个阶段的动力主要表现为组员之间的冲突。冲突既可能带来负面影响,也可能带来正面影响。小组成员的容忍度和管理冲突的技巧会影响到冲突对小组是否带来伤害。

沟通结构:多维沟通链条,次小组沟通明显。有成员开始对峙、抗拒、挑战工作者的地位。

规范和凝聚力:小组形成阶段形成的规范在此时受到了挑战,需要重新整合。凝聚力也会因各种冲突的出现而受到影响。

角色和权力结构:小组角色和权力出现重新划分的取向。小组里价值观、兴趣、观点取向一致的成员会形成次小组,对原有小组结构形成挑战。同时,一些有权力欲、控制欲和表现欲的成员会对原有角色划分和权力分配表示不满,要求重新改变角色和权力结构。

二、 目标和任务

(一) 重新澄清小组目标

在小组的冲突阶段,组员之间的冲突矛盾是这个阶段的动力,小组成员的注意力会转移到个人目标之间的摩擦、争执上,而往往忽视小组的整体目标。工作者要经常以各种方式来提醒小组成员,使他们能够时刻注意小组目标或与小组目标一致的个人目标。

(二) 增进小组成员对自我的了解

当小组成员因为价值观、权力、角色不同而发生冲突时,工作者要引导成员进行自我反思,比如"为什么你有这样的想法,你是从什么角度来看待这个事情的?""当别人和你不同的时候,你有什么样的情绪?""生活中有没有类似的事情,你是怎么处理的?"把冲突的内容引导到对自己的反思上,增加对自己的了解,而不是只关注于冲突的表象。

(三) 澄清对冲突的认识,提高凝聚力

小组中的冲突不应该成为小组发展进程中的障碍,应该成为小组发展中的推动力,推动小组进入成熟阶段。工作者要引导成员认清为什么有冲突,有冲突该怎样解决,大家一起来讨论,而不是指责、互相不服气或者逃避。在一起讨论冲突的解决时,工作者要帮助小组成员去面对冲突带来的人际关系紧张,进一步提高小组的凝聚力。

三、 工作者的角色和位置

在前两个阶段,小组工作者在引导小组发展过程中一直处于中心位置,但是当小组形成之后,工作者就要从中心的位置上撤离,小组成员开始扮演带动变迁和引导方向的角色。小组成员会更主动地讨论他们所期望的目标,尝试运用自己的权力去影响别人。由于小组成员在性格、表达力、包容性和控制性方面的不同,每个人表面上的投入度是有差异的,这个时候就会出现冲突。在冲突中,工作者常常成为焦点或靶子,或者是某个处于争端位置的小组成员。

四、 技巧与活动

(一) 技巧

冲突阶段工作者的态度非常重要,面对冲突时工作者要包容、冷静、理性分析冲突的性质,鼓励分享不同意见,稳定由冲突引起的紧张情绪。经常用到的技巧有焦点回归。焦点回归就是把问题抛给小组成员,让他们自我解决。小组工作者要用启发性与示范性的表达鼓励成员发表不同的看法,比如"大家觉得这样是否恰当","有没有更好的解决方法","有没有不同的意见呢","大家觉得怎样"等。把问题抛回小组,是让成员相信自己能把握小组事务,而不是需要工作者全力介入。

(二) 常用活动

这一阶段的活动要充分运用建立价值、信念和角色扮演的活动,让小组成员认识到每个人的观点、视角是不同的,一方面要澄清自己的价值两难困境;另一方面要接纳别人和自己的不同甚至冲突,使小组顺利进入成熟和谐的过程。

1. 认清价值观、修正信念的活动

活动一:火光熊熊。五六人为一个讨论小组。假设,现在你的家被烧毁,情况危险,时间只够你冲进火海取出三样东西,你会选择哪三种? 先后顺序如何? 为什么选择这三种? 它们对你有什么价值? 还有没有重要物品不在抢救之列? 为什么?

活动二:价值观拍卖。目的是使成员了解自己所重视的人生价值,并努力去追求,实现自我的人生。五六人一组,以喊价拍卖的方式进行,每位成员皆有十万元的财产,须在20项价值清单中,购买自己喜爱的人生价值。开始由领导者以竞价、喊价方式,由价高者购得。

表 9-1 　　　　　　　　　　价值清单

工作价值项目	排序	出价	理由或想法(可填可不填)
1. 为大众福利尽一份力			
2. 追求美感与艺术气息			
3. 寻求创意,发展新事物			
4. 独立思考,分析事理			
5. 有成就感			
6. 独立自主,依己意进行			
7. 受他人推崇和尊敬			
8. 发挥督导或管理他人的能力			
9. 丰富的收入			
10. 生活安定有保障			
11. 良好舒适的工作环境			
12. 与主管平等且融洽相处			
13. 与志同道合的伙伴一起工作			
14. 能选择自己喜爱的生活方式			
15. 工作富于变化,不单调			

(资料来源:吴少怡主编:《大学生团体辅导与团体训练》,济南:山东大学出版社,2010年,第228~229页)

讨论:(1) 由"拍卖成交价"最高的项目开始讨论,请中标的组员分享为什么要这项?(2)请其他与这位一同竞标的组员说明他们看重此项价值的原因,并说明竞标失败后的心情。(3)依照上述方式,讨论"拍卖成交价"第二的项目,以此类推。(4)针对没有标售出去的项目请组员讨论不看重的原因。

2. 角色扮演游戏

角色扮演游戏可以帮助组员增加同理心,能够设身处地地站在他人角度上考虑问题,从而增加彼此了解,增进接纳程度。角色扮演有角色互换和情景剧表演两种。

第一，角色互换。引起冲突或沟通不良的成员利用扮演对方角色的方式，可以使原来冲突的情景或沟通场景再现。然后小组一起来讨论角色互换的结果。

第二，情景剧表演。由工作者事先编好一个剧本，让小组内的成员来扮演其中的角色。演完之后，小组演员和小组观众一起探讨现场的感受，以及生活中对角色的反思。

第五节　小组成熟发展阶段

小组经过冲突阶段的磨合与适应，就进入大家期待的成熟阶段，这是每一个成员的理想，也是大家共同努力的结果。

一、动力特征

小组凝聚力：在这一阶段小组凝聚力达到了最高值。小组成员愿意在一起，互相分享，互相接纳，互相吸引，组员对小组表现出强烈的归属感和认同感。

沟通结构：这个阶段小组成员之间、工作者与成员之间关系更加和谐，彼此之间更能理解、支持，成员在小组中感受到最大的温暖、信任、真诚与接纳，这个阶段的沟通更加丰富和深入。

权力结构：小组权力结构趋于稳定，有些成员会使用影响力去影响小组的决策和行为，小组比较容易达成一致。

角色结构：这个阶段小组成员对自己的角色都比较满意，有时工作者还会给予小组成员机会去体验新的角色。

二、目标和任务

（一）帮助成员更好地成长

在小组成熟阶段，小组成员感受到周围环境的安全性，越来越愿意表露自己真实的感受、想法，也更愿意接受他人的真实回应。小组成员的互动更加积极、深层、真实。工作者要借此机会帮助成员作更深层次的自我反思、自我认识，使每个组员了解到自己的问题或行为的原因，去寻找自我成长、自我发展的动力。

（二）促进小组目标的达成

在这一阶段，小组的目标和目的变得十分清晰，比如在治疗小组中，成员会更深入地涉及个人和人际关系问题,其中包括沮丧、敌意、焦虑、愤怒、害怕的情绪或者亲密感、自主性的个人体验,成员会放弃面具,使自我表露达到高峰;在互惠模式的小组中,别人的经验对自己的影响开始变得自然、易接受,或者是成员对小组感觉很好,但是希望有更新、更好的目标,以促进大家发展,这个时候可能会重新修订目标。

三、 工作者的角色和位置

在这个凝聚力极高、大家彼此接纳的阶段,工作者的角色和位置发生了变化,此时工作者处于催化促进的角色和边缘位置。工作者对成员之间的管理、成员自我管理能力的增强以及自我意识的觉醒,使工作者的地位从中心位置转变为边缘位置。整个小组不再是围绕工作者而开展工作,小组此时完全被成员认同,成为他们自己的小组。

四、 技巧与活动

(一)常用技巧

1. 引导的技巧

引导的技巧分为两部分:一是忠告,二是咨询。忠告,是工作者向小组成员提出原则性的建议和要求,或者根据自己以往的经验告知成员可能发生的问题及注意事项。咨询,是工作者解答组员的疑问、困惑及问题,尽最大可能为组员提供有用信息。

2. 支持的技巧

支持包含两层含义:一是鼓励小组自我管理、自我约束。尤其对于在这个阶段表达仍然不多的成员,要给以特殊的注意,鼓励他们即兴发言。二是工作者要对成员的行为负责任,不仅鼓励他们去做,而且应该帮助他们解决后顾之忧。

(二)常用活动

小组成熟发展阶段的活动设计主要围绕本阶段要完成的主要的任务和目标进行,比如信任、凝聚力、温暖和支持依赖等活动。

1. 信任度训练

这种活动主要通过组员身体的接触,增加成员之间彼此的信赖程度,培养组内的安全气氛。比如:信任圈活动。由小组成员手拉手围圈,邀请一位成员到中间去。圈内的人闭上眼睛,自觉舒适地倒向任何一方,其他成员必须手挽手,形成保护圈给予保护,不能让圈内的人摔倒,轮流换人到圈内去体验。

小组成员在做"信任度训练"

2. 探索自我

这种活动是让小组成员勇敢面对自我、肯定自我，通过别人对自己的评价，树立自我新形象。

（1）自画像

每人发一张图画纸，几支彩笔。请成员画出自己，可以有标题也可以没有标题，把自己心目中最能代表自己的东西画出来。这种方法可以让成员发现隐藏在潜意识中的自我，不知不觉地对自己作出评估和内省。

（2）小小动物园

整个小组好比一个动物园，请组员选一种动物来代表自己，大家一起把代表自己的动物亮出来，看看整个动物园里有哪些动物。每个组员轮流介绍自己为什么选择这个动物来代表自己。

3. 鼓励表达

这种活动是让小组成员有机会表达自己对他人、小组以及个人问题的真实想法，同时还能达到自我肯定的训练效果。

（1）"我在想什么"

让每一位成员用纸笔画出此时的真实感受和心理状态，注意作画时每人一个独立空间，不要互相观看。画完后交给工作者，工作者将所有的画放于小组中间，请大家发表对每幅作品的看法和所表现出来的意义。最后，请原作者发表自己的真实看法。

（2）"我的感受是什么"

这个活动是让小组成员真实表达自己的喜怒哀乐等情绪。首先，让小组成员

围一个圈,按照一二报数。所有的一号成员先向左边的人说出一句心里话,比如
"我很喜欢你的直率"、"你很有主见"等等。让听到话的人给予回应。给予回应时
先用礼貌客套的话,比如"谢谢你"或"我很高兴听到这样的话"。第二轮仍由一号
成员表达上述的心里话,但是对象变成右边的小组成员。这时回应者要尽可能以
自己的真实感受回答,例如"真的吗? 我怎么没感觉出来"或者"别人的评价和我自
己的感受不一致"等。接下来,由双号小组成员发话,做法相同。通过这个活动,可
以训练小组成员区分社交表达和真实感受之间的差异,理性表达自己的真实感受,
以及坦然接纳与面对他人真实评价的勇气。

第六节　小组结束阶段

　　小组发展到最后阶段的任务是把零星的经验组合在一起,整合和解释小组的
体验收获。小组成员在这一阶段的任务是总结经验,巩固学习到的内容,学习在外
部环境中维持改变的各种方法。同时,这一阶段还要处理小组成员的分离、矛盾和
失落的情绪。

一、动力特征

　　小组在结束阶段的沟通与互动结构、人际关系与凝聚力等都与前面几个阶段
有明显差异。小组结构相对松散、凝聚力降低,决策型态不具实际效力、沟通网络
变窄,这些都是小组结束期必然出现的。

　　小组结构特征:结束阶段,小组结构处于相对松散的状态。小组中成员的角色
行为被个别自我导向行为所取代。组员都沉浸在各自的分离感受里,或者为各自
的未来作打算,而比较忽视小组整体的存在。

　　小组的凝聚力:结束阶段,小组凝聚力不如前期强烈,也不是完全松散和消失,
小组成员在一种松弛又满意的状态下进行活动。

　　决策行为特征:因为凝聚力的降低,高共识性型的决策便不再持续,此时人人
为己的状态较多。组员的精力不再互相彼此关注,而是更多专注于自己的感受与
表达,决策型态不具有实际效力。

　　小组沟通特征:小组的沟通仍然保持开放和自由,只是沟通的内容多限于自己
的所得、所感和所获以及未来的打算。

二、目标和任务

小组结束阶段的目标是巩固小组工作成果，帮助小组成员独立地、有成果地离开小组。为了实现这一目标，要完成的任务是非常多的，总体上包括三个部分：一是巩固组员的小组经验，二是处理分离情绪，三是评估。

(一) 巩固组员的小组经验

在小组结束期，组员的内心或者行为已经发生了改变，工作者要将这种改变加以强化，使得成员离开小组后能更好地独立面对生活。一般说来，工作者要做的，一是鼓励成员独立、有信心有成就感地离开小组，二是协助组员将在小组中学到的技巧、态度和知识运用在不同情境中，三是协助组员为将来做计划。

(二) 处理分离情绪

在小组结束时，小组成员可能同时有正面和负面两种感受。正面的感受可能有喜悦、轻松、满足，这些来自个人成长的体验；负面感受可能有愤怒、伤感、矛盾，这些来自小组关系的即将结束。对于正面感受，小组工作者可以引导组员将其转变为改变的力量；至于负面感受，工作者要与组员一同探讨并运用技巧去处理他们内心的矛盾冲突，以帮助他们坦然接纳这些负面的感受。

(三) 评估

对小组过程和效果进行评估，是小组工作中的一项非常重要的工作。小组工作者应该在制定小组计划时就设计好评估量表作为评估工具，并且评估量表要随着小组的发展变化而不断修订和补充。一般来说，成长性小组以小组成员的个人成长为量度的对象，量表以个人成熟度、敏感度、人际关系与自我了解以及能力的提升为主要内容；而治疗取向的小组，则以成员的治疗目标与复原程度为评估的主要内容；任务取向的小组，以测量目标完成的效果、小组的成就表现为重点。小组结束前要让组员填写相关的评估量表，为小组评估做好信息收集的准备。

三、工作者的角色和位置

在小组结束阶段，工作者又回到了中心的位置上，需要和每一位组员发生互动。但是不同于小组的开始阶段，此时工作者的任务是要完成小组成员的分离和分化，而小组开始阶段工作者的中心位置是出于联结、促进组员间相互沟通的目的。工作者在小组结束时要承担评估者、使能者、协助者、倡议者和示范者的角色。

四、技巧与活动

(一) 常用技巧

1. 引导感受表达的技巧

工作者在这一阶段要包容每一个组员分离的感受,并引导大家把分离的感受表达出来,无论是正面的还是负面的。同时,工作者可以借助一些结束性的仪式活动,如赠送礼物、颁奖、发给赠书、临别祝福、拍照等,来处理自然流露的感情。工作者也可以适度地表达自己的情绪,来引发组员的表达。

2. 催化小组结束的技巧

在小组结束阶段,组员可能会表现出依依不舍的离别情绪,如果情绪表达过度,有可能会影响到小组的正常结束,工作者就要适度地中止与限制小组的进行。适度地中止与限制是指工作者协助小组成员恰当表达自己在此时的真实感受,而不是过度表达,同时把成员的思路引向未来的关系上。工作者要给小组成员解释负面感受如伤感、愤怒、退化的来源与意义,并把这些感受提升到意识与语言的层次。工作者在协助组员表达分离感受的同时,也要让成员知道结束是需要自己去处理的过程。在小组工作者的协助下,小组成员确定一个大家都能接受的小组结束的方式。

(二) 常用活动

小组结束阶段应当采取共同分享的活动,或者是做经验的回顾,或者是离别小组的感受、未来的打算以及祝福的话语。

1. 我的收获

组员说出或在纸上写出小组活动的收获,并且与其他成员分享。比如"小组中我学到的三四件事"、"小组中对你最有帮助的经验是什么"、"怎样才能将小组中学到的运用到日常生活中"等。

2. 真情告白

处理离别情绪,给予彼此祝福。组内每一位成员为其他人写下祝福的话或建议,互相分享,并分享看到别人祝福或建议后的感想。

3. 笑迎未来

了解成员在小组过程后的进步与改善,讨论成果,彼此反馈,结束小组。由一位成员当主角,大家谈论他现在与刚参加小组时有何不同,哪些方面有所改变,然后请他自己说说感受。每位成员轮流做主角。结束时每人发一张纸,请成员在纸顶端写上"对某某(自己姓名)的祝福",然后传给每位组员,每人都写下自己对他人的祝福和建议,或者用绘画形式表达。

五、 小组结束后的跟进

小组定期活动结束,并不意味着小组工作者的任务全部完成了。小组对小组成员的帮助如何,是不是将小组中的收获运用到了实际生活中,这同样是小组工作者需要继续关心的问题。因此,小组结束后的跟进非常重要。

一般在小组结束后的某个时间内,如两个月后、三个月后或半年后,工作者需要对小组进行跟进活动。这样可以让小组工作者了解小组的效能,同时让小组成员反思小组对自己的实质影响。小组工作者可以通过小组聚会的形式让小组成员都到场做跟进活动,也可以安排一对一的个别跟进。小组成员可以在跟进的聚会中谈论、分享他们在小组结束后,如何努力将小组中的收获转变到实际生活中去,以及他们所遭遇的困难、喜悦、成功或失败等,还可以表达他们对小组的看法以及是不是还需要其他服务等。工作者可以借此机会处理小组成员过后的一些问题或提供一些服务资源。工作者需要去鼓励、支持、肯定小组成员离开小组后的努力、成果,并提醒小组成员对他们自己的预期,希望变成什么样子,自己需要作出哪些努力,而不是寄希望于别人的帮助。如果希望改变,就要采取积极有效的行动。除了面谈外,小组工作者可以通过电话形式进行不定期跟踪访问,以确定小组成员的生活是否真正发生了实质性改变,是否还需要其他的服务资源。

跟进活动可以强化组员保持新行为,对那些难以保持新行为的成员尤为有益。组员可以就某个行为的反弹进行深入讨论,还可以咨询工作者和组员如何更好地处理这些问题。小组结束后有的小组成员会自发组织起没有工作者的后续小组,以使成员保持互相联系、互相帮助,成为生活中的有益补充部分。

附录:小组计划范例

小组名称:我快乐我成长

督导:＊＊＊

工作者:＊＊＊

协助者:＊＊＊、＊＊＊

理念

近年来,随着离婚率的增加,单亲家庭孩子的数量逐年攀升。父母离异对孩子

来说容易造成一定的伤害,如果处理不好就会对孩子产生重大影响。一般单亲家庭孩子的心理特点及表现为:

1. 抑郁、孤独、逆反、粗暴。由于父母离异,孩子由一方抚养,家庭失去了往日的欢笑,特别是重新组建家庭之后,某些孩子的孤独感、不融洽感会进一步加剧。在校表现为:不爱和同学接触,不善言谈,出现矛盾不和老师沟通,或心理抑郁,或行为粗暴。

2. 怯懦自卑,狭隘自私。由于家庭的不健全,造成了孩子心理上的欠缺,他们常常感到不如别人,感到让人瞧不起。他们认为自己是多余的人,认为命运对他们不公平,致使不信任别人,也不信任自己,生活中充满了迷茫和悲伤。

3. 心智偏位,放任对抗。由于家庭的缺损,孩子在家庭中得不到足够的温暖,产生一些心智偏位。因为不能在父母那里得到足够的关心,他们就到家庭以外去寻求慰藉,经常到网吧、录像厅、歌舞厅等场所。在校表现为:不能严格遵守学校、班级的各项规章制度,比如迟到、早退、旷课、打架等。

4. 情绪不稳,厌学严重。单亲家庭孩子中的贫困生在学习心理上存在着严重的问题。表现出情绪不稳定、意志力薄弱、志向水平低、厌恶学习等特征。其日常表现有:行为懒散、放任;上课时注意力不集中,不主动参与学习;回避老师,不主动向老师请教;严重的会干扰课堂纪律,甚至缺课等;有的甚至自甘堕落,走上犯罪道路。

因此,为了解决这些问题,我们在某小学开展了为期一年的干预小组。这次的小组我们先让孩子们认识自我与他人,建立起安全感;然后引导他们正确认识和评价自己,增加自信;最后我们引导他们如何正确处理人际关系,建立和谐的人际关系。

理论构架

1. 沟通分析理论

沟通分析理论也叫交流分析理论,由美国精神分析学家波恩 1959 年创立的一种以精神分析为基础的心理治疗的理论和方法。波恩的沟通分析理论有这样几个假设:(1) 每个新生儿都有与生俱来的能力,能了解自己和别人是好的。(2) 每个人都具有思考的能力,且都想成长和发展。(3) 每个人都需要他人的注意才能生存。(4) 每个人在童年早期为了活得更好,便做了生命中一些关键性的决定。长大后,这些早期决定可能不适用,此时只有你自己有能力改变并做出新的决定。(5) 沟通分析是一种奠基于合约的方法。亦即使用沟通分析模式来达到成长和改变的目标需要能接受的、一致认同的方式。

在沟通分析理论系统中,有四个主要组成部分:(1) 结构分析,即人格结构分析,是以父母、成人、儿童三种自我状态为基本构架的人格理论系统。(2) 沟通分析,有关人与人之间彼此以何种自我状态进行沟通的分析。(3) 游戏分析,人与人在互动过程中,常在不知不觉中一再重复发生雷同的冲突或情境,最后会有一种很差的感觉,并且会加强童年早期所做的决定。(4) 脚本分析,即分析一个人成长的历史及背景,有助于我们从中整理出个人在日常生活中所使用的沟通方式遭遇的问题、困难与其成长背景之间的关联性,从中加以解决及成长。

单亲家庭的孩子容易自卑、孤独、叛逆、敏感、多疑,由此产生性格缺陷,在本小组中运用交流分析理论,侧重于通过建立一定的游戏场景,促使小组成员在小组中认识到个人生活的关键性因素,发现自我在人际中的交往模式,学会更加积极主动地与人交往,建立良好的交流模式。

2. 自我概念

自我概念是一个人对自身存在的体验。它包括一个人对经验、反省和他人的反馈,逐步加深对自身的了解。自我概念是一个有机的认知结构,由态度、信仰、情感和价值观等组成,贯穿整个经验和行动,并把个体表现出来的各种特定习惯、能力、思想、观点等组织起来。自我概念由反映评价、社会比较和自我感觉三部分构成。(1) 反映评价,是人们从他人那里得到的有关自己的信息。(2) 社会比较,在生活和工作中,人们往往与他人比较来确定衡量自己的标准,这就是在作社会比较。(3) 自我感觉,年少时,对自己的认识大多来自于他人对自己的反映,然而在生活的某一时刻,你开始用你自己的方式来看待自己,这种看待自己的方式被称为自我感觉。如果从成功的经历中获得自信,自我感觉就会变得更好,自我概念就会改进。

3. 镜中我理论

镜中我理论是库利理论的一个核心概念,这个概念的主要观点包括:在与他人的互动过程中,我们通过感知他人对我们的反映和评价,从而建立起我们的自我意识、自我形象和自我评价。他人犹如一面镜子,我们正是从“他人”这面镜子里发现了我们的自我。在日常生活中,我们通过镜子看我们的脸、身材、衣服,并根据镜子里的这些形象是否符合我们的愿望而产生满意或不满意的心情。同样,通过“他人”这面镜子,也就是通过他人的反映和评价,我们看到自己的行为、性格等是否合适,是否需要修正。我们对他人眼中自己形象的想象,对他人关于这一形象评价的想象以及某种自我感觉,构成了我们的自我认识。

4. 场域理论

场域理论(Field Theory)是社会心理学的主要理论之一,是关于人类行为与环境之间关系的一种解释模式。场域理论的核心观点是人的每一个行动均受到行动所发生的场域的影响,而场域并非单指物理环境而言,也包括人文环境等。

目的

改善单亲家庭孩子的安全感、自信心以及人际交往的问题,以适应日常生活。

目标

1. 帮助成员正确认识自己,增强自尊与自信。

2. 改善组员缺乏安全感的问题,使组员愿意相信别人。

3. 让组员学会建立良好人际关系的方法及与人沟通的技巧与方式。

服务对象

小学二至五年级单亲家庭儿童

小组特征

1. 性质:身心教育小组

2. 节数:10 节

3. 日期:2010 年 10 月 12 日至 12 月 14 日

4. 时间:下午三点至四点半

5. 地点:地下 1001 教室

6. 人数:24 人

招募方法:学校指定学生

财政预算

项目	单位价格	数量	费用总额
交通运输			
奖品			
文具			
印刷			
摄影及冲洗			
宣传			
杂项			
其他			

小组内容大纲

次数	日期	名称	内容/目标
一	10月12日	你我今相识	互相认识 共同制定小组规范 澄清小组成员期望及小组之目的
二	10月19日	我们是一家	加深组员相互认识 增强小组凝聚力
三	10月26日	创意无限好	开发创意思维 加深组员互相了解
四	11月2日	信任在心中	学会信任他人 增强安全感
五	11月9日	沟通大秘密	掌握沟通模式 增加沟通技巧
六	11月16日	人际对对碰	发现自我在人际中的交往模式,学会更加积极主动地与人交往。
七	11月23日	潜力无极限	挖掘自己的意志潜力,增强自信心。
八	11月30日	看看我最棒	发现自己的优点,欣赏他人优点,增强自信心。
九	12月7日	烦恼我来帮	分享心中困惑,减轻压力,学会更多应对方法。
十	12月14日	分离也快乐	回顾以往活动,处理离别情绪。

程序设计

第一次活动内容:你我今相识

主要目的

让组员互相认识,并尝试共同订立小组规范及澄清组员期望和目的。

举行时间:2010年10月12日

活动时间:1.5小时

活动程序

时间	活动内容	目的	物资	工作员角色
10分钟	● 姓名牌 1. 小组开始前,先准备好有每个小组成员姓名的纸条。2. 当组员走进小组室时,每个成员随机抽取一张纸条,但是当抽到自己的姓名时放回去,再重新抽,抽完之后让他们保存好。3. 成员根据纸条上的姓名寻找所对应的人,相互介绍,了解纸条上人的有关信息。	互相认识	纸、笔	领导者
3分钟	● 工作人员自我介绍	认识工作员		
17分钟	● 动作签名 每个人做出属于自己的一个独特动作,并说出自己的名字,其他人跟着做这个动作并大呼这个同学的名字。	深化认识		
15分钟	● 马莲开花 1. 组员围圈站好。工作者说:"马莲开花。"成员问:"开几朵?"工作者说:"开五朵。"2. 成员要迅速按五人一组抱成一团。落单的成员表演一个节目作为惩罚。3. 最后一次游戏要将成员按人数分好小组,组内同学相互认识。	深化认识		

续表

时间	活动内容	目的	物资	工作员角色
30分钟	● 订立规范 按照上一个活动分成的小组,在小组内设定队名与口号,与组员一起订立小组规范。	订立小组规则及立约	大画纸若干张、笔若干	
15分钟	以问答的方式,了解组员的自我形象和他们参加小组的目的及期望。总结本次活动内容并提醒下次活动时间及内容。	澄清组员的期望及小组之目的。		

第二次活动内容：我们是一家

主要目的

加深组员认识,形成小组凝聚力。

举行时间:2010年10月19日

活动时间:1.5小时

活动程序

时间	活动内容	目的	物资	工作员角色
15分钟	● **你好你好** 1. 所有人围坐成一个圆圈,一个人站在圆圈外面并绕着圆圈走,用手拍一下圆圈上任意一个人的肩膀,那个人随即走出来,向与前一个人相反方向走。2. 当两个人相遇时,就用他们自己的语言相互问好。3. 然后两人同时转身跑向圆圈上那个空挡,先到达的人补上空挡,后到达的人继续在圆圈外面走,重复前面的过程。4. 继续游戏,直到所有人轮到为止。	同时增加组员的熟悉感		

时间	活动内容	目的	物资	工作员角色
30 分钟	● 汪洋中的一条船 随机分成若干组,每组一张报纸。所有成员都踩在这张报纸上,完成后,报纸面积再缩小一半,以此类推。	通过合作增加凝聚力	报纸	
25 分钟	● 人体拷贝 1. 分为若干组,每组一路纵队站好,带领者将写有一个数字的纸条让每组的第一个人看一眼,然后请他通过身体的扭动把信息传给后面一个,依次拷贝传动。 2. 最后一位同学跑到带领者面前,写出拷贝数字。3. 一般各组拷贝三位数,带领者宣布各组的拷贝结果。4. 小组合作集体造型,完成一组六位数表演。5. 交流分享。	增强团体凝聚力	纸条	
20 分钟	让组员分享此次活动的收获,带领者给予适当的引导。	分享		

第三次活动内容:创意无限好

主要目的

通过创意性活动,增加组员之间的互相了解。

举行时间:2010 年 10 月 26 日

活动时间:1.5 小时

活动程序

时间	活动内容	目的	物资	工作员角色
15分钟	● 雨点变奏曲 先两只手掌相互搓(起风了)——两个手指拍手掌(小雨)——四个手指拍手掌(中雨)——拍手(大雨)——拍手同时跺脚(暴雨)——拍手、跺脚同时口中发出"呜呜"声(狂风暴雨)。	热身		
25分钟	● 广告歌比赛 1. 主持人将参加者分成3或4小组,每组选一组长,负责领导小组挑选广告歌曲。2. 各组先准备10分钟才开始比赛。3. 各组轮流齐唱广告歌,不可重复,否则被扣一分。4. 游戏继续数十分钟,至很多歌曲重复时,游戏便可结束。扣分最少的一组获胜。	通过创意活动,增加同学之间的互相了解。		
30分钟	● 心中的塔 1. 按最初分好的组,全组成员围坐在一起。2. 每组领取材料一份:报纸四张,透明胶带一卷,剪刀一把。3. 小组成员开始用材料建塔,在规定时间内将自己所在组的塔建好,并取好塔名(到规定时间时必须停手)。4. 选出一名代表介绍自己所在组的塔的设计创意、名字、用途等。分享此次活动的感受与收获,认识到自己的优点及潜力。	通过创意活动,增强小组凝聚力。	报纸、透明胶带、剪刀	
20分钟	让组员分享活动的感受与收获	分享		

第四次活动内容：信任在心中

主要目的

增加组员之间的信任感。

举行时间：2010 年 11 月 2 日

活动时间：2 小时

活动程序

时间	活动内容	目的	物资	工作员角色
20 分钟	● 逢七拍手 成员围圈坐好。从某一人开始顺时针报数，当报到 7 或 7 的倍数时，此人以拍手代替说话，也就是拍手一下不能喊出数字，下一个人继续念下一个号码，做错的成员要表演一个节目作为惩罚。(待大家熟悉后，可适当增加难度，除了 7 和 7 的倍数，只要有 7 的数字就要拍手，例如：17。甚至数字加起来是七的倍数也要拍手，例如：3、4)	热身		
20 分钟	● 信任的考验 1. 每两人一组，一前一后，前面的人闭眼，凭信心向后倾。后面的人用手托住前面的，再轻轻把他推向前。重复动作数次，然后交换角色。2. 组长可邀请组员分享感受。	担负责任，信任他人。		

续表

时间	活动内容	目的	物资	工作员角色
60分钟	● 盲行 1. 工作者事先选好盲行路线,要求路线中有些许障碍,如上楼、下坡、拐弯等。2. 团体成员两人一组,一位做盲人,一位做帮助盲人的人,盲人戴上眼罩,原地转三圈,暂时失去方向感。然后在帮助人的搀扶下,带领盲人从起点出发,沿着指定的路线,最后回到起点。3. 然后互换角色,再来一遍。4. 在活动过程中,组员之间不能用语言进行交流。引导分享此次活动的感受与收获。	学会信任他人、照顾他人。	眼罩	
20分钟	引导组员分享此次活动的感受与收获	分享感受		

第五次活动内容:沟通大秘密

主要目的

让组员了解沟通的方式,正确认识他人的优缺点。

活动日期:2010 年 11 月 9 日

活动时间:1.5 小时

活动程序

时间	活动内容	目的	物资	工作员角色
10分钟	● 热身游戏 捏肩敲背,按分好的小组围成一个圈,双手搭在前一个人的肩膀上,捏肩膀、拍后背、敲后背,向后转继续,捏肩膀、拍后背、敲后背,之后伸出右手拇指围成一个圆,大声说:"今天见到你们我很高兴。"两个小组变一个小组,最后整个班级。	通过身体的接触拉近心理的距离,使人放松,感受到帮助别人和接受别人的帮助和关爱。		

时间	活动内容	目的	物资	工作员角色
30 分钟	● 撕纸 1. 领导者给每一位成员发一张纸。2. 领导者说："现在我们要做一个简单的撕纸游戏,这个游戏我们大家同时做,我也参与。" 3. 领导者发出指令,要求组员根据指令来做,领导者也根据指令边说边做:大家闭上眼睛,全程不准问问题,把纸对折,再对折,再对折,把右下角撕下来,转 180度,把左上角也撕下来,睁开眼睛,把纸打开。4. 领导者举起手中的纸问:现在让我们看一看有多少人手中纸的形状与我的形状一样? 5. 请一位组员上来,重复上述指令,大家要闭上眼睛,唯一不同的是允许其他组员提问。6. 领导者根据第一次和第二次撕纸的结果,引导组员进行讨论,最后得出结果。	了解沟通和沟通方式选择的重要性。	白纸	

时间	活动内容	目的	物资	工作员角色
50分钟	● 风雨同行 1. 按7人一组分组,在7人中规定有两个"盲人"、两个"无脚人"、两个"无手人"和1个"哑巴"。2. 在角色分配完成后,按要求"盲人"戴上眼罩、"哑巴"戴上口罩、"无脚人"绑捆双脚、"无手人"绑捆双手。3. 带领者把他们带到比赛起点,让小组成员把所有物品运到终点,以用时最少的组为胜。4. 分享。 注意:1. 设计的起点与终点的距离应大于20米,并设置障碍增加难度。2. 每个组的所有物品,要求集体配合、共同承担,一次搬运完毕。	让组员学会接纳他人的长处,自己的短处,取长补短,培养组员体验人际交往中的扬长避短。	需要的物资有眼罩、口罩、短绳、篮球、雨伞、椅子、书包、水桶、抱枕等。	

第六次活动内容:人际对对碰

主要目的

通过活动,让组员反思自己人际关系中的交往模式,学会更积极主动地与人交往。

举行时间:2010年11月16日

活动时间:1.5小时

活动程序

时间	活动内容	目的	物资	工作员角色
15分钟	● 可爱的小猫 1. 让组员围坐成一圈,一人在中间当"小猫"。2. "小猫"走到任何人面前,蹲下学猫叫,面对者要抚摸"小猫"的头,并说"哦!可爱的小猫",但是绝对不能笑,一笑就算输,要换当"小猫"。3. 抚摸者不笑,"小猫"就要叫第二次,抚摸者还是不笑,再叫第三次,三次不笑,"小猫"就要离开找别人。4. 当"小猫"者可以装模作样,尽量逗笑对方。	帮助组员放松情绪,更容易融于活动之中。		
50分钟	● 照镜子 1. 两位组员面对面站好,其中要求一位组员做出任何动作,另一位则要同时做出一致的动作,宛如照镜子一般。2. 游戏结束后,领导者带领组员分享带领别人做动作时的感受,是否感觉到自己掌控整个局面,自己做主。	增强组员的自信心		
25分钟	● 红点蓝点黑点 1.给每位同学头上贴上不同颜色的点,但是每个人不知道自己头上点的颜色,只能看见对方的颜色。2. 当看到对方头上是红点时,很热情的和别人打招呼;当看到别人头上是黑点时,不理他;当看到对方是蓝点时,不主动和他打招呼,如果他理我,我就理他。3. 猜测自己头上的点,分享感受。	反省自己在人际交往中的模式		

第七次活动内容:潜力无极限

主要目的

通过活动挖掘自己的意志潜力,增强自信心。

举行时间:2010 年 11 月 23 日

活动时间:1.5 小时

活动程序

时间	活动内容	目的	物资	工作员角色
10 分钟	● 笑口常开 1. 让组员围成一个圈,人采取站或坐的形式,由领导者示范关于"笑口常开"四个字所代表的手势(1)"笑":双手的食指指向自己的脸,嘴巴微笑,做开怀大笑的样子;(2)"口":双手放嘴边做呼叫状,做嘴巴的样子;(3)"常":双手拍两下手掌;(4)"开":双手张开举过肩膀。2. 选出一名组员做发指令者,任意发"笑""口""常""开"的指令。3. 其他组员根据指令做出相应的动作,由做错的组员接着做发指令者。	活跃气氛		
10 分钟	● 到底有多快 猜猜一分钟之内拍手能有多少次呢? 实际拍的时候能有多少次? 再快点还有可能性吗?	认清自己的潜力		
30 分钟	● 蚂蚁抬大象 尝试几个同学用食指把一个同学抬起来。	提醒组员不要忽视看似微小的力量		

续表

时间	活动内容	目的	物资	工作员角色
40 分钟	● 举手的力量 1. 先看视频《永不放弃》,分享感受。2. 边看视频边举手,看谁能坚持的时间长。	发掘自己意志潜力	投影仪	

第八次活动内容:看看我最棒

主要目的

通过活动使组员发现自己的优点,欣赏他人的优点。

举行时间:2010 年 11 月 30 日

活动时间:1.5 小时

活动程序

时间	活动内容	目的	物资	工作员角色
20 分钟	● 你真的很不错 1. 让组员同时竖起左右手拇指,在胸前顺时针环绕,并喊口令:"你真不错",然后逆时针环绕,并喊口令:"我真的不错",最后顺时针环绕,两手平放于胸前,与肩同宽,并喊口令:"我们大家都不错。"2. 分享游戏时的感受。	活跃气氛,增强自信心。		
20 分钟	● 我的回忆录 1. 回忆发生在自己身上最棒的三件事,锻炼成员的自信心,消除内心自卑情绪,以积极的心态面对生活。2. 回忆完后,组员起来分享自己最成功的三件事,此时,其他成员不得打断、反驳、讽刺,应给与鼓励与支持。3. 分享感受。	锻炼成员自信心,消除内心自卑情绪积极面对生活。		

时间	活动内容	目的	物资	工作员角色
50分钟	● 优点轰炸 1. 按最初分好的组,全组组员围坐在一起。2. 给所有学生五分钟,在纸上写下自己的优点和缺点,然后要求保护好自己的纸条,不要让别人看到。这是大家的"谜底",注意保护好。3. 在小组内,先由其他同学依次对一名成员进行轰炸,尽量挖掘组员的优点,要求实事求是、客观。刚开始轰炸时每个同学必须最多说一条,然后依次轮流下去。当被轰炸者被小组成员轰炸完,需要在小组内大声宣读出自己写的纸条。看自己写的与同学所说是否一样?可能有以下三种情况:(1) 有的自己写的,组员没有说到,说明自己这个优点还没有被大家发现;(2) 也有可能别人说的,组员没写到,说明自己一下子也没发现自己的这个优点;(3) 如果自己写的,组员也说到了,说明我们这个优点被同学们认可了。4. 依次轰炸完所有小组成员之后,大家可以就彼此之间存在的缺点进行讨论并提出改进措施与办法,相互学习交流。5. 分享感受。	相互赞美,相互理解对方,感受温馨氛围。		

第九次活动内容:烦恼我来帮

主要目的

分享生活中的难题,找到解决方法,增强战胜困难的信心。

举行时间:2010 年 12 月 7 日

活动时间:1.5 小时

活动程序

时间	活动内容	目的	物资	工作员角色
20 分钟	● 松鼠大树 三人一组分好小组,剩下两人或一人做单独的松鼠。在三人小组中,其中两人扮"大树",面向对方,伸出双手搭成一个圆圈,双手高过头顶为佳;另一人扮"松鼠",并站在圆圈中间。喊"松鼠","大树"不动,扮演"松鼠"的人就必须离开原来的"大树",重新选择其他的"大树";喊"大树","松鼠"不动,扮演"大树"的人就要离开原先的同伴重新组合成一对"大树",并圈住"松鼠";喊"狂风",扮演"大树"和"松鼠"的人全部打散并重新组合,扮演"大树"的人可以扮演"松鼠",扮演"松鼠"的人可以扮演"大树"。	热身,让组员反省对不同环境的适应情况。		促进者
50 分钟	● 害怕并不可怕 1. 按最初分好的组,全组成员围坐在一起,在小组成员中选取一个人记录。2. 每个小组成员将自己最害怕的事情告诉同伴,并由选出的人将害怕的事记录下来,每件害怕事后面留出一行空格。3. 将 A 组记录的东西给 B 组,B 组给 C 组,以此类推,交换之后小组内讨论应对令人害怕的事的方法,并写在所留空格处。4. 全体讨论应如何应对令自己害怕的事。5. 分享感受。	降低内心焦虑	粗布绳	

时间	活动内容	目的	物资	工作员角色
20 分钟	● 漂流瓶 每个人写下生活中遇到的苦恼，放在饮料瓶里。依次往下传，每个同学拿到别人的漂流瓶，取出纸条，给别人的问题做一回复。漂流瓶传完一遍之后，做分享。	分享苦恼，减轻内心压力，开拓思路。	饮料瓶	

第十次活动内容(结束):分离也快乐

主要目的:

结束小组活动，处理离别情绪。

活动日期:2010 年 12 月 14 日

活动时间:1.5 小时

活动程序

时间	活动内容	目的	物资	工作员角色
20 分钟	自我画	让小组成员反省个人在小组中的形象	彩笔 白纸	
40 分钟	自我画完进行分享	重新整合内在自我	彩笔 白纸	
30 分钟	舞会，自由舞动	互相告别	音乐录音机	

困难和解决方案

预计困难	解决方案
参加者能否坚持到底	规范的约束，活动的兴趣吸引，信心档案的跟踪建立，奖品的激励
担心参加者能否理解小组的目的	不断重申小组工作的目标，寓成长和学习于游戏中也是我们了解到的他们喜欢的方式
工作者驾驭小组的能力和技巧	小组其他成员的支持，督导老师的督导，工作者自信心的建立
成员的投入感低和被动	工作员努力创造和谐气氛，鼓励成员积极参与

评估的范围

1. 小组的成效：检讨小组能否达到目标及帮助成员认识自我、肯定自我，建立自信，学会沟通技巧等，是否具有成长和收获。

2. 小组的设计：检讨小组的设计和编排，例如时间安排，长短是否恰当，游戏是否适当等。

3. 工作员的表现：工作员是否有带小组的能力，工作员是否有良好的沟通技巧等。

4. 成员表现：主动性、参与性、成员对小组的满意度等。

评估方法

1. 工作员的观察，观察者的观察：组员的出勤率，参与程度，投入程度等反应，是否每次活动都达到目标。

2. 组员的自我评估：检验自己的成长与收获及改变。

3. 工作员的自我评估：小组是否如期进行，是否达到目标（见小组活动后的总结检讨），能否与小组成员良好沟通，带组的技巧是否有效，小组的发展阶段。

参考书目

〔美〕苏珊·卡罗尔著，刘梦等译：《青少年小组游戏治疗手册》，北京：中国人民大学出版社，2007 年。

陈红主编：《中小学生团体心理辅导》，福州：福建教育出版社，2008 年。

🅐 本章小结

1. 小组工作的阶段可分为筹备阶段、开始阶段、形成阶段、冲突阶段、成熟阶段和结束阶段。

2. 小组筹备阶段首先要作需求评估，然后根据评估内容决定小组类型、性质、目标及对象，制定小组目标及计划书，再申报小组合法性，招募和筛选小组成员，最后做好物质和心理准备。

3. 小组开始阶段，工作者要创造安全气氛，促进成员的相互认识和沟通，澄清小组目标，建立小组契约及规范。

4. 小组形成阶段，工作者要促进小组凝聚力的形成，使成员之间建立信任和支持的关系。

5. 小组冲突阶段，工作者要妥善处理小组冲突，引导冲突的发展方向，使小组成员更能彼此理解和包容。

6. 小组成熟阶段，是小组凝聚力和支持力最强的阶段，小组工作者要利用其动力,推动小组目标的达成。

7. 小组结束阶段需要工作者对小组工作进行评估,并处理小组成员的离别情绪;小组结束后的跟进在小组结束后的某个时间进行,小组工作者可以通过小组聚会或者个别访谈的方式了解小组成员的状况,以确定小组成员的生活是否发生了改变以及是否还需要其他资源的服务。

ℬ 主要术语

小组工作过程(Group Work Process):小组工作过程是社会工作者为了便于实施管理与计划而设定的一套理想模式,遵循着小组自身的发展规律。

小组工作阶段(Group Sessions):也称执行阶段或维持阶段,小组经过了前面几个阶段的试探、竞争、整合与前进,逐渐表现出小组的功能与小组的运行。

小组开始阶段(Group Began to Stage):起始于小组成员的第一次见面,是小组成员角色探索和定位的开始。

小组形成阶段(Group Formation Stage):小组成员开始与他人互动,建立自己的人际联系,尝试扮演不同的小组角色,同时产生小组规范体系,形成小组凝聚力,并开始与小组目标有关的行动。

小组冲突阶段(Group Phase of the Conflict):又称转换阶段、风暴期或协商期,通常是指小组的整合、分化与再整合时期。

小组结束阶段(End Group Stage):又称分离期,在这个阶段,小组任务已经完成,小组成员面临着分离。

𝒞 练习题

某小学要为四五年级的学生和家长举办一次亲子教育培训的工作坊,活动目标是:提供一个父母与孩子相互沟通的空间,让父母和孩子掌握沟通的技巧。

请为这次活动设计一份活动计划书。

𝒟 思考题

1. 小组筹备阶段需要做哪些工作?

2. 小组契约包括哪些内容?

3. 小组计划书如何制定?

4. 小组目标如何确定?

5. 小组各个阶段,小组工作者的任务分别是什么?

6. 小组各个阶段的动力特征是什么?

7. 小组结束后的跟进需要工作者做哪些工作?

$\mathcal{E}$ 阅读文献

1. 樊富珉:《团体心理咨询》,北京:高等教育出版社,2005 年,第五章。

2. 刘梦主编:《小组工作》,北京:高等教育出版社,2003 年,第八至十一章。

3. 吕新萍等编:《小组工作》,北京:中国人民大学出版社,2005 年,第六至九章。

4. 王步青,周祯怡主编:《其乐无穷——社会工作专业活动游戏集》,北京:中国劳动社会保障出版社,2009 年,第一至第九章。

5. 张洪英:《小组工作:理论与实践》,济南:山东人民出版社,2005 年,第十章。

6.〔美〕罗纳德·W. 特斯兰,罗伯特·F. 理瓦斯著,刘梦等译:《小组工作导论》,北京:中国人民大学出版社,2010 年,第七章。

第十章　小组工作的评估与记录

　　小组工作是一个发展性的过程,对一个小组来说,其设计是否合理,效果是否理想,目标是否达成,都是在小组发展的后期需要考虑和回答的问题。小组工作的评估和记录正是小组工作者对小组进行评鉴的方法和手段。小组评估和记录,可以检验小组的设计、开展及效果。

第一节　小组工作的评估

　　吉布森(Gibson)、米切尔(Mitchell)1986 年指出,小组工作的评估是小组工作中非常重要的内容。全面的小组评估可以促使小组较好地衡量小组的效果和作用。

一、评估的概念与功能

　　在小组工作中,小组工作者需要及时了解小组计划的开展、介入状况的效果等,这就需要进行小组评估,对社会工作的需求、可行性、过程、结果和效率进行专业判断。

(一) 小组评估的概念
　　评估是在多个领域被广泛应用的概念,它是指使用一套客观、特定的方法、工具或步骤,对事物作出系统性评价的过程和工作。在小组工作中,评估是对小组工作的准备、设计、实施、范围和效果等作全面性、整体性的考察和评价的过程,它是方法、技巧和敏感度的结合,目的是为了分析和考察小组工作者在小组介入上的成效,进而推动小组工作实践。

(二) 小组评估的功能
　　小组工作的评估是对小组活动开展所作的整体性评价,从总体上来讲,小组工作评估有下列三项主要功能:

1. 成效评估

成效评估是最基本和普遍的功能,透过事前事后评估,量度参加者在完成小组后的转变。

2. 效能评估

成效评估的结果并不能告诉我们组员的转变是否与小组介入有关,或更具体地说,我们不清楚小组内哪些元素导致组员的转变。因此评估工作须通过其他方式,探讨小组内具治疗性的元素以及小组介入方法和技巧是如何对参与者发挥作用的。[①]

3. 指引实务工作

在小组过程中同步进行的评估可以帮助小组工作者掌握组员的进度,反映小组治疗策略的有效程度,从而立即改善介入手法和技巧,使小组更能帮助组员达到个人目标。小结束后的评估则能够促使小组工作者更好地反思已经结束的小组,以更好的状态开始新的小组。

小组工作评估的功能不管是对成效、效能的评估还是对实务工作的指引,都是对效果的反馈,但是在实际的工作中,对小组工作的评估不仅限于对成效的反馈,而且从不同参与者的角度还具有更具体的功能。

第一,从小组工作者方面看,小组评估可以使小组领导者对他们在小组工作上的某些介入是否有效以及其专业技巧作出评价;从评估中得到的资料,可以帮助小组领导者改善其领导技巧,同样也可以帮助小组领导者获知小组成员和小组在完成目标上是否有进步;小组评估也给小组工作者提供了扩展经验的机会,让小组工作者可以与具有相似目的、相似情境的其他人分享其使用的小组工作方法。

第二,从小组成员方面来看,小组评估可以让小组成员和其他可能受到影响的人,表达对小组的意见和建议;评估可以让成员认识或观察自己和别人身上发生的变化,提高对自己的信心。

第三,从机构、社会方面看,评估可以给任何一个机构或社会证明此小组工作方法是有效的,并可以从机构整体角度对小组工作进行改善。[②]

二、评估的伦理与原则

(一) 小组评估的伦理

社会工作的道德取向使得社会工作的伦理在实务工作中至关重要,小组工作

---

① 杨家正,陈高凌,廖卢慧贞编:《小组工作实践:个案汇篇》,香港:香港社会工作人员协会,1998年。

② 赵芳:《团体社会工作——理论·实务》,北京:知识产权出版社,2005年,第269~270页。

的评估同样面临伦理的要求,在小组工作的诸多评估模式中,很多核心伦理议题会被评估组织的规则进一步强化。小组工作评估对伦理的强调与要求和其他社会工作实务如出一辙,只有这样才能避免对评估对象或小组参与者带来危害,保护服务对象的利益。

作为小组工作的有机组成部分,小组工作评估首先需要遵循一般社会工作的伦理原则。与此同时,它也有自己独特的伦理要求,这包括:

(1)小组组员者对小组评估明确知情,小组工作者有责任让小组参与者明确评估的目的及方法,并告知参与者评估可能带来的风险。

(2)小组组员在评估过程中必须被保护,不因为参与评估而受到伤害。

(3)小组每个组员必须被公平对待,工作者不应该持有偏见。

(4)评估必须为检讨小组工作的成效所用,不应该被用作他用。

美国社会工作协会的《道德规范条理》中,提醒社会工作者要正确处理社会工作评估者与评估对象之间的关系。《道德规范条例》在这一点上提出,参与评估的社工应该避免利益冲突和双职关系:"参与评估的社工应该保持警惕,避免与参与者的利益冲突和双职关系,在可能或实际的利益冲突出现时,应该明确告诉参与者,应该采用以参与者利益为主的方式来逐步解决问题。"①

另外,小组工作评估还因为目的不同而遵循不同的伦理要求,金斯伯格(2005)认为,小组工作评估活动的基本目的如果是发展专业知识基础而不是向你的小组成员传递服务,那么评估就已经变成了研究。如果你计划将你的结果带到专业会议或者在杂志上发表,那么你可能正在从事研究而不是小组工作实务,这个时候当小组成员参与评估研究时,应额外增加研究的伦理以保证参与者不会承担过度的风险,而且必须遵守参与者自愿的基本伦理要求。②

(二)小组评估的原则

在小组工作评估中,主要需要秉承目的性、计划性、系统性、及时性、持续性、及时性、参与性、客观性、有效性、保密性和可操作性等原则。

目的性是小组工作评估中首要的原则,小组工作评估的目的是评价小组目标的实现、小组介入的效果、小组开展形式和方式的适切度等,是为社会工作者改善服务质量所用的,而不是为其他目的服务。

计划性的原则是指,小组工作评估是预先设计并按照步骤进行的,是按照小组

---

① 美国社会工作者协会(NASW)伦理守则,1997年,第26页。网址:http://www.socialworkers.org.

② 〔美〕金斯伯格著,黄晨熹译:《社会工作评估——原理与方法》,上海:华东理工大学出版社,2005年,第25页。

发展的计划开展的,从收集资料开始,然后逐步进行资料分析,获得评估报告,而不是盲目或带有随意性的。

系统性是指小组工作的评估是一个整体性的评估,一方面小组工作评估是小组工作内容的一部分,是在小组工作这个系统的范畴内开展的;另一方面小组工作的评估本身是系统性的,具有一定的方法、结构和步骤。

及时性的原则要求小组工作的评估是和小组活动的开展同步的,并得出具有实效性的评估报告,对服务质量进行及时的反馈和改善。

持续性是指小组工作的评估不是一次性完成的,而是贯穿于小组开展的过程中,随着小组的发展进行需求评估、过程评估和结果评估等,而不是在最开始或到最后一次性完成对小组的评价。

参与性是小组工作评估的基础,小组工作的评估是多方共同参与的过程,小组成员、小组工作者、机构工作人员以及聘请的评估人员都是重要的参与者。小组评估不是小组工作者对参与者的评估或者参与者的自我评估,参与性提高了小组评估的可信度和有效性,促进了小组目标的达成。

客观性是小组工作评估有效性的重要保障,客观性的原则要求小组工作者不应在评估中有主观性的倾向,不应该因自己的利益要求而影响参与者的评估以及评估的可行性和有效性,而是在评估的过程中尽可能地选取适合的评估工具,以客观的态度进行评估,在需要的情况下,可以开展第三方评估。

有效性是小组工作的根据所在,小组工作的目的是提供有效的评估结果,以改善服务质量,所以小组工作者应该积极设计和采用更适合的评估方法,进行严格的分析,以得出有效的结果。

保密性是社会工作实务的通用原则,在小组工作的评估中应该保证评估资料的妥善保存,不得随意泄漏和传播,以免给参与者带来伤害。

可操作性是指小组工作评估标准的可操作性,在评估中给参与者的问题或目标尽量符合评估参与者的接受程度,并且是具体的,而不是抽象和模糊的,以得出更准确的评估结果。

三、评估的类型与标准

(一) 小组评估的类型

评估是小组工作的一个重要组成部分,也是助人过程的一个重要环节,从小组工作的开始到结束,评估贯穿在任何一个阶段,并根据不同阶段的特点呈现不同的类型,主要表现为需求评估、可行性评估、过程评估、结果评估和效率评估。

需求评估也就是小组前的评估,小组的需求评估开始于小组前,并贯穿于小组开展的过程中。需求评估的主要目的是为小组计划设定服务,是将服务具体化的过程。小组需求评估是小组工作中的重要内容之一,小组工作者在小组筹备阶段必须对小组的需求作出正确的评估,以确定是否要进行小组的介入,并制定合适的介入计划。小组需求评估的主要对象包括服务对象的需求、小组工作者的需求、机构层面的需求、社区的需求以及宏观层面的需求。如在筹备社区矫正的青少年小组时,就应该充分评估青少年本身是否有进行团体行介入的需要、兴趣、时间以及他们目前的状况,也要评估小组工作者及机构自身对开展此类小组的需要及能力,而开展社区矫正工作的社区对开展青少年社区矫正的小组工作的需要也要重点评估。

可行性评估在于小组工作者对识别出来的需求作出的回应,可行性评估的主要目的在于对小组计划的概念化和过程作出详细的概述,识别出这一计划或介入是否反映了服务对象的需求以及计划是否具有实施的基础。

小组的过程评估就是对小组开展的整个过程进行连续、不间断的评估,以发现问题并及时修改介入计划。小组过程评估的主要内容包括评估小组参与者的表现、评估小组带领者的表现、评估整体的发展状况以及评估小组各个目标的达成情况。小组的过程评估是微观而详细的。

小组的结果评估就是小组结束期的评估,是对小组的整个过程、流程和效果进行的评估。小组的结果评估主要目的在于收集小组过程中的主要资料,检验小组目标的达成情况以及对小组介入的服务质量进行评估,并形成最终的评估报告。小组的结果评估是整个小组的总结性评估。

小组的效率评估是评估中比较困难的内容,其重点关注的是小组的资源投入、运用和小组成效之间的对比情况,评估小组工作的介入是否带来了相应的收益,并依此对小组工作的服务进行调整。

小组评估的这几种类型主要是依照小组的发展顺序来界定的,除了这三种重要的类型外,小组评估还包括成效评估、跟踪评估、价值评估及影响评估等其他的评估类型。

(二) 小组评估的标准

小组工作学者蒙特洛斯(M. Montelins)1966 年在对社会福利机构的服务接受者进行评估时,提出了服务参与者在参与小组活动后的十项评估标准,这些标准从服务对象的参与度到服务对象的改变程度,都给出了小组评估的标准,这些标准包括:

(1) 参与者参加活动的次数有无变化?

(2) 参与者是否比以前更敢说话?敢表现?

(3) 参与者是否有兴趣了解其他服务?

(4) 参与者对机构的规则、限制、功能是否较为了解?

(5) 参与者如何与小组工作者产生专业关系?这种关系有无改变?

(6) 参与者对教育等其他项目有无兴趣?

(7) 参与者是否对学习技能、努力工作比较有兴趣?

(8) 参与者是否会运用社会资源,如医院、公园等?

(9) 参与者对其他小组成员的困难是否关心?

(10) 参与者对小组活动是否较能负起责任?

从蒙特洛斯的十项标准看,小组工作的评估标准是相对性的标准,主要考量的是小组参与者的变化,其参照的两个时间点是参与活动前与参与活动后。[①]

四、评估的内容、方法和工具

(一) 小组评估的内容

小组评估的内容包括很多方面,从小组评估对象的角度分析,对小组成员的评估、对小组工作者的评估、对小组整体的评估、对小组环境的评估是小组评估的主要内容。

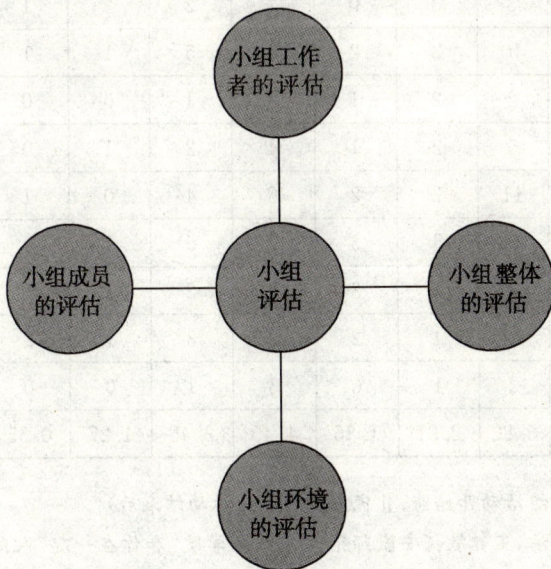

图 10-1 **小组评估框架图**

1. 对小组成员的评估

小组成员是小组的核心,对小组组员的评估也是小组评估中非常重要的内容。对小组成员的评估主要是评估小组成员的参与及改变,包括对小组成员的个人生

---

① 丁少华:《小组工作》,北京:社会科学文献出版社,2003年,第294页。

活、人际互动以及环境等的评估。小组成员的个人生活是指成员在个人生活上的能力、方法和态度等,通常评估成员的情绪、动机、能力等;人际互动的评估是指面对人际互动的环境是,小组成员是否能有效地与其他成员互动,小组评估者应该留意小组成员与小组其他成员间的互动关系;评估组员的环境性处境是评估环境对小组成员的影响。

表 10-1　　　　　　　　　　组员人际关系的改善

组员	总分		交谈方面的行为困扰程度得分		交际与交友方面的困扰程度得分		待人接物方面的困扰程度得分		跟异性朋友交往的困扰程度得分	
	I	II	I	II	I	II	I	II	I	II
张某	22	0	5	0	7	0	5	0	5	0
王某	17	3	5	1	6	2	2	0	4	0
潘某	16	3	3	0	7	2	2	1	4	0
刘某	11	10	3	2	4	5	1	1	3	2
金某	4	2	2	1	1	0	0	0	1	0
李某	8	5	2	1	4	2	1	0	1	2
叶某	12	11	2	2	6	4	0	1	4	4
陈某	13	8	5	3	7	5	1	0	0	0
况某	7	12	3	3	2	2	1	1	1	2
尹某	6	12	1	2	2	3	1	2	2	5
冷某	6	2	1	0	3	1	0	0	2	1
平均数	11.09	5.82	2.91	1.36	4.45	2.45	1.27	0.55	2.45	1.45

(注:I代表三次小组活动开始前,II代表三次小组活动结束后)

　(资料来源:张洁,王铭敏《安徽师范大学社会学院"和你在一起"人际交往小组评估报告》)

　2. 对工作者的评估

　对小组工作者的评估主要是评估小组工作者的专业能力,包括工作员的理念方面,评估工作者的专业价值观是否恰当,专业态度是否合适以及工作者如何看待小组发展过程中的成效与问题;工作者知识上的评估,主要是评估小组工作者专业理论的使用情况,专业技巧的运用是否适合,小组活动的设计和小组工作者的带领是否回应了参与者的需要;工作者关系的评估,主要是评估工作者如何处理与组员之间的关系以及他们处理这些关系的能力。

3. 对小组整体的评估

对小组整体的评估主要是评估小组的发展模式、过程、内容、小组动力以及小组的成效。小组发展模式是评估小组整体的发展过程中小组呈现什么样的发展模式,小组的进度如何,小组间的权利关系如何等等;小组的凝聚力是评估在小组开展的过程中小组是否具有凝聚力,凝聚力的程度如何以及小组凝聚力是否支持了小组目标的达成;评估小组的动力同样是小组整体评估的重要内容,主要是评估小组的动力变化如何,以及对小组成员产生什么样的影响,包括小组间沟通模式和小组的领导模式等;最后对小组的成效作出整体性的评估,包括小组目标是否达成,小组成员的满意度等。

4. 对小组环境的评估

对小组环境的评估主要是评估对小组发展产生影响的环境因素,包括机构环境、社区环境以及社会环境。机构的制度、服务目标和资源都会影响到小组的目标、方法及服务提供的质量,如财政状况良好的机构对小组的支持可能是充足的,小组开展的余地也比较大,一些机构有倾向性地选择他们的服务发展模式,这样社会工作的小组模式在实践前可能就已经由机构决定了。社区的环境评估主要是评估社区对小组活动的态度以及因此产生的影响,如在举办有问题倾向的小组时,社区对小组及小组成员的态度对小组的发展有重要的影响,社区是如何看这些组员的,是否愿意他们在社区中出现等,都会对组员产生影响。如果社区对小组持支持性的态度,社区就会为小组提供相关的资源。社会影响的评估往往是指社会整体性政策、舆论对小组的影响。

(二) 小组评估的方法

根据小组评估对象的不同,小组评估也有不同的方法,这里主要介绍实验法、单一系统法和观察法三种。

1. 实验法

作为在其他学科被广泛应用的一种方法,实验法在小组评估的方法中是比较科学和严谨的。实验法是指在小组评估的过程中,小组评估者在控制条件下操纵某种变量,来考查它对其他变量影响的方法。

在实验法中有三组概念是非常重要的,分别是自变量与因变量、前测和后测以及实验组与控制组。实验评估的中心目标是探讨变量之间的因果关系,进而考察自变量对因变量的影响。

前测主要是在小组开始前的测量,后测则是在小组结束后的测量,小组评估者通过比较前测和后测的结果,来衡量因变量在实验前后发生的变化。如在治疗性的小组中,通常会通过前测和后测来对比参加者行为的改善情况。

实验组就是在小组和评估过程中接受实验刺激的一组对象,控制组则是没有接受刺激的一组对象。在评估过程中,小组评估者不仅要观察实验组,也要观察控制组,并进行两组实验结果的对比,来说明实验的作用。

2. 单一系统法

单一系统法是指在单一体系中跨越时序重复收集资料并依据此资料进行评估的方法。单一系统法能够将评估集中用于单一的体系中,进行有针对性的评估。在单一系统法中,单一体系可以是个人、家庭、社区、社会机构或其他组织,每一个体系都可以被看成一个分析单位。单一系统法主要是对这样一个整体设定行为的基准性,并收集介入前后的资料进行比较,检讨系统目标的完成状况。

单一系统法的具体方法由以下的步骤组成:

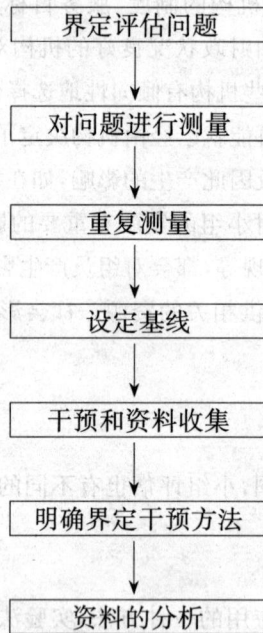

图 10-2　单一系统法

单一系统评估法是小组评估中成效检验的有效方法,如果想检验一种新的介入方法对小组是否有效果,单一评估法是比较合适的。

3. 观察法

观察法是指小组评估者根据一定的评估目的、目标或观察表,直接观察被评估对象,从而获得资料的一种方法。科学的观察具有目的性和计划性、系统性和可重复性的特点,是小组评估中使用较多的一种评估方法。使用观察法的评估中,往往会使用观察表,观察表为小组评估者提供了观察中具体可观察、度量的指标。小组领导者行为观察表见表 10-2:

表 10-2　　　　　　　　　　　　**小组领导者行为观察表**

	团体成员位置图:
团体名称:	
团体时间:	
团体地点	
成员人数:	
观察者:	
被观察者:	
1. 守时	
2. 穿着适当	
3. 轻松自在(镇静沉着)	
4. 能保持眼神的接触	
5. 无令人分心的肢体语言	
6. 口语表达清楚明白	
7. 面部表情适当、自然	
8. 对专业的理论有很清楚的了解	
9. 对成员的心理有很清楚的了解	
10. 对成员的心理行为有很清楚的概念	
11. 能专注(很好的倾听者)	
12. 回答合乎逻辑及道理	
13. 及时且适当的回答	
14. 引导思考的问题是有智慧有思想的	
15. 对团体辅导的专业莅临及所需负的责任有很清楚的了解	
16. 情绪稳定	
17. 对人显得十分有兴趣	
18. 尊重成员	

续表

团体名称:		团体成员位置图:
表内等级评定说明如下:五点评量		

1. 在平均之下(完全非如此)

2. 平均(有时如此)

3. 在平均之上(大部分如此)

4. 优异(完全如此)

5. 无法评估(不适用)

其他观察事项:

　　(资料来源:青翼网:《团体工作人员行为观察表》,http://www.sowosky.com/forum.php?mod=viewthread&tid=92151)

(三) 小组评估的工具

　　在需求评估、过程评估及结果评估中,有效的评估工具的使用是至关重要的,使用的评估工具包括:标准化量度、目标问题评量、目标达成程度及行为样本。小组工作者可按照小组性质和机构资源,选取合适的评估工具。以下将逐一介绍四种评估工具。

　　标准化的量度工具经常被应用于量度组员行为和心理状态。量表或问卷是常被使用的工具,例如人际沟通量表、满意度问卷等。

表 10-3　　　　　　　　　　**小组活动评估表**

小组名称:		活动地点:	
活动主题:		组员人数:	
活动次数:		缺席组员:	
活动时间:		工作者:	
活动评估:			
活动过程:			
目标达成:			
活动效果:			
组员参与度:			
组员表现:			
工作员表现:			
改进措施:			

在使用量表时须注意三个方面：

1. 评估工具与小组治疗目标的相关性

最基本和重要的问题是选取的评估工具是否能准确量度预期小组的项目。例如，小组若以处理情绪和抑郁为目标，则贝克忧郁量表可以用于量度忧郁的程度；但小组若以处理亲子冲突关系为目标，则需要用亲子冲突行为问卷。若目标具体，则选取的工具须更准确。因此，工作者必须先制定具体的小组目标，才能选取适合的工具。

然而组员的转变可能是多方面和难以掌握的，尤其是初次举办的小组。例如家长组成员的目标是改善亲子关系，但当小组完结时，组员不但学习了如何处理亲子关系，自己的情绪亦舒缓了，情绪转变未必是预期的转变，因此未能在事前评估组员情绪或压力，以致未能量度出情绪的转变。由于未选取合适的量度工具，这次评估并不能完全反映小组的成效。在组员产生多方面的转变时，标准化的量度工具不可能记录所有的转变，工作者积累了这些经验，便能在下一次小组开始前作更详细的安排，选取更适合的工具。

2. 量度工具的信度和效度

信度是指量度工具测量结果的可靠性，意即在重复使用中，均能有一致的表现。效度则指量度工具的准确性，量度工具是否能准确反映预期的转变。工作者在选取量度工具时须先检视工具的信度和效度，以增强评估结果的参考价值。

3. 干扰性

在使用量度工具时，小组工作者必须考虑评估工作对参加者的干扰程度，太多太长的问卷均会对参加者造成不必要的干扰，因此工作者必须小心选择，让参加者明白研究目的，减少使用专业术语，务求使参加者在乐意的情况下参与。尽管客观的测量很重要，但不应忘记组员才是服务的主要对象，他们在填写问卷时的情绪反应都须得到认真对待。

目标问题评量：若小组目标是处理组员的问题，帮助组员提高解决问题的能力，则组员对于他们面对问题时困扰程度的转变，可显示小组的治疗效果。工作者可以在需求评估面谈时，请组员提出不多于三项困扰他们的问题，并就每一项问题评分，设定最高分为最多困扰，最少分为最少困扰，然后到结果评估面谈时，再就各项问题评分，看是否有改善。此评估方法更能就组员切身面对的问题进行评估，以小组参与者为中心。

目标达成程度评估：此评估方法与目标问题评量相似，组员在需求评估面谈中列出不多于三项希望在小组完结时达到的目标，然后在结果评估面谈时就各项目标评分，此评估方法以组员的目标和对小组的期望为评估重点，而小组的设计更须对应组员的目标和期望。选定的评估目标，可以是小组整体的目标，当然小组目标须由组员共同参与制订。

行为样本作为工具的使用是在行为小组或社交技巧训练小组中,行为是转变的对象。因此,工作者可以通过观察方法和角色扮演,获取有关组员行为表现、沟通模式等的数据,对特定行为的发生方式、频率或情境作有系统的记录。

获取行为样本的主要方法有两种:第一种是观察法,第二种是角色扮演法。

第一,观察法。若能在自然的环境中了解组员的行为表现,有助于工作者具体评估组员的行为问题和需改善的地方。有关资料可通过组员自我观察、家人或工作者直接观察所得。

自我观察主要是由组员注意自己在某一选定情境中的行为表现、想法和感受,并加以记录。例如男性施虐者在一周内观察自己发脾气的次数、情境、行为及想法等(如表10-4)。通过自我观察,除了获取行为样本外,更有助于组员增强自我意识,加强自我控制感。

表 10-4   参加者发脾气的次数变化表

行为次数	星期一	星期二	星期三	星期四	星期五
发脾气的次数					

行为次数	第二次会期	第三次会期	第四次会期	第五次会期
发脾气的次数				

行为观察亦可通过家人进行,例如儿童小组的组员可通过家长观察其子女的行为转变,当然,工作者须事先得到家长的合作,而工作者亦须明确给予指示,让家长掌握须观察的具体行为。

若工作者有机会在自然环境中观察组员行为,更可直接收集资料,例如青少年中心的儿童,通过了解他们在中心内与其他儿童会员交往的情况和沟通方式,便有助于工作者了解儿童组员的社交技巧问题。

另一种收集行为样本的方式是角色扮演,工作者可以在需求及结果评估中,为组员提供一个行为表现的环境,组员可以通过角色扮演,将日常面对的困难情境呈现出来。角色扮演着重的并非完全准确地重演有关情境,而是在类似情境下让组员将其一贯的行为模式展现,让工作者分析组员的技巧和困难。[1]

---

[1] 杨家正,陈高凌,廖卢慧贞编:《小组工作实践:个案汇编》,香港社会工作人员协会,1998年。

五、评估者与评估的程序

（一）小组评估者

小组评估者是指小组评估的执行者,在小组工作的评估中,执行者主要包括小组工作者、小组参加者、协助者以及相关机构同工的评估。

小组工作者自评是小组工作者对个人在小组开展中的评估,主要包括小组内容方面、小组带领过程和带领技巧三个方面。在小组内容方面,小组工作者对目标是否达成,是否对参与者比较了解,是否有效地协助成员转变等进行评价;而在带领过程上,小组工作者着重评估与成员之间的关系如何,催化成员参与程度如何,处理小组事件的效果如何,以及保持小组气氛的评估。

参与者的评估更多地着重于自身的参与,所以参与者评估的内容包括本身需要是否满足,如参加小组的目标是否达到,行为是否获得改善;是否积极参加小组活动,如参与的程度如何,探索程度如何,是否有防卫行为的出现;是否引发自己改变,如小组是否协助自己达成目标,内容是否恰当,小组过程中发生哪些比较有意义的事件,小组气氛如何,小组生命是如何发展的。

协助者的评估是客观方面的评估,主要从观察者的角度来对小组成员、小组带领者以及小组的效能进行评估。观察者对参与者的评估着重在行为表现上,例如成员的协助性行为(如倾听、自我展露、同理心、尊重等)及阻碍性行为(如防卫、阻断、独占等破坏性行为)的观察、分析和记录;并评估小组工作者在领导者行为的有效性上,如同理心的反应,引导的技巧,适时的介入,尊重与接纳,积极的关注,有效倾听,自我展露等的行为表现;而后对小组的效能作整体性的评估,着重小组计划的可行性与有效性以及小组的结果如何等。

机构相关人士的评估则是在需要时开展的,如机构的督导、相关同工以及对社会进行考核时所进行的评估活动。[①]

（二）小组评估的程序

小组评估是一个系统性的过程,其流程如图 10-3 所示。

---

① 赵芳:《团体社会工作——理论·实务》,北京:知识产权出版社,2005 年,第 269~270 页。

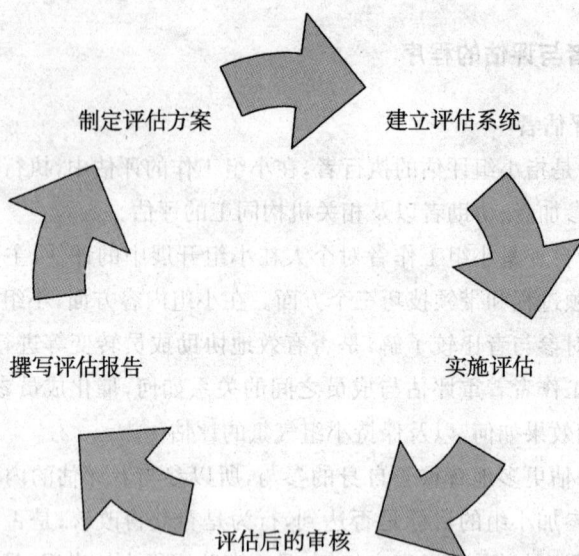

图 10-3 小组工作评估程序图

制定评估方案是有效的小组评估的基础,一份完整、具体和可操作性的评估方案包括评估者是谁、评估的目的是什么、评估的对象是谁、评估的理论和假设、评估的方法和工具、评估的时间以及评估的具体指标等。

建立评估系统是一个复杂评估的整体性安排,作为一个复杂的过程,评估系统包括评估者、评估对象、机构及相关同工、相关社区以及评估的其他参与者,这些要素组合起来组成了评估系统。评估能否成功进行,评估系统间的关系协调是重要的内容。

在前期的准备完成后,评估按照流程的先后顺序实施评估过程,评估过程的实施主要是收集评估资料、整理评估资料以及分析评估资料。在评估的实施中,评估者要客观地收集、整理及分析所得到的资料,尽可能实现评估的客观性和有效性。

评估后的审核则是对评估的设计以及实施所进行的检讨,主要是对评估的信度和效度的检验,并根据检验结果对评估作出修正及改进。

撰写评估报告是评估的最后一个阶段,是对评估所得到的结果进行的整理和呈现,提出评估的效能检验以及提出相关的意见。一般来讲评估报告包括前言、文献回顾、评估方法、评估对象及过程的介绍、对资料的分析和解释以及最后的结论。

第二节 小组记录

一、小组记录的概念与功能

(一) 小组记录的概念

小组记录是小组工作者在小组过程中对小组发展中的各项活动的记录。小组记录是小组工作者在小组中要完成的一项重要任务。一般说来,小组工作的记录分为两大类:一是小组的原始资料,包括小组的出席记录、活动记录等;另一类是对小组所作的评估的记录,包括小组的过程记录、小组评估记录和小组总结报告等。

(二) 小组记录的功能

小组纪录有以下功能:

(1) 小组记录是进行小组评估的重要资料和工具,是小组评估的重要基础。

(2) 小组记录可以协助小组工作者对小组作更全面的认识,促进小组工作者更好地带领小组。

(3) 小组记录可以协助小组工作者在全面把握小组发展时,考虑到小组组员中个别的需要,协助小组成员更好地融合到小组整体中。

(4) 能够了解小组工作者及小组成员的态度和立场,并检讨个人在小组中的投入,协助小组工作者和小组成员不断改进。

(5) 小组记录是改善小组服务的重要依据。

(6) 小组记录是明晰小组工作者和小组成员之间关系的重要依据。

(7) 小组记录是小组工作者自我评定的重要参考。

(8) 小组记录是小组组员自我改变和成长的依据,可以协助小组成员看清自己在小组中的发展和变化。

(9) 小组记录是督导对小组工作者进行督导的重要资料。

(10) 小组记录是机构对小组工作及服务进行评定的基础和依据。

二、记录的伦理与原则

(一) 小组记录的伦理

小组记录同样要遵守社会工作者普遍性的伦理守则。在小组记录中,保护小组参与者的利益是最重要的考量。在这个考量的基础上,小组记录的伦理主要包括：

（1）告知和同意。小组工作者在做小组记录前，一定要征求小组参加者的同意，并告知小组成员记录的内容和用途。

（2）保密和隐私。在小组记录中，小组工作者要严格遵守保密的伦理守则，对所记录的内容做妥善的保存。

（3）尊重。小组工作者在记录的过程中必须尊重小组参加者的意愿。

（二）小组记录的原则

（1）及时性原则。小组工作的发展要求小组记录要及时，做到随时记录小组的相关内容。

（2）客观性原则。小组工作者在进行小组记录时，必须客观地记录在小组工作中发生的事件，而不能以个人的想法和意愿为标准。

（3）选择性原则。小组记录不能包罗万象，小组工作者所记录的应该是小组过程中的关键事件。

（4）专业性、准确性和完整性。小组工作者在记录时，应从专业角度，使用专业术语，并保证小组记录的准确性和完整性。

三、 记录的内容和方法

（一）小组记录的内容

小组记录是对小组发展的专业性记录，并非记录小组的所有内容，小组记录的主要内容包括：

（1）小组名称；

（2）小组性质；

（3）小组目标；

（4）小组聚会地点；

（5）小组聚会时间；

（6）小组每次聚会的具体日期；

（7）小组出席者的姓名、年龄、性别等信息；

（8）小组每次活动的出席记录；

（9）小组缺席情况、缺席者及缺席原因；

（10）小组活动的具体情景；

（11）小组成员间的关系；

（12）小组工作者与组员的关系；

（13）小组工作者的态度、技巧等；

（14）小组聚会前、聚会中及聚会后的情况；

（15）小组目标的达成情况。

(二) 小组记录的方法

小组记录有不同的方式，包括文字记录、录音影视记录等具体方式，在方法上主要有摘要式和过程式两种。

摘要式记录是对小组的活动所做的概要性的记录，主要包括对小组每次聚会的摘要记录，对小组重要事件或重大活动的概要性记录，对小组组员变化的摘要性记录，以及小组结束时对小组整体的概要记录。

不同于摘要式记录，过程式记录注重将小组活动的过程，依照活动发生的先后时间及活动内容的顺序加以详细的记载，这种小组记录是记述、分析和发现小组中存在的问题和解决小组问题的重要依据。

这两种形式的记录通常会使用一些小组记录表来完成，如表 10-5：

表 10-5 　　　　　　　　　　　　　**摘要式记录表**

团体名称：	开始日期：
工作者姓名：	结束日期：
聚会次数：	聚会日期：
出席成员：	缺席成员：
团体目的：_____	
本次聚会目标：_____	
本次团体对个别人的目标：_____	
达成目标的行动：_____	
在达成本次目标时遭遇的主要障碍：_____	
工作者对本次聚会的分析和评价：_____	
未来聚会的计划与安排：_____	

附录一:小组工作员自评报告①

小水滴融入大海小组总结报告

1. 背景资料

小组名称:小水滴融入大海

小组性质:团结成长性

小组周期:3月31日～4月28日,共5周

小组共聚会次数:五次

小组聚会密度:每周一次

每次聚会所需时间:一个小时(利用组员中午的课余时间,这样既不会影响组员的学习,也不会让组员因为小组时间过长而影响注意力集中产生各种情绪问题)

表 10-6　　　　　　　　　参加者资料

姓名	性别	年龄	方式	渠道
曹涵	女	8岁	自愿参与	宣传招募
郭辰	女	8岁	自愿参与	宣传招募
魏宏	女	9岁	自愿参与	宣传招募
陈妍	女	8岁	自愿参与	宣传招募
杨毅	男	9岁	自愿参与	宣传招募
郑龙	男	9岁	自愿参与	宣传招募
马研彬	男	8岁	自愿参与	宣传招募
马研琳	男	8岁	自愿参与	宣传招募
马睿	男	8岁	自愿参与	宣传招募
张炎	男	8岁	自愿参与	宣传招募
尹鸣	男	9岁	自愿参与	宣传招募

出席人数:11人

2. 小组的目的及工作目标:

(1) 明确团结的重要性;

(2) 培养团队意识;

---

① 本小组报告由山东女子学院 2009 级社会工作专业学生安玥、刘晓庆、王晨、赵聪、郭欢提供,经学生同意,在此刊登,表示感谢! 文中出现的小组组员姓名,已作技术处理。

（3）培养男女合作的精神和能力；

3. 小组聚会进程：

第一次小组：认识你我他

目标：使小组成员相互了解，加强小组认知，明确小组目的，协助组员制定适合自己的小组契约。

第二次小组：和"团结"打声招呼

目标：加深小组组员彼此之间的认识，通过活动引导小组成员培养团结意识，使组员明确团结的重要性。

第三次小组：团结，我的朋友

目标：使小组成员具有团结意识，减弱小团队思想，培养组员具有大团队意识。

第四次小组：团结就是力量

目标：使小组成员加强团结意识，通过活动让组员明白男女团队合作的重要性，减弱男女同学之间的分化。

第五次小组：美丽的再见

目标：巩固小组成员的团结合作意识，加深组员大团体意识和男女合作，使之具有集体荣誉感，处理好组员的离别情绪。

4. 评估

（1）小组目的及目标是否达到

通过每次小组的活动，能够加深组员对小组的理解，进一步让组员明白小组的目的、意义、内涵，并将其不断内化，基本上达到了每次小组的目的和整个小组的目标。

第一节小组活动评估：本次小组首先做了"大风吹"热身活动，通过这个活动，组员能够彼此深入了解，活跃了小组氛围。但在自我介绍环节中，组员开始混乱，不听从主带者的引导，男女矛盾激化，对小组没有一个很好的认知。后来主带者转变原有的方式，使混乱的局面冷静下来，协助组员制定小组契约，进一步明确了小组目的，因此本次小组目标基本达到。

第二节小组活动评估：在本次小组中做了喊数抱团热身游戏，不仅引出了本次的小组活动，更加深了组员彼此之间的认识和了解。在无敌风火轮这个活动中自然打破了男女之间的敌对状态，大家都认识到只有团结协作才能取得成功，培养了组员的团结意识。之后的双人背夹篮球跑，让组员意识到每个人对小组都很重要，使组员明确了团结的重要性，因此本次小组的目标基本达到。

第三节小组活动评估：热身游戏是突出重围。通过这个游戏，组员体会到了团结的重要性，活跃了气氛，为下面活动做了铺垫，使组员具有了团结意识。特别是大活动穿越障碍孤岛求生,组员穿过了重重障碍,建立彼此的信任,在信任的基础上彼此团结,互帮互助,减弱小团队思想,培养组员具有大团队意识。因此本次小组目标基本达到。

第四节小组活动评估:本次小组通过穿越彩虹这个热身游戏,组员很快融入自己的团队,增加了小组凝聚力,活跃小组气氛,小组成员加强了团结意识。在超级玛丽这个活动中,组员心往一处想,劲往一处使,活动做的又快又好,加强了小组组员的团结意识,明白了男女团结合作的重要性,减弱男女同学之间的分化。因此本次小组目标基本达到。

第五节小组活动评估:通过解手链这个热身游戏,活跃了现场的气氛,训练了团队合作精神,巩固了小组成员的团结合作意识。在挑战人椅游戏中,组员彻底打破了不接触、故意不完成任务的思想,体验到了团队精神,感受到自己对团队的贡献力量,加深了组员大团体意识和男女合作。主带者通过引领组员回忆五次小组,让组员具有集体荣誉感,最后以拍照的形式结束了整个小组,正确处理组员的离别情绪。因此本次小组目标基本达到。

(2)招募及宣传

通过张贴海报、主动与学生沟通交流并让他们互相宣传等方式宣传此次小组,主要针对三年级学生进行招募。由于学生好奇心比较强,对色彩比较敏感,因此我们的海报比较鲜艳,吸引了学生们的注意。同时我们也主动与这些学生沟通,了解他们对海报的看法进而了解他们对小组的看法,鼓励他们互相宣传,所以起到了良好的宣传作用,为组员招募做了良好的铺垫。评估招募方式合适有效。

(3)小组结构

本次小组一共招募11位组员,符合一般小组的招募人数,并且小组之前组员对本小组有充分的了解,与小组领导者有一定的沟通,因此小组过程中小组领导者更能够很好地维持小组秩序;年龄一般在8~10岁,正好处于社会性别敏感阶段,男女矛盾过多,不团结现象尤为突出,因此我们招募的组员性别控制在男女人数均衡的水平,有利于小组目标的顺利实现。在小组开展过程中,组员内部自发形成一位小组领导,在活动中,这位领导者能够引导组员一步步深入小组目标。聚会时间为每周一次,每次一小时左右,这样安排不会让组员因为小组太过频繁而产生厌烦心理,也不会让组员因为小组时间过长而影响注意力集中产生各种情绪问题。小组聚会地点根据每次小组的活动内容及户外环境的不同定在操场或是办公室,并且小组正式开始之前工作员进行模拟,考虑场地的安全性然后进行适当调整。费用主要用于每次小组的物品租用、奖励等方面。从以上方面考虑,我们在招募的组员、聚会时间、长度、地点、费用等方面基本合适。

（4）活动的适切性

本次小组的主要活动有无敌风火轮、穿越障碍孤岛求生、人椅等，这些活动既能很好地体现出小组的目标，又能满足此年龄段组员的心理需求。五次小组设计的活动都具有衔接和递进的关系，更能表达出小组的主题，让组员更深入地理解小组的目标、意义、内涵。

第一次小组活动：大风吹（热身游戏）。让组员彼此深入了解，活跃了小组氛围，比较适合打破第一次小组的僵局，同时也符合活动目标和这个年龄阶段学生的特性，比较合适。

第二节小组活动：喊数抱团（热身游戏）。不仅引出了本次的小组活动，更加深了组员彼此之间的认识和了解。无敌风火轮自然打破了男女之间的敌对状态，使大家认识到，只有团结协作才能取得成功，培养了组员的团结意识。双人背夹篮球跑，让组员意识到每个人对小组都很重要，使组员明确了团结的重要性，比较合适。

第三节小组活动：突出重围（热身游戏）。让组员体会到了团结的重要性，活跃了气氛，为下面活动做了铺垫。"穿越障碍孤岛求生"，提高了组员的兴趣，减弱小团队思想，培养组员的大团队意识，比较合适。

第四节小组活动：穿越彩虹（热身游戏），活跃小组气氛，使组员很快融入自己的团队，增加了小组凝聚力，小组成员加强了团结意识。超级玛丽中组员心往一处想，劲往一处使，活动做得又快又好，加强了小组组员的团结意识，明白了男女团结合作的重要性，减弱男女同学之间的分化，比较合适。

第五节小组活动：解手链（热身游戏），活跃了现场的气氛，训练了团队合作精神，巩固了小组成员的团结合作意识。在人椅游戏中，组员身体充分接触，没有感到丝毫羞涩，体验到了团队精神，感受到自己对团队的贡献力量，加深了组员大团体意识和男女合作，比较合适。

（5）个别组员的表现/改变

在小组过程中有两位组员发生摩擦引发争吵，进而双方动手。主带者发现问题后，将这个问题交给小组内部其他组员，让他们自行解决。其他组员问清事情的整体情况后，用在小组中所学到的团结的知识调解他们之间的矛盾。经过其他组员的调解后，他们能充分认识到自身的问题，并主动向对方道歉，在以后的活动中，能够很好地配合、团结协作。马彬在第二次小组热身游戏中曾说过宁愿输也不会和女生抱在一起，但是经过后面几次小组的开展，在最后一次小组人椅活动中，主动与女生合作挑战人椅成功。马琳和曹涵在班级中不和，经常打架，但是通过我们的小组，他们能够团结合作，共同完成小组目标。张炎和郑龙曾因一点小事产生矛盾，彼此不和，几次小组的开展，他们的矛盾渐渐淡化，重归于好。魏宏、郭辰、马睿、尹鸣四位组员在小组活动中表现非常好,五次小组活动都能很好地与其他组员合作,五次小组后,他们的团结意识也不断增强,并表示很乐意参加此类型的小组,期待能继续参加下一个小组。

(6)小组互动

小组气氛:随着每次小组的开展,小组气氛由原来的僵持对立渐渐转变为团结和谐,由原来的严肃紧张逐渐转变为开放活泼,组员之间的交流沟通增多,整体气氛良好融洽。

小组规范:在第一次小组中,组员根据自己对小组的期望和需求以及当时小组的状况,由组员自己提出并采取其他组员投票的方式制定小组规范。在以后的小组中,组员都能够遵守小组规范,根据小组规范进行自我约束。

小组凝聚力:在小组开始之前,组员男女之间矛盾尖锐,第一次小组中,出现了男女争吵、打架的现象,基本上没有凝聚力。第二次小组,通过分组活动,使部分组员能够凝聚在一起,但是出现了次小组现象。第三次小组,将原来的分组游戏改为集体活动,减弱了小团队,让所有组员共同合作。在第四次小组中组员对团队有了归属感,凝聚在一起。第五次人椅的成功是凝聚力增强的突出表现。根据小组活动的递进性,组员逐渐团结在一起,形成一个团队,小组凝聚力逐渐增强。

作决定的方式:组员自己提出或领导者征求组员同意。

解决冲突的方式:领导者介入或组员自行解决。

(7)工作者角色

主带者、协助者、参与者。根据工作者的性格特点、专业素养、灵活性等方面分配不同的角色,根据小组中出现的突发情况各位工作者灵活处理,每次小组结束后,工作者进行讨论反省,及时督导,纠正小组过程中的不恰当的地方,提醒在下次小组中注意,确保下次小组的顺利进行,效果相当良好。

(8)工作者之专业态度及所运用的知识和技巧

知识

马斯洛的需要层次理论:每个人都有交往的需求与渴望,因此我们小组的目标便是提升孩子之间的互动交流。

社会学习理论:社会学习理论强调,人们通过观察和模仿他人的行为就可获得改变,形成新的行为方式,在小组活动的过程中孩子们通过自己的观察与模仿可以获得很多的新的行为,从而促进团结意识的形成。

社会化理论:社会化是指人由生物人转变为社会人的过程。在这一过程中,我们学习各种社会规范,学习与人合作。所以我们通过这样的小组活动,使组员学会与人合作,培养他们的合作意识,提高他们的社会化程度,以便将来更好地适应社会。

效果

这些知识让我们更加了解这个年龄阶段学生的需求,便于与组员之间进行互动交流。在活动中,我们利用奖品来激发组员之间来互相学习、互相进步,同时使组员对社会性别有了一定的了解,在此基础上组员能够彼此合作,逐渐淡忘男女之间的矛盾,更好的适应小组。

技巧

倾听(组员对我们的小组有期望或建议时,我们会认真耐心倾听)、鼓励(小组进行分组比赛时,一组已经完成任务,这时我们鼓励另一组不要放弃,坚持就是胜利)、自我暴露(在小组中,主带者根据组员的情绪变化进行适当的自我展露)等。

表 10-7　　　　　　　　　　　　**财政报告**

物品	数量	单价(元)	总价(元)
海报纸	10	2	20
打印费(照片、资料)	100 15	资料0.2 照片0.5	27.5
卡纸	10	1	10
胶带	2	4	9
小刀	2	0.5	
跳绳	1	10	10
报纸	30	0.5	15
颜料	10	2	20
呼啦圈	1	25	25
篮球	8	2	15
相机租用	5	10	50
电脑租用	2	15	30
马克笔	6	1	6
排笔	4	2	8
调色板	1	3	3
奖品(笔记本、笔、糖果、笔筒、书签)	40	2	80
交通费	20 * 5	2	200
合计			528.5

评估:小组预算比实际支出要少,共402元,但是实际支出为528.5元。因此,财政预算和最后支出存在偏差。

附录二

组员量化评估报告:

"和你在一起"人际交往小组评估报告①

评估办法

在小组计划书中,我们已经明确,我们的评估方法主要有两大类,分别为:

沟通问卷:在第一次小组工作前和最后一节小组工作中,组员将被安排完成同一份问卷,以比较他们在参加小组前后对对方的沟通模式及技巧有否改变。

小组满意度评估表:在每节即将结束时和最后一节,和大家共同分享各自感受,并对工作员的表现作出评估。

评估结果

(1) 工作人员选用小组满意度评估表来考察组员对于小组整体活动的满意程度,以下是组员三次小组活动结束时的小组满意度对比表,如下:

表 10-8   小组成员满意度评估对比表

组员	第一次	第二次	第三次
张茹	38	34	44
王晓璐	43	29	40
潘宇	36	22	32
刘丽娜	40	37	39
金智燕	30	19	34
李锦花	39	39	37
叶蕾	38	34	38
陈俊国	43	36	43
况硕	33	31	33
尹世锐	37	36	32
冷彦涵	35	31	45

如上表所示:

第一次,小组成员给出了工作者一个不错的分数,一是刚刚参与到小组工作中来,有热情,二是小组工作者有效地引导了小组的进程,得到了组员的好评,超过

---

① 本报告节选自张洁,王铭敏:《安徽师范大学社会学院"和你在一起"人际交往小组评估报告》。

72.7％的组员给出的是三次中的最高分。

第二次,所有组员给出了比第一次低的成绩,甚至有两位组员给出的分数低于30分,可见大家对于第二次的活动不是特别的满意,这可能由于小组工作进入中期,组员产生的厌烦情绪造成的。

而在第三次中,几乎所有组员的分数都比第二次要高,变化明显。王晓璐从29提高到40,金智燕从19提高到34,冷彦涵从31提高到45,张茹从34提高到44,潘宇从22提高到32,刘丽娜从37提高到39,叶蕾从34提高到38,陈俊国从36提高到43,况硕从31提高到33,这表明组员对整个小组活动的满意程度在提升,大家逐渐认为小组是一个安全和可信任的环境,愿意参加小组活动并从中受益。同时小组也在这样良好的氛围中落下了帷幕。

(2)工作人员选用人际关系综合诊断量表来考察组员人际关系的改善,下表反映了各个组员以及整个小组在活动前和活动后的变化情况(分数越低,困扰程度越低,也就是越好):

表 10-9　　　　　　　　　组员人际关系的改善表

组员	总分		交谈方面的行为困扰程度得分		交际与交友方面的困扰程度得分		待人接物方面的困扰程度得分		跟异性朋友交往的困扰程度得分	
	Ⅰ	Ⅱ	Ⅰ	Ⅱ	Ⅰ	Ⅱ	Ⅰ	Ⅱ	Ⅰ	Ⅱ
张茹	22	0	5	0	7	0	5	0	5	0
王晓璐	17	3	5	1	6	2	2	0	4	0
潘宇	16	3	3	0	7	2	2	1	4	0
刘丽娜	11	10	3	2	4	5	1	1	3	2
金智燕	4	2	2	1	1	1	0	0	1	0
李锦花	8	5	2	1	4	2	1	0	1	2
叶蕾	12	11	2	2	6	4	0	1	4	4
陈俊国	13	8	5	3	7	5	1	0	0	0
况硕	7	8	3	3	2	2	1	1	1	2
尹世锐	6	12	1	2	2	3	1	2	2	5
冷彦涵	6	2	1	0	3	1	0	0	2	1
平均数	11.09	5.82	2.91	1.36	4.45	2.45	1.27	0.55	2.45	1.45

(注:Ⅰ代表三次小组活动开始前,Ⅱ代表三次小组活动结束后)

　　从小组成员活动前后的总分平均得分可以发现,组员的人际关系方面有所改善。总分在9~14分,说明与朋友相处存在一定程度的困扰;总分在0~8分,那么说明在与朋友相处上的困扰较少;总分在15~20分,表明在同朋友相处上的行为困扰较严重。从表中可以看出,第一次小组活动开始前组员平均得分是11.09分,说明组员在人际关系方面存在一定程度的困扰,在第三次小组活动之后组员的平均得分变为5.82分,说明组员的人际关系还是有所改善的。但是各个组员存在不同,有些组员变化较大,有些变化不明显。从每个小的方面也呈现出不同,总的看来,交际与交友活动方面组员的困扰较多,而在待人接物方面困扰较少,通过三次活动,交谈从2.91下降到1.36,下降了1.65;交际与交友从4.45下降到2.45,下降了2.00;待人接物从1.27下降到0.55,下降了0.72;和异性交往从2.45下降到1.45,下降了1.00。总的来看,绝大多数组员在三次活动之后困扰都有所改善,当然两位本就比较开朗的组员,况硕和尹世锐就不能很好地体现了。

本章小结

　　1. 小组工作评估的有三项主要功能,分别是成效评估、指引实务工作和效能评估。小组工作评估的功能不管是在成效、效能的评估还是对实务工作的指引都是对效果的反馈。

　　2. 小组工作评估主要秉承目的性、计划性、系统性、及时性、持续性、及时性、参与性、客观性、有效性、保密性和可操作性等原则。

　　3. 根据小组不同阶段的特点,小组评估主要表现为需求评估、可行性评估、过程评估、结果评估和效率评估。小组评估的这五种类型主要是依照小组的发展顺序来界定的,除了这五种重要的类型外,小组评估还包括成效评估、跟踪评估、价值评估及影响评估等其他的评估类型。

　　4. 小组评估的内容包括对小组成员的评估、对小组工作者的评估、对小组整体的评估、对小组环境的评估等。

　　5. 根据小组评估的不同对象,小组评估的方法主要有实验法、单一系统法和观察法三种。

　　6. 在需求评估、过程评估及结果评估中,主要使用的评估工具包括标准化量度、目标问题评量、目标达成程度及行为样本。

　　7. 小组记录的方式主要有摘要式和过程式两种。摘要式记录是对小组的活动所做的概要性的记录。过程式记录注重小组活动的过程,依照活动发生的先后时间及活动内容的顺序加以详细记载。

B 主要术语

评估(Assessment)：是指使用一套客观、特定的方法、工具或步骤对事物作出系统性评价的过程和工作。

小组评估(Group Work Assessment)：是指使用一套客观、特定的方法、工具或步骤对小组工作的准备、设计、实施、范围和效果等作全面性、整体性的考察和评价的过程。

实验法(Experiment)：是指在小组评估的过程中，小组评估者在控制条件下操纵某种变量，来考查它对其他变量影响的方法。

单一系统法(Single System Method)：是指在单一体系中跨越时序重复收集资料并依据此资料进行评估的方法。单一系统法能够将评估集中用于单一的体系中，进行有针对性的评估。

观察法(Observation)：观察法是指小组评估者根据一定的评估目的、目标或观察表，直接观察被评估对象，从而获得资料的一种方法。

小组记录(Group Work Record)：是小组工作者在小组过程中对小组发展中的各项活动的记录。

C 练习题

案例一

情绪小管家小组计划书

情绪影响学习和生活习惯，所以从小开始培养孩子的情绪有助于长大后懂得控制情绪。因此，有一些社会机构的对象会针对幼儿的情绪举办活动。香港青少年服务处粉岭综合服务中心的"开心生活、愉快学习——幼儿家长学堂课程三之培养孩子情绪"活动，让我们知道情绪处理是从小就需要被关注的。有鉴于此，工作者希望让孩子通过学习如何控制和注意自己的情绪，从而提升情绪智能和在成长中得到正确的引导，所以特别设计了这次小组活动。

小组活动理念

自 1996 年起，EQ 在香港已被大众受重视，很多社会机构举办一些讲座、课程、小组来认识、处理、培养情绪。举办课程的对象是青少年、家长等。近年来经济不景气加上失业高企，使家庭暴力求助个案增加，其中的受害人除了成人外，也有儿童受害者。调查发现，有超过六成被访儿童经常出现担心、恐惧，五成儿童会发脾气，超过两成儿童更经常感到自卑。当遇到不愉快的事情时,近四成表示不会向人倾诉,只有不足一成的儿童会找父母。(香港《苹果日报》,2003 年 5 月 14 日)虽然调查只限于和谐之家的人士,但经济不景气和高失业率却是全港家庭正面对的压力。因此,儿童被情绪困扰是很常见的问题,本小组不只是预防,更是补救性质的小组。

小组对象

组员的年龄介于小学二年级至六年级的男女学生。

理论架构

班杜拉在社会学习理论中提到,人会在任何时间向别人做出观察和模仿,以调整和修改自己的行为。但在这个阶段,无论行为好坏都有可能被别人学习。

所以情绪处理对小学生来说是新鲜事物,亦是很抽象和复杂的东西,工作者用具体手法例如通过看带观察(observation learning),让组员有学习新行为、新的处理方法的机会,然后要求组员以角色扮演去实践。如果他们尝试过成功的经验,工作者应该给予组员鼓励和支持,以理论正强化(reinforcement)去加强组员作出参与和新尝试,以致组员可以更容易掌握当中的技巧。

小组活动安排

服务机构及单位名称:×××家庭中心

小组名称:"情绪小管家"小组

目的:协助小学生调节情绪,以致有勇气面对困难和享受正常群体的快乐生活。

目标:(1) 认识 10 种情绪。(知识)

(2) 一星期内,我减少 20% 与他人的冲突。(行为)

(3) 学会 5 种发泄方法。(技巧)

(4) 学习"停、静、想、做"的处理冲突方法。(技巧)

小组性质:补救性

对象:区内小学二年级至小学六年级学生,男女共 6~8 人。

举办日期:×年×月×日

小组节数:共六节

时间:逢星期一下午 5:30 至 6:30

地点:×××新单位

招募方法:(1) 由于实习单位正在开上、下、晚托管课程,请中心职员介绍托管学童入组。另外,自己以口头向家长和学童介绍小组,邀请其参与小组。

(2) 印制中心海报,张贴在中心内和区内屋村。

(3) 到学校门口派小单张宣传。

收费：＄20/六节(非中心托管生)，免费/六节(本中心托管生)

活动各节、主题及目标计划

日期	节数	主题	目标
	第一节	◎Hello, how are you?	(1) 组员与工作者以及组员之间互相认识。 (2) 组员认识小组的目标及内容。 (3) 工作者与组员定下小组规则。 (4) 透过游戏，使组员对小组留有好感。 (5) 简介 EQ 是什么。 (6) 每次都有家庭作业做，给予组员责任感。
	第二节	◎情绪面面观	(1) 增加组员之间、组员与工作者的互相认识。 (2) 认识情绪"EQ"。 (3) 让组员学习情绪不同的形容词。 (4) 留家庭作业，给予组员责任感。
	第三节	◎不知好烦还是好笑?	(1) 增加组员之间、组员与工作者的互相认识。 (2) 了解事件的原因。 (3) 察觉自己的情绪。 (4) 表达"我"的信息。 (5) 留家庭作业，给予组员责任感。
	第四节	◎ 化悲愤为力量	(1) 学习发泄负面情绪的方式。 (2) 留家庭作业，给予组员责任感。
	第五节	◎心情靓靓	培养良好的情绪 "停一停、静一静、想一想、做一做" (1) 放松自己。 (2) 留家庭作业，给予组员责任感。
	第六节	◎与人吵闹，怎么办好?	(1) 学习如何处理冲突。 (2) 回顾学习技巧。 (3) 以游戏方式分享小组的感受和对小组的意见。 (4) 鼓励实践技巧。 (5) 展望小组后组员的动向。

预期困难及解决方法(略)

财政预算

项目(收入)	收入($)	项目(支出)	支出($)
组员收费	$20×8=$160 或	游戏道具	40.00
中心津贴	$160(非中心托管生不津贴)	教材	
		情绪处理小册子($10) NOTE(在中心印)	10.00
		小组完结小食会	30.00
		小食($30) 纪念品(中心提供)	
		影相	50.00
		杂项	30.00
总计	160.00	总计	160.00

(本小组节选自香港 Yipsir 儿童情绪小组)

1. 请结合小组评估的内容,根据小组计划及具体开展情况,设计出对该小组的评估方案。

2. 在此评估中,涉及哪些小组评估的伦理问题?

D   **思考题**

1. 简述小组评估的概念?

2. 小组工作评估的主要伦理有哪些?

3. 如何理解小组工作评估的原则?

4. 小组评估的类型分为几种?

5. 小组评估的工具有哪些?

6. 小组评估的方法是什么?

7. 小组评估的程序包括什么?

8. 简述小组记录的概念与功能?

9. 简述小组记录的两种主要方法。

阅读文献

1. 丁少华:《小组工作》,北京:社会科学文献出版社,2003 年,第九章。

2. 吕新萍等编:《小组工作》,北京:中国人民大学出版社,2005 年,第十章。

3. 张洪英:《小组工作:理论与实践》,济南:山东人民出版社,2005 年,第十一章。

4. 赵芳:《团体社会工作——理论·实务》,北京:知识产权出版社,2005 年,第十一章。

5.〔美〕查尔斯·H.扎斯特罗(Charles H.Zastrow)等著,晏凤鸣译:《社会工作实务应用与提高》,北京:中国人民大学出版社,2005 年,第十一章。

6.〔美〕Leon H. Ginsberg 著,黄晨熹译,《社会工作评估——原理与方法》,上海:华东理工大学出版社,2005 年,第二、三章。

7.〔美〕威廉·R.纽金特(Willian R. Nugent),〔加〕杰基.D.西帕特(Jackie D. Sieppert),〔美〕沃尔特·W.赫德森(Walter W. Hudson)著,卓越等译,《21 世纪评估实务》,北京:中国人民大学出版社,2006 年,第四、五、二十一章。

第十一章　小组工作技巧

小组工作技巧是工作者以专业理论为基础，通过不同类型的小组实践总结出来的。这些技巧对于工作者，特别是初学者有效地带领小组，并最终实现小组目标具有非常重要的意义。在前面章节中，我们曾对涉及的小组工作技巧作过简单介绍。在本章中，我们将按照小组的发展过程，对小组筹备阶段、小组开始阶段、小组形成阶段、小组冲突阶段、小组成熟发展阶段以及小组结束阶段所需要运用的小组工作技巧作一具体的分析与阐述。

第一节　小组工作技巧的概念与伦理

一、小组工作技巧的概念

所谓"技巧(skill)"，按照通俗的理解，就是能够灵巧做某事的一种技能，这种技能主要是通过后天的学习而获得。所以，从这个意义上说，技巧与技术(technique)的内涵基本一致，但与能力(ability)不同，技巧只是能力的一个方面。西方学者沃尔福德(Welford)在对技巧进行界定时曾概括了其三个特点：(1) 它们涉及"与某种目标或情境相关的有组织、协调一致的活动"，并且是以一种隐藏在表现背后的方式出现；(2) 技巧是通过重复的经验逐渐被习得的；(3) 它们涉及"时间顺序"进行排列和协调的活动。[①] 在这里，沃尔福德指出了技巧的内隐性、实践性和顺序性的特点，而且这三个因素都是紧密结合在一起的。

在社会工作的范畴中，技巧这个术语也经常使用，不过不同学者对技巧的界定并不一致。在 Smalley 看来，社会工作技巧是"社会工作者使用一种办法的能力，来推动一个针对一项社会工作意图的过程，因为这个意图在一种特定的项目或服务

---

① 〔英〕帕梅拉·特里维西克，肖莉娜译：《社会工作技巧实践手册(第二版)》，上海：格致出版社、上海人民出版社，2010年，第44页。

中才能表现出来"①。在美国学者 Barry Cournoyer 看来,"社会工作技巧是一套规定性的独立且具体的认知与行动,它们来源于:(1) 社会工作知识和社会工作价值、伦理和义务;(2) 符合能促进行为改变的特质;(3) 反映了职业操守的特点;(4) 在阶段性实务工作背景下,符合社会工作的目标"②。

尽管这些学者对社会工作技巧的界定略有不同,但他们都指出了社会工作技巧的一些特征:首先,社会工作技巧是一种能力,这种能力必须在活动中才能体现出来。其次,社会工作技巧都需要与社会工作的理论知识、实践方法相结合,如果缺少这个基础,社会工作技巧就是无源之水、无本之木。再次,社会工作技巧都与社会工作价值观、伦理观相联系。因为社会工作技巧的指向对象基本都是人,而不像其他方面的一些技巧,可能其指向对象是物。所以,没有价值观、伦理观做指导,工作者在运用技巧时就可能伤害到成员。

在理解了社会工作技巧的概念后,我们可以对小组工作技巧作一界定。所谓小组工作技巧,是指工作者以社会工作价值观、伦理为指导,在特定的小组活动中,为实现小组目标而采用的方法、手段或策略。这个定义也同样认为,首先,小组工作技巧必须以社会工作价值观、伦理为指导。尤其重要的是,因为小组工作是一对多的助人关系,因此,如果工作者没有做到这一点,就可能对更多的成员造成伤害。其次,小组工作技巧的范围是特定的小组,超越了此范围,就不能再称其为小组工作技巧。再次,小组工作技巧的目的是实现小组目标,帮助成员解决问题,促进他们改变。小组工作技巧是小组工作的手段,但不是目的。

二、 小组工作技巧的伦理要求

伦理总体上讲是一种规范,不过其与法律法规、行政规章等强制性规范不同,它是一种非强制性规范。尽管从性质上属于"非强制",但违反了它,照样有可能对社会秩序、行业声誉、人际关系等造成损害。所以,从这个意义上说,伦理又是必须要遵守的,这对以助人为主要任务的社会工作专业来说尤为必要。作为社会工作的一个重要组成部分,小组工作也同样应恪守专业伦理,对此我们在第三章中已经分析其内容,此处不再赘述。这里我们主要围绕工作者在运用小组工作技巧时需要注意哪些伦理问题作简要说明。

---

①② 〔美〕Barry Cournoyer 著,朱孔芳等译:《社会工作技巧手册》,上海:华东理工大学出版社,2008 年,第 4 页。

(一) 尊重

这里的尊重主要是指要理解成员作为一个人的价值,避免刻板印象的影响。工作者要为他们提供必要的资源及服务,从而满足他们的物质和精神需要。在社会工作实践中,许多服务对象是背负着焦虑、困惑、怨恨等强烈的心理负担来求助的,因此,如果工作者不能对他们予以尊重和接纳,那他们就会更加退缩,也不能及时缓释消极情绪,由此也有可能导致极端行为。而小组工作中的一些技巧,如同理心、接纳、倾听等,都是尊重成员的表现。只有工作者(当然也包括小组成员相互之间)表现出尊重的态度,成员才能信任工作者,接纳小组,并在小组中开放,才能最终实现小组目标。

(二) 保密

保密主要是工作者有义务保护成员所透露的信息。在欧美国家以及港台地区的社会工作伦理守则中,皆有保密的条款。在小组工作中,保密尤其重要。因为小组工作是多人分享的过程,难免人多语杂,从而使小组成员有所顾虑。而如果小组成员自我防卫太高,那就不会进行卓有成效的自我暴露,小组活动也就难见效果。所以,在小组工作开始并要制定小组守则时,我们尤其要注重保密条款的必需性。另外,在小组分享特别是小组活动结束时,工作者应再次向小组成员强调保密。当然,社会工作中的保密是相对保密而不是绝对保密。对于什么情况下需要保密,什么情况下可以打破保密原则,也需要工作者在长期的实践中根据情、理、法的要求灵活处理。

(三) 自决

自决是指成员有权利对自己的生活作选择,当然前提是不能伤害他人的权利。在小组工作中,工作者及小组成员对事物的看法可能不尽一致,因此出现分歧也是正常的。但是工作者(当然,在一定程度上也包括成员)尤其要注意,不能将自己的价值观、想法强加于成员。因为成员通常也清楚什么是好的,什么是不好的,什么是有可能实现的,什么是不可能实现的。工作者的任务就是帮助他整理这些理念,澄清他的价值观及尊严体系,从而使他能提出解决问题的策略。在小组工作中,技巧的运用也要尊重"自决"的社会工作价值伦理。

(四) 增能

增能是社会工作的一个重要理念,就是相信人都是有潜能的,成员之所以产生问题只不过是因为环境使他暂时地处于失能状态。所以工作者的任务就是运用一定的方法帮助他增能,如提供信息、提供指导、构建支持网络等。在小组工作技巧中,有不少方面是促使成员增能的,如示范、激励、深度自我探索、建立社会支持网络等。一般来说,小组成员如果能够接受这些指导并能够采取行动,就表明他其实已经在自我增能了。

第二节　小组筹备阶段的技巧

一、 需求评估的技巧

在小组工作实务中,需求评估是工作者以小组成员为本,在与其同行的过程中评估其真正需求。

在小组的需求评估中,工作者首先要收集资料,资料可以通过访谈、问卷、文献、机构档案查阅等方式获得。在这些方式中,我们尤其要注重访谈、问卷的作用。在与成员进行访谈时,工作者要使用成员能够理解的语言和词汇说明访谈的目的,并避免第三方的提示和引导,从而打消成员的顾虑,确保其能够真实地回答问题。

工作者可以向成员提出下列问题,"你所面对的主要问题是什么?","你的压力主要来自哪里?","如果你想改变一件事,你觉得应该是什么?"等等。在成员回答时,工作者应认真倾听,以了解他们的需求。在确定了几项需求后,工作者也可以采用让成员"秘密"投票的方式以决定不同需求的顺序。在收集资料后,工作者可以进行一些分析调查,如可以向第三方查证成员所提供问题的真实性,可以概括归纳并与文献资料作一联结,与小组目标作一对照,在此基础上,就可以制定可行的介入策略了。

二、 确定目标的技巧

确定小组目标是小组工作能否成功的关键。但我们也应清楚,小组目标是工作者与成员共同确定的,而非工作者一人可以独断,另外还要考虑社会服务机构的宗旨。所以,小组目标是随着成员需求的变化而动态调整的,绝非静态固定的过程。那么在小组工作中,怎样确定目标有效呢? 对此,Barry Cournoyer 建议使用SMART 方法。SMART 是由五个英文单词的首字母所组成的专有名词,即具体性(specific)、可测量性(measurable)、可达到性(achievable)、现实性(realistic)和及时性(timely)。在此基础上,Barry Cournoyer 还提到了确定目标的三种技巧[①]:

---

① 〔美〕Barry Cournoyer 著,朱孔芳等译:《社会工作技巧手册》,上海:华东理工大学出版社,2008年,第 186～190 页。

（一）可以用澄清的方式，即让成员设想问题已经解决状态应是什么样子来确定目标。

案例一①：

工作者：现在我们已经知道你在城市中面临的一系列问题是你苦恼的根源，那设想一下未来的一天，这一问题解决了，你觉得那应是一种什么状态？

成员：我们知道怎么维护我们的打工权益。

工作者：你是说如果学会怎样维护你们的权益，你的苦恼会减轻？

成员：是的。

工作者：还有呢？

成员：和工友、邻居搞好关系，有良好的心理状态……

工作者：好的，那我们写下我们的具体目标：一是学习怎样维护打工权益，二是学习处理人际关系，三是构建良好的心理状态……现在，你认为如何呢？

（二）如果成员目标很明确，那工作者可以用重复的方法来确定目标。

案例二：

成员：我想改善与工友的沟通现状。

工作者：你是说我们现在的目标是使你与工友互相尊重，良好沟通，对吗？

成员：是啊。

（三）如果工作者进行了鼓励，但成员仍然没有、或者不会制定目标，这时工作者可以试探性地制定一个目标，当然，对这个目标，成员可能接受也可能反对。

案例三：

工作者：现在我们对问题已经有了大致的了解，让我们共同制定一个目标吧。首先，学习怎样维护你们的合法权益，怎么样？……

三、制订计划的技巧

前文我们讲过，一份完整的小组工作计划，是由题目、基本信息、工作理念、理

---

① 本章案例中，如无特别标注，均由编者李旭东根据相关概念和实务经验编写而成。

论框架、目标目的、活动内容、评估方法、预计问题及解决办法、资源的筹措等部分构成的。为了使小组工作富有成效,工作者在制定小组计划书时要考虑这样一些问题:

1. 小组本身

小组有哪些需求,其目标是什么? 有哪些理论可以运用? 需要订立哪些小组规范? 是否符合社区文化、组织期待? 是否参考过以往的同类文献? 在实际的运作中是否会有困难? 整个小组进程需要多长时间? 最终的成效评估怎样进行?

2. 小组成员

小组成员是什么人? 哪些活动或话题是他们感兴趣并且愿意参与的? 他们一般什么时候有时间参与活动? 他们在小组开始之前需要作哪些准备? 小组成员人数应有多少? 是否考虑了他们的组合问题?

3. 资源保障

本次小组活动是否有主办者、赞助者? 资金、场地、设备等资源是否有保障? 是否考虑了安全性?

4. 小组领导

小组有几个领导者带领? 各自的领导风格怎么样? 工作者要扮演什么角色? 小组活动是否结合了工作者的个性、专业或特长,自己是不是熟悉?

一般来说,小组工作计划并没有什么统一的格式。基本上,只要包括了必备内容,充分考虑了上述问题,同时对各个阶段小组活动的具体内容(如时间、地点、目标、活动内容、所需物资等)作了详细的说明,那这份小组工作计划就比较完备了。

最后要指出一点,有一些社会工作的初学者在制定小组计划时,往往不考虑上述问题及本小组的实际情况,随意地抄袭别人的活动方案。这样,很有可能使小组活动在运行中问题频频出现,成员参与意愿不高,工作者也会有挫折感,从而降低小组工作的成效,同时也违背了社会工作的专业伦理,因此,这些都是应极力避免的。

四、 招募和选择成员的技巧

在确定了小组目标、性质后,工作者可依据社会服务机构的政策及相关的资源情况开设小组,随后的工作就是招募小组成员。一般来说,工作者可以通过这样几种方法进行成员招募:如可以通过大众传媒介绍,在社区张贴海报,或将介绍本小组的宣传材料放于人流量比较大的地方,由公众自由取阅等方式。另外,工作者也可向那些具备参与小组条件的人宣传,吸引他们参与小组。当然,在使用这一方式时也要注意,不要对他们强行招揽,否则就有违专业伦理。当然,有时由其他机构转介来的人也可以成为本小组的"准成员"。

在进行了宣传后,如果发现招募不到足够的参与者,工作者可以采取其他的方案,如直接致电招募对象,邀请他们参加;或者由同事、朋友帮忙寻找一些符合本小组要求的人来参加小组。如果工作者发现来报名的人很多,其可以通过个别会面或座谈会等形式与成员进行面谈,通过此方式对之进行选择。

在面谈以前,工作者要考虑会见的地点是否合适。可以在屋子里坐一会儿,想想可能提出的问题,并检查一下必备的材料和设施是否齐备。在面谈开始后,工作者首先要重点考察报名对象参加小组的意愿,回答其疑问,阐明小组的性质和目标,从而打消其顾虑。如工作者可以亲切地对报名对象表示欢迎,如"欢迎你有兴趣参加我们这个小组,你对我们这个小组了解吗? 为什么要来参加我们这个小组呢?"在具体对答中,要引导报名对象作具体的阐述,如当报名对象表示"我想成长",工作者可以进一步追问"你想在哪些方面成长呢?"

其次,工作者要考察报名成员的人格特征及生理、心理的健康状况。某些报名对象的人格特征可能会使其他成员受到伤害并导致小组解体,如一些脾气特别暴躁并且容易激动的人、偏执人格的人、极度自我中心的人等就可能产生这样的后果。另外,生理、心理健康状况不同的人也有可能不适合特定的小组要求,如在开设老年人动机激发小组时,就不能选择那些没有听力和语言表达能力或者有抑郁症、焦虑症的老人。工作者可以让报名对象谈谈他自己及与周围人的关系,"谈谈你自己吧,你的个性,优缺点,与同学、朋友、家人的关系等。你可以先思考3分钟,然后再回答"。

再次,工作者要基于小组的组合情况对报名对象进行考察。如工作者要开设同质性小组还是异质性小组? 开放小组还是封闭小组? 如果要开设成长性、发展性小组,一般可将小组性质定位为同质性,这样就需要选择那些在年龄、性别、教育背景、婚姻状况等方面都比较一致的人。如果要开设任务型小组,一般可将小组性质定位为异质性,这样选择成员时也需要从异质性方面考虑。

除了直接面谈外,工作者还可以向报名对象周围的人,如其父母、老师、同学、朋友、邻居等了解情况,并将收集到的资料与直接面谈所获得的资料一起作为最终选择的依据。

在选择好了成员以后,对于那些不适合本小组的报名者,工作者可以为他们进行转介服务,或者,也可以对他们进行必要的个案辅导。对于那些因为小组名额有限而落选的报名对象,也可为他们转介或者承诺保留他们下次优先参加的资格。

五、动员资源的技巧

小组要有效运作,必须具备相应的人、财、物资源,这样小组活动才能游刃有余,否则,一些相关的活动可能会因为资源不足而"搁浅"。那么,在小组工作中,怎样动员资源呢?

一般来说,要有效地动员资源,需要得到相关社会服务机构及社区的支持,因为社会服务机构和社区是小组工作资源的主要提供者。有时,不仅开设小组的资金、设备来自社会服务机构和社区,甚至小组的协同领导及小组成员也是由社会服务机构和社区提供的。这就需要工作者在开设小组时,尤其要注意小组的性质、目标等是否与社会服务机构的宗旨原则相符合,小组成员的问题是否是社区非常关心的,等等。

除此以外,小组还可以从其他赞助机构获得人、财、物的支持,如场地提供、设备借用等。不过工作者在接受赞助以前也要注意并搞清楚赞助机构会在多大程度上提供支持,其支持是否会对小组目标产生影响等。

当然,也有一些小组会要求成员缴纳一定的费用作为小组运作资源。另外,某些小组所需的相关设备或工具也可由工作者或义工自己制作完成。

六、建立专业关系的技巧

工作者与成员之间的关系,其实自二者第一次面谈的时候就开始了。为了建立良好的专业关系,工作者应注意这样几点:

1. 要注意面谈的位置

例如,像有的工作者喜欢坐在宽大的办公桌后与成员面谈,这样其实会给成员一种正式、严肃的感觉。而有的工作者则采取面对面或者90度夹角座位法,这种方式会拉近与成员的心理距离,从而迅速建立专业关系。

2. 要注意对成员的态度

也就是说,工作者的一言一行、一举一动都要表现出对成员的关心、兴趣,而不要居高临下式地责备、盘问。

3. 要注意方式方法

例如,工作者要鼓励成员,增强其解决问题的信心。同时,工作者也可以向成员阐明所属社会服务机构的资源,从而增强成员的受助意愿。另外,工作者也可以邀请成员观看以往的小组工作录像或者参观正在进行的小组工作,促使成员进入角色。

七、 建立社会支持网络的技巧

在小组工作中,为实现小组目标,工作者经常会将视角转向小组以外,与小组成员的家庭、学校、单位、同辈群体、朋友、社区、以往的助人专业人员等取得联系,从而使他们在成员改变的过程中起到支持作用。因为,只有取得了父母的支持,才有利于改善小组成员的亲子关系;只有取得了学校的支持,才有利于解决成员的逃学及学习问题。正如英国学者特里维西克(P. Trevithick)所言:"这种支持网络断裂的影响是非常深远的。它会导致更大的边缘化、隔离和孤独,并且进一步要求社会服务提供替代性的支持。"①所以,建立社会支持网络在小组工作中是非常重要的。

工作者要建立社会支持网络,就需要经常地"访问"这些社会支持网络,向他们了解小组成员的日常行为方式、生活环境、心理感受、人际互动情况等。通过这样的了解,可以进一步洞悉成员存在问题的根源,同时也取得这些社会支持系统对成员改变的支持。正如美国学者卡明斯(L. Cummins)等人所指出的:"由于我们坚持'人在情境中'的观点,社工能够以观察、参与和加入的方式最好地理解案主的生活状态。"②

第三节　小组开始阶段的技巧

小组成员刚刚进入小组时,心理上充满了矛盾与焦虑,同时又显得封闭、犹豫不决和沉默,成员有许多疑问想得到解释和澄清。所以,正如在人际交往之初,第一印象会决定一个人是否会进一步与他人互动一样,小组成员对小组的第一印象也同样决定了他对小组的接纳以及以后的参与程度。一般来说,在小组工作刚刚开始的时候,工作者应采用下列技巧增强成员对小组的接纳性。

一、 相互认识的技巧

在小组工作之初,成员都很陌生,所以就需要相互认识。在小组工作实务中,相互认识的传统做法是在工作者的主持下——自我介绍,但这种方式可能会给成员造成心理压力,特别是一些性格比较内向的成员可能有些放不开,从而使这种方

---

① 〔英〕帕梅拉·特里维西克著,肖莉娜译:《社会工作技巧实践手册(第二版)》,上海:格致出版社、上海人民出版社,2010年,第193页。

② 〔美〕卡明斯等著,韩晓燕等译:《社会工作技巧演示》,上海:格致出版社、上海人民出版社,2011年,第96页。

式流于形式。此外,这种相互认识的方式也不利于成员对其他成员各方面情况的了解,甚至有成员连其他成员的姓名都叫不上来。

目前,不少工作者在实务中总结出了其他一些行之有效的相互认识方法。例如,有的工作者采取相互采访的方法认识彼此。成员可以以"记者"的身份相互采访,如来自何地,哪个学校毕业,家庭出身,兴趣爱好等等,然后回到小组再来互相介绍,并说一说刚才采访的过程及策略等。

还有工作者采取"棒打薄情郎"的方式互相认识。首先让小组成员围成一个圆圈,同时请一位志愿者手执纸棒站在圆圈中央,当其他成员指出某位成员的名字时,他需跑向被点名成员,并用纸棒打其头部,如果在纸棒落到该成员头部之前,该成员又叫出另一成员的名字,那执棒者再去打另一成员。如果该成员没有及时叫出其他成员的名字,被执棒者打了头,那就换其充当执棒者,以此类推。[①]

像这些相互认识的游戏都避免了传统方式的刻板及紧张气氛,可以让成员在心情放松和愉悦中认识彼此。

二、沟通的技巧

小组第一次聚会时,由于成员互相不了解,因而他们会对工作者产生依赖,许多沟通都是围绕工作者进行的,形成一种辐射状的轮型沟通。这种沟通形式不利于小组凝聚力的形成,所以,工作者也要注意,一定不要在"核心"的位置上待太久。同时其也可以采取一定的技巧,促使成员相互沟通。

第一,工作者要注意成员的座位位置,一般以圆圈形式摆放坐椅,让每个成员都有面对面接触的机会。

第二,工作者可以适时地邀请或鼓励成员互相介绍沟通。

案例四:

工作者:"建新,刚才仲良说完他的看法后,我发现你抬头看了他一眼,并点了点头,做了一个夸张动作,好像非常同意他的看法,能不能也说说呢?"

……

第三,要注意非言语沟通的作用。

对此,心理学家艾根(G. Egan)提出以所谓 SOLER 模式来促进成员沟通。

---

① 这两种方法的详细论述可参见陈钟林编:《团体社会工作》,北京:中国时代经济出版社,2002年,第 374～376 页。

SOLER 是由五个英文单词的首字母所组成的一个专有名词。其中,S(squarely)意为坐或站要面对对方;O(open)意为姿势要自然开放;L(lean)意为身体要微微前倾,不要斜靠在某个位置上;E(eyes)意为要经常地进行目光接触,而不要目光四处游离或者根本不看对方;R(relax)意为要保持放松。如果我们用 SOLER 模式表现自己,就会给别人这样一种印象:我很尊重你,对你的话题很感兴趣,请随意。由此也会促使成员互相接纳。

第四,要进行同理式倾听。

也就是说要对成员表现出尊重的态度,不要进行评判式倾听。如果对对方所发出的信息不明白,可以用交流的方式进一步询问。另外,工作者也要让成员学习这种倾听的方式。只有这样,小组成员才会感觉到安全,从而敞开心扉,展露自我。

三、 制定规范的技巧

俗话说:“没有规矩不成方圆。”小组规范可以使小组工作顺利进行,并促进小组凝聚力的形成。同时,小组规范也能够使成员在小组中有安全感,从而在分享时没什么顾虑。所以,小组规范在小组工作中是非常重要的。

关于小组规范的制定,有工作者采取一切“包揽”的形式,自己代替小组制定“规范”。但这种“规范”由于并非成员参与其中而制定,因而可能有成员会误解工作者以此来加强对小组的控制,同时由于此“规范”是外力所为,因此也增加了成员主动遵守“规范”的难度。所以,即使工作者自己制定了一些规范,也最好能征求成员的意见,看其是否可行。

小组在制定规范时,我们提倡成员利用句子完成法来制定。如:

我觉得我们小组应该……

我在……情况下,感觉最舒服、安全。

我不喜欢在小组中看到……

……

工作者可以将小组成员“填空”的部分汇总,制定出小组规范。当然,工作者也必须适时地向成员说明,小组规范并非一成不变。随着小组的发展,规范也可以改变,不过这种改变依然由成员自己决定。

四、 活动设计的技巧

在小组开始阶段,由于小组成员互相不认识、不了解,也不知道小组是干什么的,所以可能会比较紧张。工作者可以使用一些装饰对环境进行布置,同时配以轻音乐增强气氛,从而避免成员在相互对视的尴尬中开始小组,给成员留以好的印象。另外,工作者也可以在活动设计上多做考虑。例如,首先可以让成员互致问候,特别提醒成员,要多使用一些礼貌性的用语,如"您好"、"很高兴见到你"、"谢谢,能认识你我也很高兴"等等。其次,可以通过唱歌、跳舞、聚餐等形式来整合成员的参与动机,同时在这个过程中,成员可以相互认识、了解,工作者也可以借此说明本小组的性质、功能等,从而消除成员的顾虑。另外,由于在小组开始阶段,成员的探索感比较强,所以,工作者也可以设计一些寻找相似性的活动。例如,可以发给成员一张纸,让其在纸上写明自己的性格、爱好、特长、对某事的态度、理想、信念等,然后成员可以互相交流,这其实也是成员通过寻找相似性而互动,从而打破僵局的过程。

当然,在这一时期,工作者设计活动时也要注意两个问题:一是设计的上述活动只是辅助小组发展、实现小组目标的一个手段,不要在这个阶段花费太多的时间和精力,避免本末倒置;二是在活动设计时不要设计那些深层次分享的活动,否则,成员由于开放程度不一,对小组的了解程度不一,因而某些成员可能会出现顾忌及逆反心理,从而降低了其参与小组的动机。

五、破冰技巧

所谓破冰,其实是小组工作中一个形象的说法,一般是指小组开始时的一些热身活动。是工作者为了催化小组气氛,提升成员开展活动的专注力,塑造有利于小组发展的情境而设计的一些活动。这些活动可以使成员在情绪兴奋、意犹未尽的状态下进入下一个层次的活动。当然,虽然破冰活动主要在小组开始时使用,但也不否认,在小组工作进行过程中,当小组动力停滞时,工作者也可以使用破冰活动来激发成员。

一般来说,在设计破冰活动时要注意这样几个方面的问题:一是要符合成员的特点及需要。例如让60岁以上的老人进行摇滚乐表演或者让身体不太好的老人"突围闯关",就不太合适。二是鼓励参与,重在过程而非结果。破冰活动的目的主要在于催化小组气氛,从而为下面的主题活动奠定基础,所以,这些活动也就没什么对错之分,只要成员感兴趣并且愿意参与其中就可以。三是破冰活动要有新意。一些工作者在实务中,每一节的破冰活动都是同一个,这样其实会降低成员的新鲜感,从而使其参与意愿降低。四是工作者要在破冰活动中注意成员的表现及小组发展情况。小组成员在破冰活动中的表现也反映出他们的态度、价值观、行为方式、沟通方式等,工作者对这些方面都要留意,从而在以下的活动中能够针对不同成员的特点有的放矢地开展工作。四是工作者及辅助工作者一般都可以与成员一起参与破冰活动,从而树立榜样,打破成员对小组及其他成员的戒心,增强其参与动机。五是破冰活动一般与下一个环节的主题活动关系不大，所以，工作者要做好承转工作，避免过于突兀。

破冰活动的形式多种多样，而且许多工作者在实务中都发展出了独具特色的破冰活动。只要设计该活动时能够注意上述问题，并能够达到破冰的"目的"，那这种活动就是有效的。在实务中，像大风吹、兔子舞、突围闯关、传表情、合唱歌曲等游戏或活动是比较常用的。

六、认识小组的技巧

在小组刚刚开始时，许多成员对小组工作可能并不清楚，一些成员来到小组可能也只是先来看看到底是怎么回事。所以，让成员迅速地了解小组、认识小组，对小组工作的有效开展是非常必要的。

其实，早在小组的筹备阶段，工作者就可以为小组成员写一封信，其中要注明小组的理念、小组的过程、小组的领导者、小组应具有的一些规范、小组的意义等内容。同时也可以让他们现场参观一些正在进行的小组活动或者观看以往小组工作的录像，从而让这些"未来"的小组成员对小组能够有一个初步、切身的了解。

在小组工作开始阶段，工作者要适时地说明小组的功能、小组的性质、小组活动的方向、小组对成员的好处等，并及时解答小组成员提出的疑问，使小组成员对自己正在参加的小组有更深入的认识。同时，也可以让成员进行"描述我们的小组"的活动。通过成员用简洁语言对小组的描述，可以加深成员对小组的认识。

七、同理、温暖、真诚、接纳等技巧

同理心即同感，意思接近于接纳，也就是对成员的一种设身处地的态度，用克那普卡的话说就是"你想象一下用他的鞋子走路会是什么样子"。舒尔曼（Shulman）则将同理涉及的技巧分成三个部分，"用心感受案主的感受：'设身处地'，尽其所能地接近另一个人的经验；对案主的感受表示理解：暂且放下所有的怀疑或类似的反应，'用语言、手势、表情、身体姿态或触碰来表示对于案主所表达情感的理解'；将案主的感受转化为语言：当案主不能表达出某种感受时，这就显得尤为重要，因为他们没有完全理解这种情感或者'案主不知道有这样的感受对不对，应不应该和社工分享'"[1]。

---

[1] 〔英〕帕梅拉·特里维西克著，肖莉娜译：《社会工作技巧实践手册（第二版）》，上海：格致出版社、上海人民出版社，2010年，第141页。

在小组工作中,工作者必须意识到自我中心与有效的同理是不相容的,偏见与歧视很难使工作者对成员感同身受,特别是对一些特殊的文化群体来说尤为如此。所以,工作者一定不要一开始就给成员贴上这样或那样的标签,进而产生社会心理学所谓的"扫帚星效应",即评价者对一个多种特质的评价往往受某一特定低分印象的影响而普遍偏低。① 或者,急于给出不恰当的建议和评价,这样只能使成员进一步封闭、退缩。

工作者向小组成员表达同理的关键是用自己的话重复成员的观点和感受。要注意的是,表达同理的语言必须是易于理解的,而非玄奥的哲学漫谈。

案例五:

仲良:我来到城市,感受比较深的就是有些城市人看不起我们这些"乡下人"。有一次我拿着装着我被子的口袋上了公交车,碰了一个妇女,她狠狠地瞪了我一眼,用手赶快拍打她的衣服,好像我的被子很脏似的。……

建新:就是,就是,有些城里人就这样,看不起我们。有一次我从工地装修回来,也是在公交车上,我找了个座位坐下。我边上坐着的那个人赶快起身,他宁愿站好几个站也不愿和我们这些人坐在一起,难道我们身上有细菌?……

工作者:看来你们都很苦恼,因为某些人对你们进行了无端地歧视?

温暖通常是指一种由于被接纳、被尊重而主观上感受到的温馨感觉。工作者要让成员感觉到温暖,就必须对成员表现出亲近、关怀及尊重。亲近意味着热情,因为人天生都有一种获得别人帮助的心理,特别是在人际交往的陌生场合,人们都会有一种油然而生的恐惧,而此时如果一个人对你很热情,就会增加你对他的好感。其实,这种状况对怀有沉重心理负担来求助的成员来说尤其如此。所以,工作者对成员表示亲近可以比较迅速地建立专业关系。关怀意味着工作者对成员的问题很重视,非常关心他面临的困境及要求,并且会竭尽全力帮助他解决。尊重基本上也包含有接纳与同理的意思,也就是说工作者并不是以对立者、批评者的面目出现,而是设身处地地替成员着想,并尊重他成长的努力。

真诚其实是一种表里如一、真心实意的诚恳态度。如在自我展露时,工作者面对成员要将自己内心的真实感受说出来,而不能心口不一,表面一套背后一套。在信息提供时,不能不懂装懂,捏造事实。对于自己在小组中的错误,工作者也要有勇气承认,而不要防卫或者攻击。当然,工作者如果对小组的发展有不满,也可以

① 侯玉波编:《社会心理学》,北京:北京大学出版社,2007年,第39页。

适时地向成员表露,指出问题,而不能因顾及小组"和谐"而隐瞒,这一点在华人文化背景中尤其重要,因为顾及脸面常被认为是中国人独有的社会文化心理。

第四节　小组形成阶段的技巧

在小组第一次聚会后,小组成员基本上对自己的角色、小组目标、小组规范等都比较清楚,同时,小组结构、小组沟通网络等也已形成,这时,小组就进入形成阶段。在这一时期,工作者为促进小组工作的开展,会使用这样一些小组工作技巧。

一、建构小组动力的技巧

在这一阶段,小组成员可能会相对比较主动地与其他成员交往,从而建立自己的人际关系网络。这时,工作者可以采取这样一些措施来进一步建构小组动力的发展。

(一) 工作者要注意领导方式的改变和相应的领导技巧

在这一阶段,工作者要使用民主型的领导方式,与成员建立良好的关系。工作者要继续对小组成员同理、支持、鼓励,同时鼓励成员开口说话并澄清成员在互动时可能产生的误解。如工作者可以阐明相互提供意见的重要性,也可以将没有解答的问题或部分解答的问题抛回小组,引发成员的讨论。如果成员因误解而感到焦虑,工作者可以与其沟通,并找到产生误解的原因。另外,工作者也可以进行一定的示范,从而使小组形成良好的小组文化。如当成员不知道在小组中应该怎样履行角色时,工作者可以通过示范让成员模仿。当其他成员发言时,工作者可以认真地倾听、适时回应,并让成员也学习这种态度。也就是说,如果成员能在工作者的帮助下,发挥自己的特长及潜能,他们就会产生被重视、有用的感觉,从而竭尽全力投入小组工作。

(二) 可以通过相应的小组活动建构小组动力

在实务中,我们可以使用以下类型的活动。

活动一:"同舟共济"。方法是将成员分成几个小组,每组成员都站到由几块地垫拼片组成的正方形上,然后通过回答问题或其他形式逐渐减少地垫的片数,也可以由对手选择抽掉哪一块,看哪一组在拼片上待的时间最长。

活动二:"绘画接力"。方法是成员自选或者由小组规定主题,大家轮流在图画纸上或追随、或独创、或丰富原先作品。在绘画过程中，其他成员可以在旁边提意见，但不能越俎代庖，最终完成整幅画的"创作"。绘画完成后，成员可以谈谈自己的感受。

活动三："突围闯关"。方法是一至数位成员在场地中央，其他成员手拉手围成一圈，被围在场地中央的成员可以采取任何方法（当然粗暴动作除外）突破包围圈，可有一定时间限制。如果突围不成，再换别人，最后成员讨论。[①]

在这些活动的最后，可以让所有成员围成一个圆圈，在歌曲如奥运歌曲《我和你》等的伴奏下，由工作者带领，共同做一些手语动作，让每个成员在这种氛围中感受到一种家的温馨。

当然，我们在实务中不管设计什么类型的活动，等活动结束后一定要有分享，让成员感受到小组的文化、小组成员相互间的信任感及协同力，让成员互相包容且开放，从而进一步促进小组动力的发展。

二、自我认知的技巧

所谓自我认知就是自己对自己的心理与行为活动的认知。自我认知就是自己既是观察者又是被观察者，自己观察自己，容易掌握自己的信息，容易了解自己，但往往有时不免当局者迷。所以，要正确认知自己也不是一件容易的事。但小组工作的一个重要理念就是挖掘个人潜能，助人自助，所以，只有在正确自我认知的基础上，成员才能客观地分析自己、观察别人，从而在自我接受中看到自我价值，在自我成长的基础上也帮助别人成长。

在小组工作的这一阶段，工作者可以协助小组进行"我的自画像"活动[②]，来使成员正确地自我认知。方法是工作者首先阐述自我的内涵以及正确认识自我在小组工作中的价值，然后发给成员白纸和彩笔，让其画出自己的画像。在所有成员都完成自画像后，由一位成员将自己的画像放于小组场地中央，其他成员对本幅画像进行评价，完毕后再由本人说明绘画的意义及之所以如此绘画的理由。在全部成员都经历这一过程后，大家共同分享讨论一些问题，如：我绘画时想到了我的哪些特点？我在画身体某些部位的时候，是否有高兴或者悲哀的感觉？我的绘画是否表露了我的气质、性格？我的自画像是否对正确认识自我有帮助？等等。

---

① 上述活动可参见刘梦主编：《小组工作》，北京：高等教育出版社，2003 年，第 173～174 页。

② 此活动可参见吕新萍等编：《小组工作》，北京：中国人民大学出版社，2005 年，第 310～311 页。

三、组织技巧

在小组形成时期,为了使小组顺利地实现目标,工作者可以继续扮演相对主动的角色。他不但要对成员保持同理、真诚、温暖的态度,同时要在小组工作中协调组织,引导成员强化互动。工作者可以通过以下几种技巧来进行:

(一) 开启

开启一般是在小组工作初期或小组动力停滞的时候,工作者通过语言或者非语言等形式,帮助成员进入相互交流的情景中。在开启时,工作者可以介绍一下参加成员,分享的主题,讨论时应该遵守的规则等。

案例六:

工作者:大家好,我是"新市民之家"的工作者小刘。今天我们主要就"新市民"的权益问题进行探讨。参加讨论的除了 7 位进城打工的"新市民"外,还有××大学法学院的王教授及市劳动保障局的赵处长。请大家畅所欲言,就事论事,不要相互攻击。有成员发言时,其他成员认真听,有问题等人家说完了再讲……

(二) 设调

设调,即在小组工作中为小组所设定的一种情绪氛围。一般来说,工作者在带领小组以前,可以根据小组活动内容及分享主题,考虑小组的基调问题。如是质询性的还是尊重性的? 是对抗性的还是支持性的? 是正式的还是非正式的? 是任务取向的还是关系取向的? 等等。像上面的例子,工作者基本上就是进行了支持性的设调。

(三) 提问

提问,即工作者通过开放性的语言,引导成员作自我探索,从而加深对问题的理解。当然,在小组活动刚开始时,由于成员互相比较陌生,心理上有顾虑,所以可能有成员会节制自己的语言。这时,工作者可以通过适时地提问,将成员引入沟通情境中。不过工作者也要注意,不要因此而形成指定发言。在小组形成时,工作者的提问可引发成员更多的讨论,获得更有价值的信息。

案例七:

工作者:仲良,你来本市也有几年了。这几年你曾经遇到哪些问题特别让你焦虑不满？每当你遇到这些问题的时候,你有些什么反应？能不能说一说？

(四) 聚焦

聚焦,即工作者用来指导维持当前主题或工作的技巧。在小组工作中,成员在一起分享不可避免地会出现偏离主题或既定目标的行为。这种偏离有时会对小组起到促进作用,有时则会起到阻碍作用。这就需要工作者有良好的判断力,及时采取聚焦技巧,从而使成员能集中精力,实现目标。

案例八:

仲良:我的那个老板让我想起我小时候看的一个电影。那时我们看电影都不用花钱,我们镇电影院和一个工厂连在一起,我和我的那些要伴就偷偷地从工厂翻墙进入电影院。我有一次被抓住了,电影院的人说要把我关起来,吓唬我说让人给我回家取行李……

工作者:仲良,我们一会儿再谈论你关心的问题,让我们先回到我们刚才谈论的问题上。

(五) 摘要

摘要即工作者提纲挈领地回顾成员所阐明的问题要点。摘要可以避免小组主题过于分散,让成员更明确分享的问题,从而使之得到启发。

案例九:

工作者:刚才大家谈了自己在进入城市后所遇到的问题。仲良等三人主要关注工资拖欠问题,成杰和光泉谈到对进城"新市民"的歧视问题,芳芳和苗丽作为女性"新市民"谈到对女性务工人员的"三期"保护问题。同时,大家也谈了自己的一些感受。

(六) 总结

总结即在小组分享结束前或者告一段落前,工作者用简洁的语言对成员分享信息进行归类并对重要内容进行陈述的技术。总结可以起到使小组分享更加通畅,强化主题、承转话题,协助成员内化强化学习经验,增进小组凝聚力等作用。

案例十:

工作者:到目前为止,我们一直在讨论"新市民"在进城后遇到的问题。对于这

些问题,王教授和赵处长发表了自己的看法,大家也做了一些回应。现在,请大家
用几分钟再想一想,为了解决这些问题,我们这些"新市民"应该做些什么呢?

四、激励技巧

在小组工作的形成期,为促使成员开放,形成良好的沟通结构、领导结构和角
色结构,工作者可以采取下列激励技巧,从而使成员由个体导向转入小组导向。

(一) 积极倾听

积极倾听,即工作者能够专注于成员所发出的语言和非语言信息。工作者对
成员认真倾听,可以使成员感受到尊重与被接纳,从而使之更多地暴露自我、审视
自我。积极倾听其实也是工作者的一种回馈,即通过反射的方法将了解到的信息
再传送给成员。不过要注意的是,在回馈时不要过多地使用成员的原话进行反映,
不要使用一些太高深的语言进行反映,不要打破成员讲话的连贯性。美国学者
Barry Cournoyer 认为,积极倾听就是将说和听的技巧结合为三个步骤:第一步,邀
请。借着身体姿势、面部表情、声音和说话的内容,表明正准备听对方说话。第二
步,倾听。当成员回应你鼓励他说话时,你必须继续听,并借着倾听、观察、鼓励和
记忆的方式用心聆听。第三步,反映。[1] 我国学者郑维廉认为积极倾听涉及四个
方面:(1)观察或察觉团体成员的非语言行为,如身体姿态、表情、语调等。(2)理
解团体成员的言语信心。(3)联系团体成员所生活的社会环境,倾听其整个情况。
(4)留意团体成员在表达中流露出的可供利用的资源和需要受到挑战的地方。[2]

在进行积极倾听时,工作者一定要进行同理式倾听,而不要评判式倾听。所谓
评判式倾听,就是工作者给成员贴上这样或那样的标签,在其潜意识中各种偏见的
引导下进行的倾听。这样的倾听只能使成员退缩,工作者的工作成效也因此非常
有限。

(二) 眼睛的运用

在进行积极倾听时,工作者可以用眼睛平视说话成员,同时时不时地用目光扫
视其他成员,观察说话者及其他成员的一些非言语信息。工作者这样做一方面表

---

① 参见〔美〕Barry Cournoyer 著,朱孔芳等译:《社会工作技巧手册》,上海:华东理工大学出版社,
2008 年,第 86~87 页。

② 参见郑维廉:《青少年心理咨询手册》,上海:上海人民出版社,1997 年,第 189~192 页。转引自
黄丽华:《团体社会工作》,上海:华东理工大学出版社,2003 年,第 285 页。

明其对说话者的尊重、接纳与鼓励,另外也可以使说话者将目光从工作者的身上移开,转而面向其他成员。

另外,工作者还可以使用眼睛来进行邀请和控制。如某成员想发言但是又缺乏信心的时候,工作者可以使用眼神进行邀请,激发成员发言的勇气。当然,如果有成员发言过于冗长沉闷或者过于抽象时,工作者也可以使用眼神进行控制,打断他的谈话。

在小组工作实务中,积极倾听与眼睛的运用通常结合在一起使用,它们都可以对小组成员起到激励的作用。

案例十一:

仲良:我感觉我们这些农民工背井离乡来到城市真难啊!我记得有一次我应聘到一个一次性消毒餐具加工点干活,当时老板答应每月给1 500元工资。可是我干了20多天后,老板却嫌我动作慢,辞退了我,一分钱工资也不给,说不到一个月就不给开工资。说句实话,我每天加工近一千套"消毒餐具",真是累死累活的,还……(哽咽)

(工作者在倾听并关注着仲良的时候,也观察到小组中一向活跃的建新发出"唉"的感叹声,同时将目光投向仲良。比较内向的波昌则将双手交叉,手指不停搓动,头深深地埋着。芳芳则一直用手揉眼睛。其他成员看来也触动很深)

工作者:仲良为这个事很难过,因为他努力地工作了,但是老板不但解雇了他,还不给他应得的工资……这件事好像对大家触动挺大。(这时波昌和建新抬头将目光迎向工作者,工作者也迅速地对之投之以鼓励的目光)

(三) 连接

连接,即将成员之间的共同点连在一起的技巧。连接可以使成员看到他们之间的共同之处,从而减少疏离感,增加成员相互间的沟通,形成更紧密的认同,进而增加小组的凝聚力。这种技巧也要求工作者有良好的洞察力,能看到成员某些方面内在的相似性,并能够将他们连接到一起。

案例十二:

仲良:尽管我在城市中遇到了一些困难,但我会坚强地走下去,我相信我会成功。

工作者:建新,你在点头。

建新:是的,我也有同样的感受。不经历风雨怎么见彩虹,这也许是老天爷对我们的考验吧。

(四) 澄清

澄清,是使用某些方法让成员对其陈述的内容做更完整意义的表达。在小组工作中,成员可能因为某些原因,如对某些议题有顾虑或感觉尴尬,或者工作者与成员来自不同的文化背景等,因而其对自己陈述的内容表述得不清楚或者忽略某些议题。而这些不清楚或被其忽略的内容里可能包含一些重要的信息,如果不搞清楚,工作者就不明白某个字眼或问题的额外信息,就不能让成员找到困扰的焦点,就可能让成员犹豫泄气,小组工作的成效也会因之大打折扣。所以,在这种情况下,寻求必要的澄清就显得尤为必要。

案例十三:

苗丽:我来到城市后,交了一个"男朋友",但我和他在一起很别扭。

工作者:能进一步说说为什么吗?(或者:能更详细地解释一下吗?)

(五) 自我展露

自我展露,即在小组工作中,工作者建设性地与成员分享个人的信息或经验,从而激励成员进一步开放。自我展露之所以是一个重要的激励技巧,是因为某些成员对自己的行为或处境总有一种耻辱、谴责或者怨恨的感觉,总认为自己是"独特"的,自己是"怪异"的。而工作者通过自我展露可以表明,成员自认为的那些"独特"、"怪异"的行为其实是非常正常的。作为一个普通人,工作者在生活中也可能经历那些事情。一旦了解到这些,成员的心理压力就会减轻。因此,工作者开诚布公的自我展露就会转而激发成员强烈的分享欲望。

案例十四:

工作者:刚才成杰谈到,作为外地人,感觉很难融入城市,很难与"城里人"交往,甚至害怕与他们交往,我其实也有类似的经验。我来自农村,后来考上大学。在大学里我总是很自卑,因为自己的许多方面不如城里的学生,所以也不愿意和他们来往,显得很"孤僻",毕业后我开始力图改变这种状况。我当时的房东对我很好,经常邀请我去他家,还介绍我认识了许多本地的朋友,我也有意识地和他们交往。慢慢地,我感觉他们对外地人其实很友好,并不像我们想象的那样。现在,我也结交了很多"城里朋友"。所以,关键在于交往,甚至有时需要我们主动迈出第一步。……

当然,在运用这一技巧时,工作者也要注意,其自我展露的话题应该与成员讨论的主题有关,否则可能涣散小组发展的动力。另外,工作者也不要使用这样一些说法,如"我知道那是怎么回事""我知道你的心理"等,因为毕竟人与人不一样,完全的"推己及人"有时也可能导致偏差。

(六) 示范

示范,即工作者以身作则提供某些行为供小组成员模仿。其实从小组开始到结束,工作者都是一个示范者,他的观念行为等都会对小组成员起到潜移默化的作用。当然,有时成员需要学习的东西并非工作者所长,这时他可以邀请一些专业人士或利用一些影视资料来给小组成员做示范。

案例十五:

工作者:日常生活中,我们在与人交往时应避免指责对方,而应支持别人的自我价值,尊重对方。当发现别人有错误的时候,应仍然用支持别人的方式证明自己的观点。也就是说,要学会提醒别人,不要让人觉得我们认为他愚蠢。有时甚至同一句话,在不同情境下说出,其效果也是不一样的。如……

(七) 解释

解释,即工作者以"专家"的角色为小组提供关于某主题的一些信息。这种技巧在教育小组中运用得特别多。当然,也不否认,在其他类型的小组中,这种技巧也会被使用。工作者在解释时要遵循此时此地原则,同时考虑小组成员的实际情况。

案例十六:

成杰:我以前听说过出现劳动争议可以申请劳动仲裁,不过我对这个了解有限,好像就是到法院打官司。

芳芳:我也是。

工作者:看来大家对劳动争议中的仲裁与诉讼有误解,我们用几分钟的时间说说这个问题。我国劳动争议的处理机构是劳动争议调解委员会、劳动争议仲裁委员会和人民法院,劳动争议仲裁委员会由劳动行政部门代表、同级工会代表、用人单位代表组成,仲裁委员会主任由劳动行政部门代表担任。劳动争议处理程序可分为协商、调解、仲裁和诉讼。不过协商和调解并非劳动争议处理的必经程序,仲裁是必经程序,如果对仲裁不服,可以在收到裁决书之日起15日内向人民法院提起诉讼。

（八）支持

支持在小组工作中是一个内涵较广的概念,像指导、照顾、关心、鼓励、援助等,皆可称为支持,而支持的主体除了工作者外,还包括小组成员的父母、朋友、邻里、同学等。我们在这里所说的支持主要是一种情感上的支持,即小组成员在分享时,工作者适时地辅之以专注从而使之感受到温暖。

案例十七:

工作者:刚才仲良的分享和大家给他的反馈让我很感动,大家这样关心、贴心、知心,真如一家人。现在,让我们共同将双手摞在一起,彼此说一句鼓励的话。

此外,我们这里所说的支持还是一种对成员"踌躇"行为的鼓励。有时,在小组分享中,成员可能对某些话题比较敏感,因此,不知是继续深入还是就此打住。工作者可以对这些话题进行判断,如果认为继续探讨这些话题有利于小组的发展,就应该支持成员进一步分享。

案例十八:

工作者:刚才苗丽谈到"新市民"的"性"话题,你好像谈到这个问题时怪不好意思的,这可能与我们的文化对这个问题的忌讳有关。其实这个问题是很正常的,而且对于我们这些年轻并且远离故土的"新市民"来说,这又是一个应该谈论的话题。我们来到这里,就是寻求帮助和支持的。我想大家对你谈论这个话题也绝不会嘲笑,而只会支持、鼓励你。

五、干预技巧

在小组形成阶段,为保持小组正常互动,避免小组成员受到伤害,工作者有时需要使用一些干预技巧。

（一）阻止

阻止,即当小组成员表现出不恰当的语言、行为时,如攻击别人、侵犯别人隐私、打破沙锅问到底让成员很难堪,闲聊,讲冗长的话,泄密等,工作者进行有意识干预的一种方式。

案例十九：

建新：波昌，你这个人啊，叫我怎么说你呢？你看看你，也不说话，呆乎乎的，"呆若木鸡"就是说你吧。（大声笑）我看过一个电视剧，里面有个人叫"安木"，像绝你了，"呆"得都成傻子了，我是最讨厌他了……

工作者：等一下，建新，我知道你很想改变波昌，但用这样侮辱性的语言是不恰当的，你能不能用其他方式来表达你的想法呢？

（二）分类化

分类化，即工作者帮助小组成员把复杂的问题分解成容易把握的几个部分。也就是说，小组成员可能一次分享会谈论到好多问题，工作者与小组成员同时处理大量的问题、想法比较困难，使用分类化技巧就可以每次只探索一个比较小的、更容易把握的问题，从而有利于问题解决。

案例二十：

芳芳：这两天是够倒霉的。先是工厂的老板说订单要得急，要赶活，要求我们12个小时连轴转。我正好例假来了，受不了这样高强度的劳动，就和老板请假。他竟说，不爱干走人。唉，委屈得我啊。回去后，又因为一点小事和我男朋友吵了一架，他竟把我推倒，转身就走。晚上，房东又来电话，说让我退租，三天后搬走，时间这么短，我上哪里找房子。你们说，这是什么日子？……

工作者：一时之间发生了这么多事，确实让人困扰。我想，既然有这么多问题——劳动权益、男朋友与你的关系、房东要求退租——要解决，我们能不能一次只分析一个问题？哪一件事是你目前最想解决的？就让我们从这件事开始。

（三）综合

综合，即工作者将成员所做的事情做横向或者纵向的联系，从而让成员看到一些他自己认为不相关的事情存在内在的关联。这需要工作者既要具有良好的洞察力，同时又能够认真而且细心地回忆成员所做的事情，然后指出成员的意见可能是重复的，应合并同类项。

案例二十一：

工作者：光泉，你似乎总是对什么事情都无所谓。第一次小组聚会时，你说考不上大学无所谓；上一次聚会时，你说《劳动法》学不学的无所谓；现在，你又说咱们的权益维护不维护的无所谓。把这些事情串起来想想，你觉得对你有什么意义吗？

（四）保护

保护，即工作者为避免成员陷入身心伤害而采取的安全反应措施。在小组中，工作者要有良好的洞察力，及时觉察到小组中的危机并采取必要的防卫措施。当然，工作者也不要对成员过度保护，这样也可能使成员过于依赖别人而丧失了独立成长的机会。

案例二十二：

听说苗丽与其男朋友分手了，大家在聚会时偷偷地议论这件事，苗丽明显表现出烦躁的情绪。

工作者：看来大家都很关心苗丽，都想帮助她。但她现在心情很沉重，不知哪位成员能分享一下类似的经历，来帮帮苗丽？

（五）设限

设限，即工作者为有效运作小组，而为小组及成员设定的界限。设限的目的在于让成员的行为有所遵循，就像划定了一个范围，只要在这个范围内就可以。

案例二十三：

工作者：在结束今天的活动之前，请大家用 3 分钟的时间回想一下小组中发生的事情。然后，每个人用 5 分钟的时间谈谈你的感想。请就事论事，不要人身攻击，别人发言时请认真听。

六、角色认知和定位技巧

所谓角色认知，一般是指成员在小组中对自己或别人地位、身份及行为规范的认知。在角色认知中，角色的地位、身份是客观存在的，也是确定特定行为规范的依据。一般来说，成员的角色可以由自己选择，也可以由工作者指定，当然也可以在小组活动中创造。在小组的形成阶段，由于工作者已经对每个角色的特征及意义进行了界定，所以成员对自己在小组中的角色认知和定位基本上都比较清楚。当然，随着小组环境的变化，成员的角色也可能出现相应变化。

对于工作者来说，其在这一时期担负的一个重要责任就是要善于区分小组中的各种角色，要分清哪些角色对小组是有利的，哪些角色可能不利于小组的发展。也就是说，工作者评价成员角色时要有全面性视角，不仅看到角色对成员个人的意义，同时也要看到对整个小组发展的意义。为此，工作者在实务中要注意这样几个问题:第一,工作者要关注每个成员的学习、生活等方面,鼓励成员对小组角色进行相互认知,从而创造一个有利于成员角色认知和定位的良好环境;第二,工作者可以带领成员充分检验自己所扮演的角色,特别注意角色的效益,要根据自己及其他成员的相应角色评价,适时调整成员自己扮演的角色,从而最终达到角色认知和定位的目的。

七、授权技巧

在小组形成期,工作者可以从小组初期的主角向目前的配角转变,将小组活动的主导权"下放"给成员,即要在小组中多培养同辈领导。

第一,工作者要观察成员,看哪些成员具有领导才能,有意地培养他们,并给他们创造一些领导的机会,让他们在实践中展露自己的才能。

第二,工作者要使领导角色具有开放性及流动性。在小组初期出现的领导者一般都是比较外露,自信心较强,善于表现自己的人,但这样的人却不一定是小组中最有能力、最有影响力的成员。特别是在中国文化背景下,许多中国人信奉的是低调与"深藏不露",因此,工作者一定要强调领导角色的临时性和任期制。通常在经历几次会面后,工作者才能辨认出那些对自己及小组真正有帮助并且具有领导才能的成员,也许这些成员在开始的时候并不是非常突出。

第三,在授权时要避免给成员造成工作者偏爱某位成员的印象,在同辈领导的选用上,工作者要特别注意不能独断专行,要重视发挥成员民主选择的权利,从而使同辈领导真正得到广大成员的拥护。

第五节　小组冲突阶段的技巧

小组冲突阶段又被称为转换期、风暴期等,通常是指小组的重整与归纳阶段。在经历了小组初期的焦虑与挣扎后,成员此时对小组及成员的情况基本都比较了解了,因而其开始关注小组的权力,"本我"也开始逐渐暴露,这也使小组在诸多方面面临冲突。这一时期,工作者的地位也可能受到成员的挑战,所以,工作者一定要谨慎地处理与成员关系,同时可采用如下技巧:

一、价值澄清的技巧

在这一时期,小组冲突发生的一个重要原因是成员价值观的不同。所以为了让成员认识到他人不同价值观的存在,同时也为了更好地规划成员的生活形态,工作者可以使用这样一些游戏来进行价值观的澄清。

第一，价值观拍卖。① 具体步骤：工作者首先将一些价值观念，如金钱、权力、美貌、快乐、健康、家庭、朋友、信仰、智慧、毅力等写在纸上，然后成员思考一段时间，选出自己最想买的东西。接着由拍卖师对这些观念进行价值拍卖，每件东西由出价最高者最终获得。最后在工作者的带领下展开讨论，如我为什么要花那么多钱买那一样东西？这个东西对我来说真的有那么大的价值吗？为什么我什么东西都没有买到？等等。

第二，沙漠里的"烦恼"。具体步骤：根据你的实际情况写出你认为十项最重要的价值观。设想这十项价值观分别放在十个袋子里，你扛在肩膀上，行走在沙漠的烈日下，你饥渴难耐，疲劳不堪，这时你必须扔掉两个袋子，请你选择先扔哪两个。你继续前行，步履仍很艰难，你必须再扔掉两个。最后，袋子所剩无几。此时此刻，你认为人生最重要的是什么？是什么价值观念引导你追求？又是什么价值观念引导你放弃、逃避？

当然，在实务中也可以直接提出一些可能引发成员争议的价值观方面的问题请成员发表看法，如"男儿有泪不轻弹"、"男主外，女主内"、"遇到危险时，人人都应机会平等"、"一个自己喜欢的工作比一个挣钱多的工作更重要"等，或者把这些问题改编成一些故事，让事件更复杂。通过这些故事及问题的讨论，帮助成员澄清自己的价值观，从而认同彼此的价值选择。

不过在运用这些游戏时，工作者也要注意，尽量避免自己的价值观对成员的影响，从而束缚成员价值观的阐发。因为这时尽管工作者的角色在向"配角"转变，但其对成员观念的影响仍非常大。所以，一般来说，工作者价值中立的态度更能够促使成员的价值观得以充分表现，进而达到价值澄清的目的。

二、面质技巧

面质技巧，即工作者指出小组成员信息中矛盾的一种技巧。面质是限制行为的一种，也就是说现在有证据表明成员的行为与其所表述的不一致，或者他现在的这种表述与其他的表述不一致，从而通过面质而中断某个行为或者使这种行为反转。

希尔（Hill）曾建议，工作者可以使用一些两段式表述形式来进行面质：一方面你……但另一方面……；你说……但是你也说到……；你说……但是行动上你似

---

① 本活动也可参见本书第九章第四节第188页对价值观拍卖的详细论述。

乎……;我听到……但是我也听到……。①

案例二十四：

建新：我其实很想和城里人,特别是我的那些邻居交往,但我觉得他们就是优越感太强,瞧不起我们这些外地人,我也懒得理他们。

工作者：建新,你一方面说很想和邻居交往,但另一方面又说懒得理他们,你认为这意味着什么呢?

当然,从广义上讲,小组工作中的面质形式有多种,可以面质小组,如小组主题、小组过程、小组沟通、小组决策等方面存在的问题;也可以面质个人,如个人矛盾的言语和行为、被扭曲的事实、成员的阻抗等。不过工作者在面质时要注意:必须与小组成员建立一个信任的环境,降低成员的焦虑和被攻击感。也就是说工作者一方面要进行有力的挑战,另一方面也要伴随强烈的同理心。另外,工作者也要牢记,避免自己的价值观、个人信念等对面质产生影响,特别注意避免指责或否定性地下结论。例如下例就是工作者的一个错误面质:

小组成员：我妻子跟着别人远走高飞了,前一段时间我又失业了,我正在努力地找工作,但是没有成功。

工作者(以怀疑的态度面对着他)：我认为你是因为酗酒,你妻子才离你而去。因为你工作中时常缺勤,所以才被炒了鱿鱼。

小组成员：什么? 你指责我? ……②

三、 处理次小组的技巧

次小组是小组成员基于彼此之间的利益及特征而在小组中形成的各种小型人际关系圈,表现出超越小组的亲密与认同。次小组的产生是小组工作中必然而且自然的现象,它表明部分成员之间强烈的认同。一般来说,规模较大的小组会出现诸多次小组,从而使之与小组整体分离开,并可能极大地削弱小组凝聚力。但作为一个合格的小组工作者,在看到次小组挑战的同时,也要具有将次小组的挑战转变为进一步小组整合的能力。

---

① 〔美〕卡明斯等著,韩晓燕等译:《社会工作技巧演示》,上海:格致出版社、上海人民出版社,2011年,第124页。

② 此案例系编者根据美国学者卡明斯等人所写案例改写而成。参见〔美〕卡明斯等著,韩晓燕等译:《社会工作技巧演示》,上海:格致出版社、上海人民出版社,2011年,第158页。

(一) 工作者要及时发现次小组,并分析其成因

例如,有的次小组是因为成员的相似性而形成;有的次小组是因为小组情境因素而形成;有的是因为工作者及小组没有给予部分成员归属感和团队感或者一些竞争对手对这些成员进行打击,从而使之因为寻求安全的心理而形成次小组;有的次小组是因为小组意见分歧或协同工作者分裂而形成,等等。应当说,不同原因形成的次小组对小组工作的影响不同。像有的次小组可以提供信息,协助工作者开展活动,从而促进小组工作的完成。对于这些次小组,工作者可以支持其发展。而有的次小组则不利于小组目标的实现,对这些次小组,工作者可以采取一定的措施进行控制。

(二) 工作者要与次小组进行沟通,并促使次小组与次小组间进行良好沟通

如果经过自我反省,工作者发现某些次小组是由于自己对其关注不够而形成,那么工作者应利用各种手段,打开心扉与对方沟通,即使初期会受到对方不信任或冷遇,也不要气馁。如果次小组是由于成员间相互排斥而形成,工作者可以暗示或明确指出成员行为的不恰当,并促使他们直接沟通,以消除误会隔阂。

(三) 工作者要利用小组目标整合次小组,满足成员需要

次小组的形成在一定程度上反映了小组成员对小组共同目标认同的缺失,所以,建立共同的小组目标是实现小组整合的关键点。另外,在小组工作中,工作者还可以协助次小组成员完成任务,获得应有的角色,并且寻求他们关心问题的解决途径。

(四) 工作者也可以将不利于小组发展的某些次小组成员及领导者清除出小组

如果工作者对次小组进行了引导,但某些次小组仍不认同小组,并且有可能进一步造成小组分裂,从而影响到小组整体发展时,工作者可以以坚决、理性的方式进行"清除",同时要对之表现出尊重和关心。在下一次小组活动之前可以与这些人再见一次面,目的是再给他们一次机会,如果他们仍然不想改变,工作者就不必再让他参与小组。不过这种"清除"法是下下策,不到万不得已不要使用。

四、 处理抗拒的技巧

在小组冲突阶段,工作者及小组成员都面临着各种抗拒形式的防卫,这些防卫形式会使成员互相隔阂、袖手旁观,从而导致小组离心力增强。所以,工作者要想

使小组顺利地向成熟阶段发展，就必须以谨慎的方式选择合适的时机进行介入，既要给成员必要的支持，又要予以适度的挑战，从而消除或减轻成员的抗拒。

（一）工作者应了解成员抗拒的原因

在小组中，成员出现抗拒行为的原因大致有三个方面：一是性格原因。有些成员自我认知偏低，自信心不足。二是成员的不安全感。像一些被迫参加的成员，以往曾有过不愉快经历的成员，成员期望与小组实际不一致的成员，目前正面临冲突或遭到攻击的成员等，可能会有不安全感。三是成员的怀疑感。如对小组程序不清楚的成员，对小组功能质疑的成员等。

（二）工作者可以采取措施证明小组安全感的存在

奥地利精神分析学者阿德勒（A. Adler）曾指出："假如一个人觉得别人对他都充满敌意，假使他觉得他的四周都是敌人，自己不得不采取防卫手段，那么我们就别指望他会和别人成为朋友，而且他自己也不可能会成为别人的好朋友。"[①]所以，为了让成员感受到小组的安全感，工作者可以让成员讨论保密的重要性、成员的权利、相互尊重的需要等问题，同时真诚坦率地处理任何针对工作者的挑战，为成员树立榜样。鼓励成员说出自己之所以表现出冷漠、退缩、被动等抗拒行为的原因，并开诚布公地予以澄清解决。鼓励成员积极参与小组事务，表明工作者对其的接纳及认真负责的态度。这样就可以让成员感受到小组是一个可以表达不同意见、解决人际冲突的安全场所，在小组中不需要隐藏自己或压抑自己，从而从心底接纳工作者及其他成员，消除其防卫心理。

（三）工作者也可以与成员进行个别沟通

例如，针对自信心不足的成员，工作者可以进行鼓励，并在小组中重视其表现。对于那些明显旨在争取小组控制权的成员，工作者要表明他们对小组发展所承担的责任，同时要促使小组中的对立方相互接受，并做好反馈，这样小组成员的抗拒也会减少。

五、处理冲突的技巧

冲突在小组工作这一时期扮演着重要角色，如果工作者处理得好，小组就可以

---

① 〔奥〕阿德勒著，徐家宁等译：《超越自卑》，长春：吉林人民出版社，2007年，第194页。

继续向前发展；如果处理不好，小组则可能提前结束。为此，工作者可以采取下列技巧：

(一) 工作者要分析冲突的原因

小组中的冲突主要是人际冲突，其原因主要有：一是利益与矛盾的存在，如个人的需要得不到满足、对小组目标不理解、对工作者的领导方式看不惯等。二是对他人行为的错误归因。当成员利益受损时，一般会分析发生的原因，如果成员认为是其他人故意所为，就可能因此种下冲突的诱因。三是不良的沟通方式，如沟通中有阻碍，沟通中有误解，看不惯对方的沟通方式等。

(二) 工作者要采取冷静包容理性的态度

当冲突发生时，工作者切不可慌了手脚，或片面强调小组的团结得过且过，可以让成员将情绪宣泄出来，然后再了解冲突的原因、表现等。另外，工作者也要对小组冲突持包容的态度。其实，任何小组都存在冲突，冲突一方面表现为破坏、紧张，但另一方面也表明小组的生机与活力。如果没有任何冲突，小组也就恰如一潭死水，毫无生机与活力。工作者可以将冲突的正负功能都告知成员，从而使之也了解到冲突的意义。所谓理性态度，主要是工作者要客观公正地对待冲突，处理冲突要坚持"对事不对人"的原则。

(三) 工作者可以采用一定的策略处理冲突

第一，避免在小组中助长输赢思想。输赢思想是以竞争为基础的，输的一方会产生挫败感，进而降低继续参与小组的动机。工作者可以利用一些故事或游戏引导成员，如"龟兔赛跑后传"，其大致内容是：乌龟与白兔赛跑，第一次因为白兔睡觉，故其输掉比赛。白兔不服气，提议再跑一次，此次白兔赢。第三次，乌龟提出按照其指定的路线跑，白兔跑在前面，但遇到一条河，白兔绕来绕去也过不去，眼睁睁地看着乌龟游过河赢得比赛。第四次，乌龟和白兔合作，乌龟速度提高了，白兔也过了河。通过对这样一些话题的讨论、分享，引导成员反思输赢思想，建立"双赢"理念。

第二，进行建议与解释。工作者可以提出自己的解决建议，由冲突双方来决定采取什么方案，工作者可以分析各种方案的利弊得失。另外，对于小组成员错误的归因及不良的沟通方式，工作者也有责任指出，并对其中的问题进行解释澄清。

第三，利用小组解决冲突。工作者要让全体小组成员意识到，冲突并不是仅仅涉及当事人双方，而是与小组中每个人的利害相关。所以，每个人都应参与小组冲突的解决。小组其他成员的介入可以引出更为中立的意见,从而使冲突得以解决。在此过程中,工作者可以使用"焦点回归"策略,即将争议的问题抛回小组由成员解决。如"大家的想法是怎样的?""大家认为这样是否恰当呢?""还有没有不同意见呢?"等等。当小组冲突是因为成员对小组目标不认同或对工作者领导方式不认可而引起时,工作者使用"焦点回归"策略尤为必要。

第四,采取一定的手段增强冲突双方的同理心。例如,工作者可以让冲突双方采用角色扮演、角色互换等形式复现冲突情境,从而使冲突双方站在对方的角度再来看待冲突。这种方式既可以增进对自我的了解,也可使成员设身处地地考虑对方的意愿,进而反思自己的立场,最终促进冲突解决。

第五,要建立冲突管理的基本规则。这些规则其实在小组开始阶段就应该建立起来,现在则对小组冲突起到约束作用。如不讲粗话,不能侮辱人,不要歪曲事实,不要有发泄后就一走了之的不负责任行为等,避免成员受到伤害从而导致小组解体。

六、协同领导的技巧

协同领导不仅仅是领导者数量的增加,而且是一种新的领导类型。这种领导方式在实务中有优势,但也存在一定风险。所以,如果工作者要选用这种领导方式,要注意以下几方面的问题:

第一,在小组工作开始前,工作者要慎选协同工作者。

一般来说,选择互补性的协同领导比较合适,不要选择那些与自己太相似或者差别性太大的合作者。在小组工作开始之前,两人可以找机会预先沟通一下,互相了解对方的个性特征、沟通方式、领导方式、彼此期待、限制因素等,从而有利于在工作中互相配合。另外,在小组筹备阶段选择成员、开始小组等问题上,两人应共同参与,各负其责。

第二,在小组工作过程中,两人应互相支持。

如每次小组活动前,先互相讨论如何进行合作。在小组活动中,不要有意无意地进行权力之争,为小组树立榜样。如果有意见不一致,可以先技巧性地配合,等小组结束后再私下探讨。要随时注意角色互补,如甲工作者带成员进行游戏时,乙工作者可以维持活动秩序;甲工作者陷入反移情状态时,乙工作者不妨承担带领小组的主要任务;甲工作者遇到挫折时,乙工作者要帮助其弥补、协调等。在小组结束前,如果不知道对方还有无事务要处理,可以用眼神、手势等进行暗示。

第三,在小组工作结束后,双方要合作撰写评估报告。

双方进行讨论评估,并注意合作,而不要推诿扯皮。在必要时,可以寻求督导的帮助,由其进行专业指导。

七、打破僵局的技巧

在小组冲突阶段,小组僵局主要有下列几种表现:

1. 当工作者提出某问题要求大家讨论时,成员沉默不语

对这种状况,工作者不必惊慌失措,不必急于自己讲话或者邀请成员讲话以打破沉默。一般来说,小组成员在这一时期表现出沉默有这样几个原因:思考,茫然,感情负荷重,抗拒,自然停顿等①。工作者首先可以观察成员,并了解成员沉默的原因。

案例二十五:

工作者:刚才大家在讨论时突然静了一段时间,我想知道原因是什么?

其次,工作者要采取镇定的态度,了解原因后,可根据不同情况进行处理。如针对思考、自然停顿等原因,工作者可以给予一定时间的等待;对于成员因感情负荷重而沉默,工作者要对之进行同理心关怀并给予鼓励支持;如果成员因对某问题茫然而停顿,工作者可以将问题再复述一遍,或者将之写到黑板或图画纸上,观察成员是否明白。如果采取了这些措施仍不能打破沉默,工作者可以将问题拆解成若干容易讨论的小问题,并征询成员意见,争取有成员能带头开口说话。

2. 成员在讨论中各持己见、争论不休,甚至因之出现互相不沟通的情况

对于这种状况以及上述成员因抗拒而沉默的僵持局面,工作者必须采取一定的措施小心处理。

(1) 如果对立双方在僵持中已不愿与对方沟通,工作者可以要求双方通过他这个中间人传递信息,直到双方能够直接沟通为止。同时适时指出这种状态对小组的不良影响,让成员了解小组责任义务的重要性,共同运作小组,而不能意气用事。此外,工作者要让成员运用同理心技巧再做沟通,必要时由双方进行角色扮演。

(2) 工作者要冷静,可以建议将问题拆分,或者讨论一些不那么有争议、比较容易达成共识的问题。另外,工作者也可以提一些解决问题的建议供成员参考。

(3) 工作者可以对对立成员的观点进行"重构"。也就是说,保留成员观点的"骨架",但要去掉其中可能对对方造成伤害的部分,如侮辱对方、挖苦对方等。工

---

① 参见陈钟林编:《团体社会工作》,北京:中国时代经济出版社,2002年,第208~209页。

作者可以通过"恶语伤害"游戏帮助成员进一步认识,方法是:用引导性的冥想练习引出自己对童年的回忆,在这个回忆中,成员经历过恶语伤害。在对恶语伤害的冥想练习之后,要求成员把这些"恶语伤害"的内容用文字记录下来。通过对内在信息和自言自语的简短解释,将这些伤害转换成积极的语言。①

(4)工作者可以采取澄清、解释、中立及仲裁等技巧化解僵局。对于成员的矛盾或误解,工作者有责任进行澄清或解释,建立双方的良性沟通。同时,在小组僵局中,要使自己成为各方信任并能够代表各方观点的人,要坚持中立立场。所以,在小组中,工作者要避免偏袒任何一方或与成员争论;对问题只做事实陈述或利弊判断,而不要轻易下结论;不要判断别人的意见等。此外,工作者还可以使用仲裁技巧创造有效的小组沟通情境,从而集中不同的看法,促进相互了解。有时也不妨使用幽默手法使小组僵局打破,关于幽默的具体形式可根据情境灵活变通使用。

案例二十六:

工作者:刚才尽管成杰和建新的观点不同,但我发现,你们两人都不否认来到城市主要是为增加收入,开阔视野,增长见识,对吗?

当然,如果采取了上述工作,仍未打破僵局,工作者也不妨将工作暂停,让成员冷静一段时间或在小组外私下处理。工作者也可以对此进行反思并寻求其他的帮助,看是否还可以通过其他的途径来实现目标。

八、处理自我防御的技巧

所谓自我防御,是指"一个人为了逃避面对自我中有威胁的部分、有意或无意采取的各种策略"②。在小组冲突阶段,成员自我防御主要是由性格谨慎、自信心不足、感觉小组不安全等因素造成的,工作者可以根据不同原因对症下药。

如果成员在小组中是因为性格谨慎或自信心不足而防御,那工作者要多给予理解和支持,不要逼迫他们发言,要注意他们,在小组中,一有机会就反映他们的表现并采取正面强化等方式增强他们的自信心,从而使他们获得发言的勇气。另外,工作者在制定小组活动方案时,也可以为每位成员都提供参与分享的机会。不过运用这种方法时也要注意,不要给成员造成压力。

---

① 参见〔美〕苏珊·卡罗尔著,刘梦等译:《青少年小组游戏治疗师手册》,北京:中国人民大学出版社,2007年,第142页。

② 〔英〕帕梅拉·特里维西克著,肖莉娜译:《社会工作技巧实践手册(第二版)》,上海:格致出版社、上海人民出版社,2010年,第268页。

也有成员之所以自我防御是因为其感觉小组不安全，主要包括一些非自愿的成员、遭到攻击的成员、自己的期望与小组目标不一致的成员、过去有过不愉快小组经历的成员等。对此，工作者首先在态度上要表现出同理心、接纳、真诚等特质，让成员有温暖的感觉。对那些期望与小组目标不一致的成员，工作者可以对之进行解释，并让他自己决定是否留下。对那些过去有过不愉快小组经历的成员，工作者要让他看到现在的小组与过去的小组是不一样的。对于那些非自愿的成员，工作者可以让他们宣泄消极情绪，并认识到小组对他们的好处，从而改变对小组的看法。对于遭到攻击的成员，工作者可以对他们予以保护，并采取进一步措施保证小组的安全感。

在创造了良好的小组安全环境后，工作者可进行必要的自我展露，并鼓励其他成员进行展露、分享。在这一过程中，成员可能会受感染或触动，从而能够主动地打破自我防御。当然，如果采取了这些措施仍不见成效，也不妨尊重他们目前的这种状态，在小组外可以予以个别辅导。

第六节　小组成熟发展阶段的技巧

在经历了暴风骤雨般的小组冲突阶段后，小组会进一步整合，其运作也更加顺畅有效，成员在小组中也充满了成长的渴望，此时，小组就进入了成熟阶段。在这一时期，工作者可以减少自己的控制行为，同时可采用一些技巧及活动为成员互动成长创造条件。

一、深度自我探索的技巧

自我探索并非小组成熟阶段所独有，其实在小组工作的任何阶段都可以进行自我探索，只不过这一阶段的自我探索更经常、更真实、更准确。一般来说，成员通过深度的自我探索，可以更好地了解自己并体验到小组经验的作用，小组成员的互助作用也才能发挥。否则，如果成员一直"戴着面具"掩藏真实自我，其他成员就很难理解他，"助人自助"的理念发挥也就无从谈起。

自我探索与文化背景有一定的关系。美国人倾向于在一个更广阔的范围内展露自我，这是因为个人主义文化使得美国人希望通过自我探索来表明自己的与众不同。而中国人、日本人、韩国人等东方人自我展露的范围非常有限，这是因为集体主义文化使得东方人不想被别人认为与众不同。此外，中国人的一些社会文化心理，如"脸面观"（要面子耻丢脸）、"家族家庭观"（家丑不可外扬）、"和谐观"（表面上尽量保持一团和气）等，使得中国人在小组中进行自我探索时尤其艰难、缓慢。所以，在中国文化背景下，要使成员进行深度自我探索，工作者要特别注意创造一个安全的小组环境,循序渐进地引导成员进行探索。

当然,深度自我探索也并非等同于完全公开。有些成员在小组气氛感染及从众压力下,为显示自己的真诚、坦率而过分地展露,反倒让自己受到伤害。所以,成员应对什么是真正的自我探索有一个准确把握。黄丽华认为,自我探索应包括"一个层次的自我探索包括公开表达自己对团体中所进行的内容的抗拒感受,另一个层次的自我探索涉及表露此时此刻的痛苦、悬而未解的个人问题、目的与愿望、快乐与创伤、优点与限制"①。

工作者在实务中可以通过以下活动帮助小组成员肯定自我,通过别人的评价建立自己的新形象。

活动一:镜中我。此活动主要基于库利的"镜中我"理论、拉夫特(Joe Luft)的"周哈里窗"理论等设计而成。具体做法:由成员填写 A、B 两格中的自我特质,然后将之折封不让别人看到。接着成员访问其他成员,填写 C、D 两格。最后两相对照、分享。工作者要鼓励成员互动反馈。

表 11-1   **周哈里窗表**

	优点	缺点
自己认为	A	B
别人认为	C	D

（资料来源:陈钟林编:《团体社会工作》,北京:中国时代经济出版社,2002 年,第 380 页）

活动二:像我的物品。② 具体做法:工作者将物品(如火柴、皮球、玩具、球拍、面具、眼镜等)摆放中央,每个成员依次挑选一件最像自己的实物,并说明为什么。小组其他成员对这个成员的自我知觉给出反馈,成员通过反馈对自我进行确认或者挑战。

活动三:重点轰炸。③ 具体做法:每位成员都轮流站到场地中央接受成员的评价,评价范围包括其优缺点、在小组中的行为等。被评价者只能聆听,不能回应。轰炸完毕后,工作者带领成员进行讨论,重点探讨被评价人在轰炸前、轰炸中和轰炸后的感受。

---

① 黄丽华:《团体社会工作》,上海:华东理工大学出版社,2003 年,第 368 页。
② 此活动参见〔美〕苏珊·卡罗尔著,刘梦等译:《青少年小组游戏治疗师手册》,北京:中国人民大学出版社,2007 年,第 75~76 页。
③ 此活动参见刘梦主编:《小组工作》,北京:高等教育出版社,2003 年,第 187 页;吕新萍等编著:《小组工作》,北京:中国人民大学出版社,2005 年,第 196 页。

二、 自我表达感受的技巧

在小组成熟阶段,成员的沟通达到最理想状态,小组概念更加深入,成员也会把"这个小组"转化为"我们的小组",即有一种"家"的和谐感。在这个阶段,成员很可能会展露一些自己一直深藏于内心的观点或提出以往没有提到的看法。这种情况是一个小组正常成长所必需的,同时也为成员在小组工作结束后实现自我成长打下基础。所以,工作者要鼓励成员真实、理性地表达差异感受并坦然接受别人对自己真实的反馈。当然,也有成员因种种原因而犹豫不决,这时,工作者要有能力洞察并对之进行鼓励、帮助。

案例二十七:

在前几次小组活动中,波昌一直沉默寡言,在小组中低着头,不愿意多说话。即使轮流发言,他也摆手示意越过他。工作者及成员都曾劝他发言,但没有成效。在第四次小组分享时,波昌例外地不停地看工作者,眼光中充满期待,在其他成员发言结束后,他想站起来,几次欲言又止,好像有话要说。

工作者:波昌,你想说什么吗? 我们大家都很想听你想说的话。(成员也同时鼓掌进行鼓励)

另外,工作者也可以通过一些活动让成员表达对自己、小组的看法,从而了解成员的真实感受。

活动一:我在想什么。

活动二:我的感受是什么。①

三、 建构凝聚力的技巧

小组凝聚力在小组工作的成熟阶段达到高峰,它一方面在客观上表明小组对成员的魅力度,另一方面也在主观上表明成员所感受到的小组吸引力。工作者可以从成员倾向上判断小组是否具有凝聚力,如是否着眼于此时此地的问题,是否学会承担责任,是否愿意为小组及其他成员付出等。如果小组凝聚力不足以推动小组发展,工作者可以采取一些措施进一步建构小组凝聚力。

---

① 本书第九章第 192 页对这两个活动有详细介绍,也可参见刘梦主编:《小组工作》,北京:高等教育出版社,2003 年,第 187 页;吕新萍等编:《小组工作》,北京:中国人民大学出版社,2005 年,第 196~197 页。

（一）工作者可以强调小组的相似性

这里的相似性主要是指个人经验的普遍化,也就是说,要让成员领悟到"成员间彼此处境相同","自己的问题并非独特","成员之所以互相亲近主要是因为成员互相了解"等。在自助小组、互惠小组中,这种普遍化的关怀尤其重要。所以,工作者应努力连接成员的共同话题,从而促进小组凝聚力的发展。

（二）工作者可以促进小组目标的转换

在小组成熟阶段,成员可能不会满足于原先的小组目标,而是力图在此基础上追求更好更新的目标。这些新的目标一方面能够满足成员个人的需要;另一方面,由于这些目标是由成员自己选择的,因此也会增强成员在小组中的"主人公责任感",从而增强其自尊心。所以,如果工作者能将这方面的功夫做到位,自然会增强小组的凝聚力。

（三）工作者可以促进小组沟通更顺畅

工作者如果通过观察发现,有些小组成员没有进入整体小组沟通网络,或者有些成员的沟通渠道过于狭窄,就应该协助他们进入小组的整体沟通情境中。工作者要让他们明白,无论他们在小组中说什么做什么,甚至说错了话,做错了事,小组及其他成员仍然会接纳、理解他们。

除此以外,工作者也可以通过一些信任活动进一步强化成员的"我们小组"意识,从而增强小组凝聚力,如:

活动一:信任跌倒。具体做法:成员轮流来到小组中央,其他成员谨慎地围成一个圆圈。站在中央的成员双手放在胸前,身体水平倒下。外围的成员则迅速将之接住,再把他推回原位。这个游戏可以采用一对一的方式,也可以采用团队方式。活动可以循序渐进,从而培养成员的信任感。[1]

活动二:信任之旅。参见第九章第三节的信任之旅活动。

上述两种游戏都需注意的是,成员不能疏忽或者恶作剧,以免发生危险。另外,此游戏对老人及残疾人等不适合。

四、建构支持力的技巧

当小组发展到成熟阶段时,其自身的内在结构已经可以成为独立的支持系统,

---

[1]　此活动参见刘梦主编:《小组工作》,北京:高等教育出版社,2003年,第186页;吕新萍等编:《小组工作》,北京:中国人民大学出版社,2005年,第195页;陈钟林编:《团体社会工作》,北京:中国时代经济出版社,2002年,第377页。

一般不需要过多的外界支持。所以,工作者作为外界的支持力量主要发挥协作、引导的作用,从而支持小组自我发展、自我管理、自我提高。工作者可以做好这样一些工作以进一步建构小组的支持力。

(一) 鼓励成员助人自助

成熟阶段的小组为成员提供了一个安全的实践场所,成员可以在小组中放心大胆地练习、实验各种新的行为。成员通过互相分享经验,利用别人的知识和技巧等,理性地分析问题,改变认知结构,增强生活的信心。此外,如果成员在接受其他成员帮助的同时也能够为别人提供帮助,那他就会进一步看到自己的力量和价值。所以,工作者鼓励成员助人自助就为成员在小组中自由互动及个人成长提供了很大空间,从而强化了对小组的支持。

(二) 激发小组内在动力

一般来说,成熟阶段的小组动力是很流畅的,凝聚力也比较牢固。但工作者仍然要敏锐观察,全面洞悉小组的气氛及发展方向,适时适地地开展一些催化性活动,鼓励小组自我管理、自我约束。另外,对于小组中一些比较沉默的成员,工作者也需注意给予特别的照顾,鼓励他们发表自己的看法。当然,工作者也不要因此而给成员施加压力,如有工作者因成员沉默而暗示其在小组活动中不配合、不负责任、不真诚,这种行为是应该避免的。

(三) 帮助成员解决问题

工作者可以针对成员的一些疑问、困惑进行解释,为成员提供一些有用的信息。对于小组发展中可能出现的问题,工作者可以根据经验提出忠告。对有利于成员成长的行为则要进行鼓励,同时解决他们的后顾之忧。

案例二十八:

工作者:刚才成杰提到你所在的工厂给农民工提供的住宿条件太差,不利于工人身体健康,并准备与其他工友一道向厂方反映,我支持你们的行为。同时,我会联系市劳动保障局及新闻媒体对厂方的改善情况进行监督和报道。

第七节　小组结束阶段的技巧

小组结束阶段是小组工作的收尾,特点和功能非常突出。此时,工作者可以在其工作中采取以下技巧以顺利结束小组。

一、处理分离情绪的技巧

在小组结束阶段,成员既有正面积极的情绪,同时也具有负面消极的情绪。如果对之处理不好,不但会对成员的身心造成伤害,同时也可能影响小组任务的完成。所以,工作者一定不要等闲视之,应使用一定的技巧灵活处理。

(一) 协助成员做好离组准备

一般来说,在小组结束前的一两次聚会中,工作者就应告知成员小组结束的时间,并举办一些类似主题的活动或游戏,让成员对此在心理上有所准备。如:

活动一:乘公车。具体做法:将椅子摆放得像在公交车上一样(两列椅子中间有过道),成员在椅子上就座。工作者告诉成员,他们收到信号后(如工作者轻拍需要下车成员的肩膀,每次可以间隔几分钟)就离开公交车,就像他们到站了,然后他们在房间的一个角落里坐下。当公交车上最后一个人离开了,可以沉默一段时间,让成员对空了的座位有直接的感受。然后,小组重新聚集,面对那些空座位谈论各自的感受。[①]

工作者可以首先谈谈自己的一些分离经验,对成员的情绪变化表示理解和接纳,同时鼓励成员表达自己的感受。

案例二十九:

工作者:现在让大家谈小组分离的话题似乎很难,大家好像对这个问题也很回避。其实,我们仔细地谈谈这个问题,对大家肯定会有帮助。我先谈谈我的分离经验吧。我大学毕业的时候,我们班的同学都互相在毕业纪念册上写下祝福的话,一起叠纸鹤,并在学校门口拍照留念。我们几个要好的同学还出去吃了顿饭,相约常联系……

(二) 降低小组对成员的吸引力

在小组结束阶段,如果小组对成员仍然具有很强的吸引力,小组结束对成员来说就不是一件容易的事。所以,工作者可以巧妙地采取措施降低小组吸引力,使成员能适应分离,避免产生负面情绪。如:与成员讨论为什么不再需要小组;减少小

---

① 此活动参见〔美〕苏珊·卡罗尔著,刘梦等译:《青少年小组游戏治疗师手册》,北京:中国人民大学出版社,2007年,第66页。

组聚会的频率;指出他们已经得到期望在小组中获得的成长;鼓励小组成员参与小组以外的活动,以获得外部资源来满足自身需求等。[1]

(三) 为成员进入现实生活环境做好准备

相对来说,如果成员对走出小组步入现实生活环境充满信心,其负面情绪的出现就会少些。所以,工作者要巩固成员的学习成果,在小组外为其寻找相应的支持资源,协助其有效面对不具支持性的环境,并做好成员的离组安排。通过这些措施,打消成员的疑惑和离组焦虑,使之从容地应对小组终结。

(四) 通过一些仪式结束小组

在小组最后一次聚会时,工作者可以引导成员回顾他们在小组工作中所经历的心路历程,大家怎样由相识、相知,最终相交。然后成员可以自己设计一些仪式,如拍照、赠送礼物、聚餐等来送别。相比其他"正规"的小组结束形式,这些仪式更能使成员摆脱分离的"悲苦",在自然情感流露的过程中,带着"我对大家的祝福,同时也带着大家对我的祝福"轻松地结束小组。

(五) 对一些特殊情绪反应成员进行介入

在小组结束阶段,成员的负面情绪多种多样。这里,我们对小组工作中较常见的几种负面情绪提供若干介入技巧。[2]

第一,否认。主要表现为:有成员有意表现出自己不知道小组终结的时间,将一些新问题摆在工作者面前,成员隐瞒自己的真实情绪反应等。对此,工作者首先在小组终结前一段时间就要向成员表明小组终结的时间,适时地肯定并揭露成员的这种情绪;其次,工作者以及其他成员可以互相分享自己以往的小组终结经验,在此过程中,工作者予以协助支持。

第二,愤怒。有成员感觉自己被工作者及社会服务机构抛弃了或者对自己在小组中的收获不满意,故而可能出现故意迟到、早退,对工作者及其他成员不友好、争执等行为表现。对此,工作者首先要表现出谅解接纳的态度,促使成员冷静思考。其次,要为成员寻求小组外资源,做好离组规划,降低成员的焦虑感。同时也可向成员承诺,如果成员再遇到困难和问题,工作者和机构仍然会一如既往地帮助

---

[1] 参见刘梦主编:《小组工作》,北京:高等教育出版社,2003年,第195页。

[2] 关于"一些特殊情绪反映成员进行介入的技巧"的论述可参见丁少华:《小组工作》,北京:社会科学文献出版社,2003年,第241~247页;刘梦主编:《小组工作》,北京:高等教育出版社,2003年,第196~197页;吕新萍等编:《小组工作》,北京:中国人民大学出版社,2005年,第200~202页。

他。再次,要使成员客观评价自己在小组中的收获,避免不切实际地要求自己、工作者及机构。

第三,沮丧。主要表现为:悲伤、流泪,对小组活动提不起兴趣,重提以往小组中令大家感伤的一些事件等。对此,工作者应首先确认成员的这种感受,并与成员一起分享。其次,引导成员回顾大家建立亲密关系的过程,鼓励成员在小组结束后仍然与他人保持这种亲密的关系,从而降低成员的失落感。

第四,行为倒退。这种行为是成员因不愿离开小组而出现的一种短时情境行为,并非真的回复到其进入小组以前的阶段。成员意图以此表明这样一些信息,如自己对小组外环境很担心,自己仍然需要依赖工作者等。对此,工作者首先可以指出这类行为背后的含义;其次,工作者要向成员表明自己是在充分准备的条件下结束小组的,同时为成员离组做好规划,并提供小组外的支持资源,鼓励成员要具有独立面对问题的信心。

第五,讨价还价。主要表现为:某些成员尽管已经知道小组会按时结束,但仍然要求工作者将结束的时间向后推或者追加一些活动。对此,工作者首先要考察小组有无延续的必要。如果工作者认为没有必要,那其一方面要对成员的要求表示理解;另一方面,要非常坚决地表明小组结束的时间是不能更改的,不给成员留下"还可以商量"的印象。同时,协助成员完成没有完成的工作。

二、分享小组经验的技巧

小组工作的一个重要特色就是经验分享,只有进行分享,成员才能改变认知,增强信心,最终实现成长。在小组结束阶段,工作者尤其要注意分享的作用,他要帮助成员将小组中所学到的东西进行整合,并将之应用到日常生活中。具体来说,工作者可以使用这样一些小组经验分享的技巧。

(一)协助成员回顾在小组中的学习成果

工作者可以要求成员对自己在小组中的生活进行全面回顾。通过回顾,可以使成员进一步明确自己在小组中学到了什么以及所经历的学习历程。但要注意,不要鼓励那种概括性特强的表述,如"我收获很大","我实现了成长"等。如果成员有这种表述,工作者可以使用进一步追问的手法让其更具体地阐明,如"你在哪些方面有收获?","你在哪些方面实现了成长?"等。

案例三十:

波昌:刚开始参加小组聚会的时候,由于不熟,再加上我这个人平时又不爱在人面前说话,所以总是很呆板、孤僻。(笑)即使轮流发言,我也是让别人绕过我。你们不知道,那时我的心怦怦乱跳,脑子里有两个"我"在"打架",一个"我"说:别乱说话,说错了人家笑话。另一个"我"说:说说何妨? 又不是上战场? 可是随着时间推移,通过一次次小组活动,慢慢地我开始喜欢在人面前发表我的看法。有时发表完自己的观点后,心情特敞亮。现在我在工厂里的人际关系也有了很大改善,工友说我像变了一个人。……

(二) 工作者可以协助成员彼此给予回馈

回馈的形式很多,如开放式讨论、角色扮演、小组游戏等。在小组结束阶段,成员的回馈一般是真诚坦率的。不过,工作者也要注意,成员一般在反馈时都倾向于进行正面反馈,而极少进行负面反馈,这在中国文化背景下尤为突出。所以,有时工作者也不妨鼓励成员多向对方提批评或建设性意见。当然,对于那些过于刺耳,会对成员造成伤害的意见,工作者也要制止。此外,如果成员的反馈过于笼统,工作者也可以要求他们作具体阐述。

案例三十一:

芳芳:我感觉苗丽的组织能力很强。

工作者:能具体说说吗?

芳芳:像苗丽策划的那次在汇泉广场举办的"关爱新市民"活动,就让我特别佩服。苗丽不仅将准备工作做得很好,还考虑到了可能出现的各种问题,另外还将几家新闻媒体也请了去。整个活动非常顺利,就没出任何纰漏!

(三) 工作者可以协助成员强化在小组中的学习经验

例如,工作者可以在小组中设置一些情境(特别是不具支持的情境),要求成员根据自己的学习经验进行模拟练习。在练习结束后,要听取其他成员及组外人士的意见。工作者要多给予成员鼓励,使他们对自己充满信心,从而增强他们离组后独立解决问题的能力。

三、 评估技巧

评估在小组工作的任何阶段都可以进行,只不过在小组结束阶段,评估是最重要而且是必需的。工作者在评估时可以注意这样几个问题,以增强评估的信度和效度。

（一）针对小组目标设计评估工具

例如,对于治疗性小组,评估工具设计时应注意成员参加小组前后的行为及心理变化情况;对于任务性小组,应主要关注成员的相互配合、领导能力的发挥、工作效率等情况;对于成长性小组,则应重点关注成员的人际关系变化、个人成熟度、自我了解等情况。

（二）全方位地搜集资料

资料的充足与否影响到小组评估的成效。工作者可以通过这样几个渠道获得直接或间接的资料信息,如工作者、小组观察员所作的观察;小组工作记录及相关影视资料;小组外成员,如父母、老师、朋友、邻居、同学等所提供的资料等。另外,可以使用多种测量工具,以确保所搜集数据的客观性、可比性。关于这些具体测量工具的运用,本节不再赘述。

（三）使用多种评估方法

在小组工作中,评估方法主要有工作者自评、成员自评、观察人员或督导评估三个方面。[①] 在实务中,工作者尤其要注意成员参与评估的重要性。因为成员参与评估不但可以使之加深对小组及工作者的认识,同时也有利于其个人成长。工作者可以采用这样一些活动协助成员进行评估,如:

活动一:我在哪里。[②] 找十把椅子排成一条直线,最左边的椅子为极不符合,最右边的椅子为极符合。然后工作者询问,如"你在小组中开放度如何?"、"你喜不喜欢这次小组活动?"、"你是否对自己越来越了解?"、"你在小组中是否乐于与别人分享自己的经验?"等等。成员根据实际情况坐到不同的椅子上,然后成员讨论,尽量引发正面反馈。

活动二:旧我与新我。成员通过做拼贴作品说明发生的改变。其在粘贴板的一半展现"旧我",另一半展现"新我"。从杂志中剪裁图片、标志和单词,把它们粘贴在板子上。在拼贴完成后,每个成员在小组中分享他的拼贴作品,然后进行反馈和讨论。[③]

当然,观察人员及督导评估也是非常必要的。因为工作者和成员都是小组工作的直接参与者,因而有时不免"当局者迷"。而观察人员和督导可以站在第三者

---

① 参见刘梦主编:《小组工作》,北京:高等教育出版社,2003 年,第 199 页。

② 此活动参见陈钟林编:《团体社会工作》,北京:中国时代经济出版社,2002 年,第 387 页。

③ 参见〔美〕苏珊·卡罗尔著,刘梦等译:《青少年小组游戏治疗师手册》,北京:中国人民大学出版社,2007 年,第 86 页。

的角度对工作者的小组运营及成员的情况进行更为客观的评价,并从中找出优势
和不足。

四、 跟进技巧

跟进是帮助小组成员在离组后进一步巩固学习成果的方法。为实现此目的,
工作者可以做好这样几方面工作。

(一) 转介

工作者要首先与成员就转介问题进行沟通,在达成一致后方可进行此项服务。
此外,工作者要了解转介的程序,转介机构的特色,转介结构提供的服务是否适合
成员的需要,并与转介机构建立联系。在转介完成后,工作者要时常与成员、转介
机构及为成员服务的社工保持联系。如果最终发现成员转介失败,工作者应尽快
采取其他补救措施。

(二) 建立社会支持网络

在成员离开小组后,工作者要与成员父母或其他与成员联系比较密切的人以
及学校、社区等进行联系,尝试为成员建立一个较具支持性的社会网络。同时要让
成员清楚在其周围所具有的支持资源,在其再次遇到相关问题时能够运用周围资
源独立解决问题,最终实现成长与发展。

案例三十二:

在本次"新市民支持小组"结束后,工作者小刘与小组成员在农村的父母取得
联系,让他们成为成员外出打工的坚强后盾。同时,小刘还接触了成员生活、工作
所在地的街道及居委会相关人员,他们提出要依托妇联、共青团等工作共同为这些
年轻的进城新市民服务。另外,在有关部门的支持下,这些小组成员还联合其他工
友在所在工厂建立了工会组织,以维护其打工权益。

(三) 跟进服务

可以在小组结束后安排一次跟进聚会或者对个别成员进行探访、面谈,从而了
解他们在离组后的生活、学习、工作情况,使成员了解到工作者对其的关心和支持。
在聚会及面谈时,工作者可以提醒成员巩固在小组中的学习成果,并解决他们在此
期间遇到的困难和问题。另外,工作者还可以对成员周围人进行访谈,将从这个层
面了解的情况与成员提供的情况进行印证比对,从而对成员离组生活有一个更全

面、客观的把握。

本章小结

1. 小组工作技巧是指工作者以社会工作的价值观、伦理观为指导,在特定的小组中,为实现小组目标而采用的方法、手段或策略。

2. 小组工作技巧的伦理要求主要包括尊重、保密、自决和增能等。

3. 在小组筹备阶段,小组工作技巧主要包括需求评估的技巧、确定目标的技巧、制订计划的技巧、招募和选择成员的技巧、动员资源的技巧、建立专业关系的技巧和建立社会支持网络的技巧等。

4. 在小组开始阶段,小组工作技巧包括相互认识的技巧,沟通技巧,制定规范的技巧,活动设计的技巧,破冰技巧,认识小组的技巧,同理、温暖、真诚、接纳等技巧。

5. 在小组形成阶段,小组工作技巧包括建构小组动力的技巧、自我认知的技巧、组织技巧、激励技巧、干预技巧、角色认知和定位技巧、授权技巧等。

6. 在小组冲突阶段,小组工作技巧包括价值澄清技巧、面质技巧、处理次小组的技巧、处理抗拒的技巧、处理冲突的技巧、协同领导的技巧、打破僵局的技巧和处理自我防御的技巧等。

7. 在小组成熟阶段,小组工作技巧包括深度自我探索的技巧、自我表达感受的技巧、建构凝聚力的技巧和建构支持力的技巧等。

8. 在小组结束阶段,小组工作技巧包括处理分离情绪的技巧、分享小组经验的技巧、评估技巧和跟进技巧等。

主要术语

同理心(Empathy):即同感,指一种设身处地的态度,能够站在他人的立场感受其思想和行为等。

社会支持(Social Support):指正式或非正式地满足人们需要的一些活动或关系,这些活动或关系可以为人们提供机会、鼓励、同情及社会认同等。

破冰(Ice-breaking):是小组工作中一个形象的说法,一般是指小组开始时的一些热身活动。是工作者为了催化小组气氛,提升成员开展活动的专注力,塑造有利于小组发展的情境而设计的一些活动。

次小组(Sub-group):指小组成员基于彼此之间的利益及特征而在小组中形成

的各种小型人际关系圈,表现出超越小组整体的亲密与认同。

ℰ 练习题

1. 某小组正在进行成员分享,小组成员甲:我妈妈成天在我跟前念叨要好好学习,给我报这个班那个班,可是我是真不喜欢。

小组成员乙:就是,就是,大人都这样。我爸妈总是说邻居、朋友家的谁谁又考上北大清华了,说我要考不上大学一辈子就完了,他们也在朋友面前抬不起头。

(不少成员都表现出同样的情绪)

小组成员丙:我看你们两个就是"垃圾",难道你们爸妈说得不对吗?

根据本案例,请思考:

(1)你认为本案例所发生的情形可能出现在小组工作的什么阶段?

(2)在本案例中,社会工作者可以使用哪些小组工作技巧?

(3)社会工作者在运用这些小组工作技巧时应注意哪些伦理问题?

2. 为帮助大学新生适应大学生活,尽快完成由高中生向大学生的转换,请针对他们的需要建立一个"大学生成长小组",并设计在本小组不同阶段需要使用的技巧。

𝒟 思考题

1. 什么是小组工作技巧?

2. 工作者在选择和招募小组成员时,应注意哪些问题?

3. 在小组开始阶段,怎样运用破冰技巧?

4. 在小组形成阶段,工作者可以采用哪些技巧引导成员强化互动?

5. 什么是面质?在小组工作中可以采取一些什么形式进行面质?

6. 在小组结束阶段,怎样对一些特殊情绪反应成员进行介入?

ℰ 阅读文献

1. 蔡中主编:《阳光点亮心灵》,上海:华东理工大学出版社,2007年,第110～322页。

2. 库少雄编:《社会工作实务》,北京:社会科学文献出版社,2002年,第四章。

3. 刘梦主编:《小组工作》,北京:高等教育出版社,2003 年,第五章。

4.〔美〕Barry Cournoyer 著,朱孔芳等译:《社会工作技巧手册》,上海:华东理工大学出版社,2008 年,第三至十一章。

5.〔美〕海德·卡杜森等著,陈志鹏译:《游戏治疗 101》,成都:四川大学出版社,2005 年,第七部分《团体游戏治疗技巧》。

6.〔美〕卡明斯等著,韩晓燕等译:《社会工作技巧演示》,上海:格致出版社、上海人民出版社,2011 年,第三至七章。

7.〔英〕帕梅拉·特里维西克著,肖莉娜译:《社会工作技巧实践手册(第二版)》,上海:格致出版社、上海人民出版社,2010 年,第四至八章。

8.〔美〕苏珊·卡罗尔著,刘梦等译:《青少年小组游戏》,北京:中国人民大学出版社,2007 年,第二、三章。

参考文献

包国宪,吴建祖,雷亮:《管理学——理论与方法》,兰州:兰州大学出版社,2009 年。

蔡中主编:《阳光点亮心灵——上海市青少年事务社会工作案例汇编》,上海:华东理工大学出版社,2007 年。

陈钟林编:《团体社会工作》,北京:中国经济时代出版社,2002 年。

丁少华:《小组工作》,北京:社会科学文献出版社,2003 年。

范克新,肖萍编:《团体社会工作》,北京:社会科学文献出版社,2001 年。

樊富珉:《团体心理辅导》,北京:高等教育出版社,2005 年。

黄丽华:《团体社会工作》,上海:华东理工大学出版社,2003 年。

黄妙红:《管理学基础》,桂林:广西人民出版社,2008 年。

何雪松:《社会工作理论》,上海:上海人民出版社,2007 年。

何洁云等,《社会工作实践——小组工作》,香港:香港理工大学应用社会科学系,2002 年。

库少雄编:《社会工作实务》,北京:社会科学文献出版社,2002 年。

林孟平:《小组辅导与心理治疗》,上海:上海教育出版社,2005 年。

吕新萍等编:《小组工作》,北京:中国人民大学出版社,2005 年。

刘梦主编:《小组工作》,北京:高等教育出版社,2003 年。

李郁文:《小组动力学:小组动力的理论、实务与研究》,台北:桂冠图书公司,2001 年。

李世宗:《管理学原理》,武汉:华中科技大学出版社,2008 年。

蓝云曦:《社会工作者在小组工作中的角色》,《西南民族大学学报(人文社会科学版)》,2007 年第 11 期。

刘建洲:《构建和谐社会要加强社会工作人才队伍建设》,《中国人力资源开发》,2007 年第 3 期。

马良:《团体社会工作》,天津:天津大学出版社,2010 年。

民政部社会工作司:《国外及港台地区社会工作发展报告》,北京:中国社会出版社,2010 年。

潘正德:《小组动力学》,台北:心理出版社,1997 年。

宋丽玉,曾华源等:《社会工作理论——处遇模式与案例分析》,台北:洪叶文化事业有限公司,2002年。

万江红:《小组工作》,武汉:华中科技大学出版社,2006年。

王瑞鸿:《社会工作项目精选》,上海:华东理工大学出版社,2010年。

肖萍:《团体工作过程》,北京:光明日报出版社,2010年。

杨家正,陈高凌,廖卢慧贞编:《小组工作实践:个案汇篇》,香港:香港社会工作人员协会,1998年。

张洪英:《小组工作:理论与实践》,济南:山东人民出版社,2005年。

张洪英:《社会工作教育及专业社会工作关系的透视》,《中国青年政治学院学报》,2007年第1期。

张宇莲:《高校小组工作:理论与实践》,合肥:合肥工业大学出版社,2010年。

赵芳:《团体社会工作——理论·实务》,北京:知识产权出版社,2005年。

吉赛拉·科诺普卡著,廖清碧,黄伦芬等译:《社会团体工作》,台北:桂冠图书公司,1995年。

〔美〕Barry Cournoyer著,朱孔芳等译:《社会工作技巧手册》,上海:华东理工大学出版社,2008年。

〔美〕海德·卡杜森等著,陈志鹏译:《游戏治疗101》,成都:四川大学出版社,2005年。

〔英〕帕梅拉·特里维西克著,肖莉娜译:《社会工作技巧实践手册(第二版)》,上海:格致出版社、上海人民出版社,2010年。

〔美〕苏珊·卡罗尔著,刘梦等译:《青少年小组游戏治疗师手册》,北京:中国人民大学出版社,2007年。

〔美〕罗纳德·W.特斯兰,罗伯特·F.理瓦斯著,刘梦译:《小组工作导论》,北京:中国人民大学出版社,2010年。

〔美〕卡明斯等著,韩晓燕等译:《社会工作技巧演示》,上海:格致出版社、上海人民出版社,2011年。

〔美〕柯瑞著,方豪等译:《团体咨询的理论与实践》,上海:上海社会科学出版社,2006年。

〔美〕David W. Johnson, Frank P. Johnson著,谢晓菲等译校:《集合起来群体理论与团队技巧(第9版)》,北京:中国轻工业出版社,2008年。

〔美〕查尔斯·H.扎斯特罗(Charies H. Zastrow)等著,晏凤鸣译:《社会工作实务应用与提高》,北京:中国人民大学出版社,2005年。

〔美〕金斯伯格著,黄晨熹译:《社会工作评估——原理与方法》,上海:华东理工大学出版社,2005年。

〔美〕拉尔夫·多戈夫(Rlph dolgoff)，弗兰克·M. 洛温伯格(Frank M. Loewenberg)，唐纳·哈林顿(Donna Harrington)著，隋玉杰译：《社会工作伦理实务工作指南》，北京：中国人民大学出版社，2005 年。

〔美〕威廉·R. 纽金特(Willian R. Nugent)，〔加〕杰基·D. 西帕特(Jackie D. Sieppert)，〔美〕沃尔特·W. 赫德森(Walter W. Hudson)著，卓越等译，《21 世纪评估实务》，北京：中国人民大学出版社，2006 年。

〔英〕佩恩著，何雪松译：《现代社会工作理论》，上海：华东理工大学出版社，2005 年。

Barry Cournoyer 著，万育维译，《社会工作实务手册》，台北：洪叶文化事业有限公司，2006 年。

Charles D. Garvin 著，孙碧霞等译，《社会团体工作》，台湾：洪叶文化事业有限公司，2007 年。

Lena Dominelli 著，魏希圣译，《社会工作的理论与实务》，台湾：韦伯文化国际出版有限公司，2003 年。

Malcolm Payne 著，何雪松，张宇莲等译，《现代社会工作理论》，上海：华东理工大学出版社，2005 年。

Charles D. , Garvin, *Contemporary Group Work*, New Jersey: Prentice Hall, 1987.

Dominelli L. *Feminist Social Work Theory and Practice*, Palgrave, 2002.

Goldstein, H. , *Social Work Practice*: *A Unitary Approach*, University of South Carolina Press, 1973.

Greene R. ed. , *Human Behavior Theory and Social Work Practice*, Aldine De Gruyter, 1999.

Healy K. *Social Work Theory in Context*: *Creating Frameworks for Practice*, Palgrave MacMillan, 2005.

Hearn G. , *Theory Building of Social Work*, University of Toronto Press, 1958.

Pincus A. & Minahan, A. , *Social Work Practice*: *Model and Method*, Peacock, 1973.

Turner F. J. Ed. , *Social Work Treatment — Interlocking Theoretical Approaches* (4th edition), New York , NY: The Free Press, 1996.

Volser N. R. A Systems Models for Child Protective Services, *Journal of Social Work Education*, 1989, 25(1), 20-28.

后　记

　　长期以来，山东社会工作教育界同仁一直保持着良好的沟通与合作，大家一直期待能为中国社会工作教育及教材编写尽一份微薄之力。恰好山东人民出版社组织编写了这套高校社会工作专业系列教材，能有机会把大家组织起来编写了这本教材。可以说本书是山东社会工作教育界对小组工作教学和实务经验的总结，所以本书在写作过程中尽量突出小组工作在本土的实践经验。

　　本书在编写过程中参考并直接采用了许多国内外学者的资料，特此声明并表示感谢！

　　本书的写作倾注了各位作者的大量时间和精力，作为主编，我要对各位作者的辛劳付出表示感谢！感谢帮忙审稿的海内外专家学者！

　　最后还要感谢山东人民出版社总编室主任王海玲，编辑马洁，她们在本书的编辑出版过程中做了大量的工作和努力。

　　本书的各章分工如下：第一章，张洪英；第二章，张瑞；第三章，乔世东；第四章，董云芳；第五章，王冠；第六章，李志伟；第七章，张洪英、赵记辉、杨珺；第八章，王焕贞；第九章，王琳；第十章，赵记辉；第十一章，李旭东。

　　由于作者们的知识、能力和实务经验的限制，书中难免有不足之处，在此恳请各位读者和学术界同仁给予批评指正。

张洪英

2011 年 11 月

图书在版编目（CIP）数据

小组工作/张洪英主编. —济南：山东人民出版社，
2012.1（2021.7重印）
ISBN 978 - 7 - 209 - 05778 - 3

Ⅰ.①小… Ⅱ.①张… Ⅲ.①社会工作—高等学
校—教材 Ⅳ.①C916

中国版本图书馆 CIP 数据核字（2011）第 105115 号

责任编辑：马　洁
封面设计：蔡立国
版式制作：候地霞

小组工作
主　编　张洪英
副主编　乔世东　赵记辉

山东出版传媒股份有限公司
山东人民出版社出版发行

社　址：济南市英雄山路 165 号　邮　编：250002
网　址：http://www.sd-book.com.cn
发行部：(0531)82098027　82098028
新华书店经销
山东华立印务有限公司印装

规　格　16 开(169mm×239mm)
印　张　19.75
字　数　340 千字　　插页 2
版　次　2012 年 1 月第 1 版
印　次　2021 年 7 月第 5 次
ISBN 978 - 7 - 209 - 05778 - 3
定　价　36.00 元

如有质量问题，请与印刷厂调换。　电话：(0531)76216033